Beck-Rechtsberater

Erfolgreich zum Wunschstudienplatz

dtv

Beck-Rechtsberater

Erfolgreich zum

Wunsch-studienplatz

Bewerbung, hochschulstart.de, NC, Auswahlverfahren und -tests, Rechtsschutz, Studienplatzklage

Von Dr. Robert Brehm, Rechtsanwalt in Frankfurt/Main,
Dr. Wolfgang Zimmerling, Rechtsanwalt in Saarbrücken,
Fachanwalt für Verwaltungsrecht und für Arbeitsrecht,
Alexandra Brehm-Kaiser, Rechtsanwältin in
Frankfurt/Main, Fachanwältin für Familienrecht,
und Ben Zimmerling, Rechtsanwalt in Saarbrücken

2., neu bearbeitete Auflage

Deutscher Taschenbuch Verlag

www.dtv.de
www.beck.de

Originalausgabe

Deutscher Taschenbuch Verlag GmbH & Co. KG,
Tumblingerstraße 21, 80337 München

Druck und Bindung: Druckerei C.H. Beck, Nördlingen
(Adresse der Druckerei: Wilhelmstraße 9, 80801 München)
Satz: ottomedien, Darmstadt
Umschlaggestaltung: Design Concept Krön, Puchheim,
unter Verwendung eines Fotos von © Eisenhans-Fotolia.com
ISBN 978-3-423-50765-3 (dtv)
ISBN 978-3-406-66642-1 (C. H. Beck)
9 783406 666421

Vorwort

Die Anzahl der Abiturienten steigt von Jahr zu Jahr. Die Anzahl der Studienplätze steigt zwar auch, jedoch bei weitem nicht so stark wie die Anzahl der Abiturienten. Die Folge ist, dass nicht nur in den so genannten „harten“ Numerus clausus-Fächern wie Humanmedizin, Zahnmedizin, Tiermedizin und Psychologie, sondern auch in vielen „weichen“ Numerus clausus-Fächern wie Jura oder Betriebswirtschaftslehre (BWL) nicht alle Abiturienten mit einem Spitzenabitur unmittelbar nach dem Abitur eine Zulassung erhalten. Im Studiengang Humanmedizin ist – je nach Bundesland – eine Abiturnote zwischen 1,0 und 1,1 erforderlich. In fast der Hälfte aller Studiengänge gibt es einen Numerus clausus. Hierzu beigetragen haben natürlich auch die Doppelabiturjahrgänge und die Abschaffung der Wehrpflicht.

Die Einführung neuer Bachelor- und Masterstudiengänge (vielfach mit intensiver Betreuung) geht zu Lasten der „alten“ Studiengänge, bei denen ein Teil der Stellen des wissenschaftlichen Personals umgewidmet wird für die neuen Studiengänge. Es erfolgt somit eine Umverteilung von Studienplätzen, jedoch nicht zwangsläufig eine Steigerung der Anzahl der Studienplätze. Auch erfolgt keine Erhöhung der Anzahl der Hochschullehrer entsprechend der Anzahl der Studienbewerber.

Wer die Hochschulzugangsberechtigung nicht mit einer Spitzennote erwirbt, ist auf ein – oftmals undurchschaubares – Auswahlverfahren der Hochschulen angewiesen oder auf die – ständig steigende – Wartezeit. Soweit es um die Wartezeitzulassung geht, ist ärgerlich, dass ein Bewerber eine Zulassung in der Wartequote „straflos“ ablehnen kann. Er kann sich zum nächsten Bewerbungsverfahren wieder bewerben und – das ist das schlimme – der nicht angenommene Studienplatz wird in einer anderen Quote vergeben. Auch dies erklärt das ständige Anwachsen der Wartezeit.

Dieses Buch gibt Abiturienten und Studienbewerbern wichtige Hinweise, wie sie einen Studienplatz erhalten können. So werden die

Antrags- und Bewerbungsverfahren immer komplizierter. Dies gilt auch für Kriterien, nach denen die Hochschulen die Studienplätze vergeben. Dieser Rechtsberater beschäftigt sich unter anderem mit folgenden Fragen:

Welches sind die Auswahlkriterien? Sind diese geeignet und rechtmäßig? Dürfen in einer immer weiter zunehmenden Zahl von Studiengängen Eignungs- und Leistungsfeststellungsprüfungen als zusätzliche Zulassungsvoraussetzung stattfinden und damit das Abitur entwerten? Was sind der Test für Medizinische Studiengänge und seine „Abarten"? Welche Anforderungen werden im Test gestellt und wie kann sich ein Studienplatzbewerber auf ihn vorbereiten? Bringt der Test überhaupt eine Erhöhung der Zulassungschancen? Wie werden Auswahlgespräche durchgeführt und was ist bei der Vorbereitung und Durchführung zu beachten? Welche Rechtsschutzmöglichkeiten gibt es? Was kann der Studienplatzbewerber tun, wenn er nicht viele Jahre auf einen Studienplatz warten will? Was ist die Studienplatzklage?

Dieser Berater hilft Studienbewerbern (und ihren Eltern) bei ihrer Bewerbung. Allerdings werden auch weiterhin zahlreiche Abiturienten (auch Leser unseres Werkes) keine Zulassung im „regulären" Bewerbungsverfahren erhalten. Wir erläutern die Möglichkeiten und Erfolgsaussichten einer Studienplatzklage. Wir machen deutlich, dass die Studienplatzbewerber im Falle einer ordnungsgemäßen Bewerbung eine Ablehnung nicht in jedem Fall hinnehmen müssen und welche Möglichkeiten sie haben, in ihrem Wunschstudiengang zugelassen zu werden. Wir machen die notwendigen Wege transparent und listen in unserem Serviceteil die wichtigsten Rechtsgrundlagen auf.

Wir weisen allerdings auch darauf hin, dass die Verknappung der Studienplätze dazu führt, dass nicht jeder Studienbewerber die Chance haben wird, ein Studium seiner Wahl zu ergreifen und in der Regel auch nicht an dem Studienort, an dem er am liebsten studieren möchte. Dies zeigt bereit die immer deutlicher werdende Absicht der Hochschulen, sich ihre Studierenden „passgenau" auszusuchen und auf diese Weise die Zahl der Studienabbrecher deutlich zu senken.

Wenn wir im Folgenden die männliche oder weibliche Form verwenden, dann ist damit selbstverständlich auch das andere Geschlecht gemeint.

Wir wünschen Ihnen eine interessante Lektüre und vor allem, dass Ihnen dieses Buch hilft, den erfolgreichen Weg zu Ihrem Studienplatz – und hoffentlich auch zum Studienerfolg – zu finden.

Seit der Erstauflage dieses Buches ist auf dem Gebiet der Hochschulzulassung viel passiert. Die frühere ZVS gibt es nicht mehr, die Aufgaben wurden (zum Teil) von der Stiftung für Hochschulzulassung (*hochschulstart.de*) übernommen. Wer hätte im Übrigen im Jahr 2007 (Jahr der Erstausgabe) daran gedacht, dass im Jahr 2015 die Online-Bewerbung verbindlich sein würde? Bereits aufgrund dieser rechtlichen und tatsächlichen Änderungen war eine Neuauflage dringend geboten.

Frankfurt am Main und Saarbrücken, im Februar 2015

Dr. Robert Brehm & Alexandra Brehm-Kaiser
Dr. Wolfgang Zimmerling & Ben Zimmerling

Inhaltsübersicht

Inhaltsverzeichnis

Abkürzungsverzeichnis

a. a. O.	am angegebenen Ort
ÄAppO	Approbationsordnung für Ärzte
ABl.	Amtsblatt
Abs.	Absatz
AdH	Auswahlverfahren der Hochschulen
a. F.	alte Fassung
ÄndG	Änderungsgesetz
Anm.	Anmerkung
ApAppO	Approbationsordnung für Apotheker
Art.	Artikel
BAföG	Bundesausbildungsförderungsgesetz
BÄO	Bundesärzteordnung
Bay., bay.	Bayern, bayerisch(e)
BayHSchG	Bayerisches Hochschulgesetz
BayVGH	Bayerischer Verwaltungsgerichtshof
Beschl. v.	Beschluss vom
BGB	Bürgerliches Gesetzbuch
BGBl	Bundesgesetzblatt
BVerfG	Bundesverfassungsgericht
BVerfGE	Sammlung der Entscheidungen des BVerwG
BVerwG	Bundesverwaltungsgericht
BVerwGE	Sammlung der Entscheidungen des BVerwG
BWL	Betriebswirtschaftslehre
CP	Credit points
ders.	derselbe
d. h.	das heißt
DN	Durchschnittsnote
DoSV	Dialogorientiertes Serviceverfahren
DPO	Diplomprüfungsordnung
DVBl.	Deutsches Verwaltungsblatt
ECTS-Punkte	European Credit Transfer and Accumulation System Punkte
einschl.	einschließlich

EU	Europäische Union
EWR	Europäischer Wirtschaftsraum
f./ff.	folgende, fortfolgende
FH	Fachhochschule
FHG	Fachhochschulgesetz
Fn.	Fußnote
GBl.	Gesetzblatt
gem.	gemäß
GG	Grundgesetz
ggf.	gegebenenfalls
GKG	Gerichtskostengesetz
GVBl.	Gesetz- und Verordnungsblatt
HAM-Int	Auswahlgespräche zur Ermittlung psychosozialer Kompetenzen Hamburg
HAM-Man	Arbeitsprobe Zahnmediziner Hamburg
HAM-MRT	Multiple choice Test um die Fähigkeit des „mentalen Rotierens“ zu überprüfen
HAM-Nat	Naturwissenschaftstest Hamburg
HessVGH	Hessischer Verwaltungsgerichtshof
HG	Hochschulgesetz
HRG	Hochschulrahmengesetz
HSchR	Hochschulrecht
HSG	Hochschulgesetz
http	Hypertext transfer protocol
HZG	Hochschulzulassungsgesetz
i. d. F.	in der Fassung
IMPP	Institut für Medizinische und Pharmazeutische Prüfungsfragen
inkl.	inklusive
ISBN	internationale Standardbuchnummer
i. S. d.	im Sinne des
i.V. m.	in Verbindung mit
juris	juris GmbH, Rechtsportal, Saarbrücken
KapVO	Kapazitätsverordnung

KMK	Ständige Konferenz der Kultusminister der Länder in der Bundesrepublik Deutschland (Kultusministerkonferenz)
LMU München	Ludwig Maximilians Universität München
l. Sp.	linke Spalte
max.	maximal
MedR	Medizinrecht
m. w. N.	mit weiteren Nachweisen
NC, N.c., N.C.	Numerus clausus
n. F.	neue Fassung
NJ	Neue Justiz
Nr., Nrn.	Nummer, Nummern
n. v.	nicht veröffentlicht
NVwZ	Neue Zeitschrift für Verwaltungsrecht
OVG	Oberverwaltungsgericht
PKH	Prozesskostenhilfe
r. Sp.	rechte Spalte
Rdnr.	Randnummer
RdJB	Recht der Jugend und des Bildungswesens
RiA	Richterakademie
RVG	Rechtsanwaltsvergütungsgesetz
S.	Seite (im Zusammenhang Gesetzestext auch: Satz)
SfH	Stiftung für Hochschulzulassung, hochschulstart.de (früher ZVS)
sog.	sogenannt
StV	Staatsvertrag
TappO	Approbationsordnung für Tierärzte
TMS	Test für medizinische Studiengänge
u. a.	unter anderem
UG	Universitätsgesetz
Urt. v.	Urteil vom
u. s. w.	und so weiter
u. U.	unter Umständen
VerfGH	Verfassungsgerichtshof
VergabeVO	Verordnung über die Vergabe von Studienplätzen
VG	Verwaltungsgericht

VGH	Verwaltungsgerichtshof
vgl.	vergleiche
VO	Verordnung
VwGO	Verwaltungsgerichtsordnung
VwVfG	Verwaltungsverfahrensgesetz
WissR	Wissenschaftsrecht
WWU Münster	Westfälische Wilhelms Universität Münster
www	world wide web
ZAppO	Approbationsordnung für Zahnärzte
z. B.	zum Beispiel
ZHG	Zahnheilkundegesetz
Ziff.	Ziffer
ZVS	Zentralstelle für die Vergabe von Studienplätze (jetzt SfH)
ZZVO	Zulassungszahlenverordnung

1. Kapitel

Von der ZVS zu hochschulstart.de

I. Von der Zentralstelle für die Vergabe von Studienplätzen (ZVS) zur Stiftung für Hochschulzulassung (hochschulstart.de)

Die (frühere) Zentralstelle für die Vergabe von Studienplätzen (ZVS) hat vor einigen Jahren ihren Rechtscharakter und ihren Namen gewechselt. Aus der früheren Anstalt des öffentlichen Rechtes wurde nunmehr eine Stiftung des öffentlichen Rechtes (Stiftung für Hochschulzulassung – *hochschulstart.de*). Mit dieser rechtlichen Umgestaltung war eine Änderung der Kompetenzen verbunden.

Während früher die ZVS für die Vergabe von Studienplätzen in zahlreichen Studiengängen zuständig war, wurde der Aufgabenbereich dahingehend reduziert, dass die Stiftung für Hochschulzulassung (*hochschulstart.de*) nur noch für die Vergabe von Studienplätzen in den medizinischen Studiengängen Humanmedizin, Zahnmedizin und Tiermedizin sowie in Pharmazie zuständig ist.

Nur für diese Studiengänge gilt auch der aktuelle Staatsvertrag für die Vergabe von Studienplätzen. Die Bundesländer und die Hochschulen wollten mit dieser Änderung bezwecken, dass die Hochschulen in den übrigen Studiengängen „autonom" über die Vergabe von Studienplätzen entscheiden können. Dies hat allerdings zur Folge, dass mit Ausnahme der medizinischen Studiengänge und des Studienganges Pharmazie die Studienbewerber sich nunmehr an zahlreichen Hochschulen gleichzeitig bewerben konnten.

Manch ein Studienbewerber mit gutem Abiturzeugnis hat innerhalb weniger Tage von zahlreichen Hochschulen einen Zulassungsbescheid erhalten. Logischerweise kann dieser Studienbewerber nur einen einzigen Studienplatz annehmen, mit der Folge, dass die nicht von ihm angenommenen Studienplätze alsdann im Nachrückverfahren anderweitig vergeben wurden. Es erwies sich daher als notwendig, zahlreiche Nachrückverfahren durchzuführen, was auf den Unwillen der Hochschulen stieß. Aus der Sicht der Hochschulen war es (verständlicherweise) völlig unpraktikabel, wenn noch Mitte November im x-ten Nachrückverfahren Studienplätze erneut vergeben wurden, wobei mit jedem Nachrückverfahren das Annahmeverhalten der Studienbewerber schlechter wurde. Es reifte die Erkenntnis, dass ein derartiges Vergabeverfahren (außerhalb der medizinischen Studiengänge und Pharmazie) unpraktikabel ist.

Um das Zulassungsverfahren effektiver zu gestalten, wurde das Dialogorientierte Serviceverfahren (DOSV) entwickelt. Soweit es um die Vergabe von Studienplätzen durch die ZVS bzw. nunmehr die Stiftung für Hochschulzulassung (*hochschulstart.de*) geht, müssen diese Studienplätze nach einheitlichen Kriterien vergeben werden.

Gleiches gilt allerdings auch für die Berechnung der Ausbildungskapazität. Insoweit stimmen die maßgeblichen Vorschriften in allen Bundesländern überein.

Gänzlich anderes gilt für die Vergabe der Studienplätze in den übrigen Studiengängen. Insoweit wurde den Hochschulen bei der Kapazitätsberechnung „eine größere Freiheit“ eingeräumt, weiterhin wurde den Hochschulen bei den Auswahlkriterien ein weiter „Spielraum“ zugebilligt. Dies bedeutet für die Studienbewerber, dass sie sich vor ihrer Bewerbung um einen Studienplatz außerhalb der medizinischen Studiengänge und Pharmazie über die jeweilige landesrechtliche Regelung kundig machen müssen. Ergänzend sind hierzu die Auswahlsatzungen der Hochschulen zu studieren. Das Hochschulvergabeverfahren hat sich somit in den letzten Jahren sehr verkompliziert und die Bewerbung ist aus der Sicht der Studienbewerber äußerst fehleranfällig.

Sowohl die frühere ZVS als auch die jetzige Stiftung für Hochschulzulassung (*hochschulstart.de*) sind ausschließlich für die Vergabe von Studienplätzen zuständig, nicht aber (auch) für die Berechnung der Ausbildungskapazität. Nur soweit im Hochschulvergabeverfahren ein Auswahlfehler der Stiftung für Hochschulzulassung (*hochschulstart.de*) oder auch der Universität (z. B. bei der Prüfung von Anträgen auf Zulassung zum Zweitstudium) unterlaufen ist, kommt eine etwaige Klage gegen die Stiftung für Hochschulzulassung sinnvoll in Betracht.

Soweit ein Studienbewerber der Auffassung ist, dass die Ausbildungskapazität nicht erschöpft ist, muss er unmittelbar gegen die betreffende Hochschule eine so genannte Studienplatz- oder Kapazitätsklage führen. An dieser Differenzierung zwischen Fehler im Auswahlverfahren und Fehler bei der Kapazitätsberechnung hat sich durch die Umwandlung der ZVS zur Stiftung für Hochschulzulassung (*hochschulstart.de*) nichts geändert.

Soweit ein Studienbewerber einen Bescheid der Stiftung für Hochschulzulassung (*hochschulstart.de*) für rechtswidrig erachtet, muss er unmittelbar bei dem zuständigen Verwaltungsgericht Klage erheben. Insoweit gibt es kein – dem gerichtlichen Klageverfahren vorgeschaltetes – Widerspruchsverfahren bei der Behörde. Die Erfolgsquote in den Klageverfahren gegen die ZVS bzw. Stiftung für Hochschulzulassung ist minimal. Man sollte sich jedoch insoweit nicht abschrecken lassen, da die ZVS bzw. Stiftung für Hochschulzulassung (*hochschulstart.de*) sehr schnell einen Vergleich anstreben, wenn sie erkennen müssen, dass der erlassene Bescheid (z. B. bei der Ablehnung eines Antrages auf Nachteilsausgleich) fehlerhaft ist. In diesem Fall ist das Verwaltungsgericht Gelsenkirchen zuständig.

Sofern dagegen ein Fehler bei der Vergabe von Studienplätzen im Auswahlverfahren der Hochschulen gerügt wird, richtet sich die Klage gegen die betreffende Hochschule und ist bei dem für diese Hochschule zuständigen Verwaltungsgericht einzureichen.

Mehr zur Studienplatzklage im 9. Kapitel „Die Studienplatzklage als alternativer Weg zum Wunschstudium“.

II. Die Geschichte des Dialogorientierten Serviceverfahrens (DoSV)

Jahrelang war die Bewerbung in zulassungsbeschränkten Studiengängen (wie z. B. Rechtswissenschaft, Wirtschaftswissenschaften, Lehramtsstudiengänge) alles andere als eine Freude. Es war quälend, dass – mit Ausnahme der medizinischen Studiengänge und Pharmazie – alle Studienplätze jeweils örtlich von den Hochschulen vergeben wurden. Den Studienbewerbern ist somit nichts anderes übrig geblieben, als sich bei zahlreichen (häufig mehr als einem Dutzend) Hochschulen zu bewerben. Sofern die Studienbewerber im Hauptverfahren keine Zulassung erhalten hatten, mussten sie voller Spannung auf die Ergebnisse der Nachrückverfahren warten. Es war völlig ungewiss und unklar, ob im Nachrückverfahren noch ein Zulassungsbescheid erlassen wird. Das Hochschulvergabeverfahren soll mit Einführung des DoSV effektiver gestaltet werden.

Der mit 16 Ländern – und 16 Hochschulvertretern – besetzte Stiftungsrat der Stiftung für Hochschulzulassung (*hochschulstart.de*) hatte entschieden, dass das DoSV zum Wintersemester 2012/2013 mit einem Pilotbetrieb starten sollte. Der Umfang der Teilnahme am DoSV sollte mit fortschreitender Anbindung von Hochschulen sukzessive in den folgenden Semestern ausgebaut werden, um mittelfristig eine flächendeckende Teilnahme zu realisieren. Das „Handling" des DoSV ist nicht unkompliziert und gewöhnungsbedürftig.

Kernstück des DoSV ist eine Datenbank, auf der die Wünsche der Studienbewerber und die Auswahlentscheidungen der Hochschulen miteinander vernetzt werden.

Das dialogorientierte Verfahren der Studienplatzvergabe ermöglicht den Studienbewerbern eine aktive Rolle während des gesamten Entscheidungszeitraums. Gestützt auf eine web-basierte Technik können sie überall dort, wo sie einen Internet-Zugang haben, den Verlauf ihrer Bewerbung verfolgen. Sie können gegebenenfalls auf die Angebote der Hochschulen reagieren und online eine für sie sinnvolle Entscheidung treffen. Das Verfahren optimiert die Realisierung der Studienwünsche. Mehrfachbewerbungen bleiben weiter möglich, mehrfache Zulassungen werden verhindert. Eine frühzeitige Festlegung der Reihenfolge der Studienwünsche ist nicht notwendig.

Auch die Hochschulen profitieren von diesem Vergabeverfahren. Sie können sicher sein, dass die Studienplätze in den örtlich zulassungsbeschränkten Fächern zügig und zuverlässig besetzt werden. Die Koordination der örtlichen Zulassungsverfahren erfolgt unter Beachtung der Autonomie der Hochschulen. Der Abgleich der Zulassungsangebote vermeidet langwierige Nachrückverfahren.

Zum Wintersemester 2014/2015 wurden bereits rund 300 Studienangebote an 62 Hochschulen durch *hochschulstart.de* koordiniert, vor allem in diversen wirtschaftswissenschaftlichen Studiengängen, Soziale Arbeit und Rechtswissenschaften.

2. Kapitel

Bewerbung um einen Studienplatz in einem Bachelor-Studiengang (örtliches Vergabeverfahren)

I. Bedeutung des örtlichen Vergabeverfahrens

Die Anzahl der zulassungsbeschränkten Studiengänge steigt von Jahr zu Jahr.

Zum Wintersemester 2013/2014 waren an den 20 größten deutschen Universitäten 68 % der Bachelor-Studiengänge zulassungsbeschränkt.

Die Studiengänge Rechtswissenschaften, Wirtschaftswissenschaften und Sozialwissenschaften haben überwiegend Hochschulzulassungsbeschränkungen, in den Sprach- und Kulturwissenschaften liegt hingegen die Quote der Zulassungsbeschränkungen bei unter 40 %.

Wer trotz schwächerer Abiturnoten einen Studienplatz erhalten möchte, hat in ländlich geprägten Bundesländern wie Schleswig-Holstein, Rheinland-Pfalz sowie den ostdeutschen Bundesländern größere Chancen. In Thüringen ist zum Beispiel weniger als ein Drittel aller Studienplätze mit einem Numerus clausus belegt.

Die höchste Quote an Zulassungsbeschränkungen findet sich in der Fächergruppe „Mathematik und Naturwissenschaften"; in Hamburg liegt diese Numerus clausus-Quote bei 91,7 %.

Die Häufigkeit von Zulassungsbeschränkungen sagt noch nichts über die Höhe der Hürde. Der Numerus clausus ist in beliebten Fächern an beliebten Hochschulen meist besonders hoch. Für Psychologie etwa lag der Numerus clausus an den 20 größten Hochschulen bereits 2012 im Durchschnitt bei 1,3. Für BWL war der Notendurchschnitt von 2,0 nötig. Auch in Germanistik wurden mancherorts nur noch Top-Abiturienten aufgenommen.

Vorsorglich weisen wir darauf hin, dass die Zulassungschancen im Sommersemester keineswegs (generell) besser sind als im Wintersemester. Das Gegenteil ist eher der Fall. Dies ist darauf zurückzuführen, dass viele Hochschulen ausschließlich zum Wintersemester in das 1. Fachsemester zulassen. Je weniger Hochschulen (in dem Bewerbungssemester) den Wunschstudiengang anbieten, umso schärfer wird die Zugangshürde (erforderliche Abiturnote oder Wartezeit).

Bei in etwa konstanten Zulassungszahlen schwanken die Zugangshürden Jahr für Jahr.

II. Bewerbung im Dialogorientierten Serviceverfahren über hochschulstart.de (DoSV)

Soweit Hochschulen für das Bewerbungsverfahren die Hilfe des Dialogorientierten Serviceverfahrens über *hochschulstart.de* nutzen, müssen sich die Bewerber zunächst auf *www.hochschulstart.de* unter „Registrierung und Bewerbung für Studiengänge mit örtlicher Zulassungsbeschränkung“ registrieren.

Die Bewerbung und die Entscheidung über die Zulassungsanträge sind in Phasen unterteilt:

(Quelle: *hochschulstart.de* – Registrierung und Bewerbung für Studiengänge mit örtlicher Zulassungsbeschränkung)

1. Die einzelnen Phasen der Bewerbung

a) Die Vorbereitungsphase

Hier benennen die Hochschulen die Studiengänge, mit denen sie am DoSV teilnehmen und legen den Umfang der Unterstützungsleistungen durch die Servicestelle fest. Die Hochschulen können die

Servicestelle neben dem Abgleich von Zulassungsangeboten auch mit weiteren Serviceleistungen beauftragen, beispielsweise mit dem Versand von Zulassungsbescheid.

b) Bewerbungsphase (Schritte 1–4)

Schritt 1 – Konto eröffnen: Die Bewerbung beginnt mit der Einrichtung eines Nutzerkontos über das Portal von *hochschulstart.de*. Nach der Festlegung von Nutzername und Passwort und der Vergabe einer eindeutigen Bewerber-Nummer durch das Bewerbungsportal kann es mit der Bewerbung um einen Studienplatz losgehen.

Schritt 2 – Basisdaten erfassen: Im nächsten Schritt erfassen die Bewerber ihre sogenannten Basisdaten. Dazu zählen neben den persönlichen Daten und ihrer Mail-Adresse ihre Zeugnisdaten, ferner Angaben über geleistete Dienste, Studienzeiten und abgeschlossene Berufsausbildungen.

Schritt 3 – Studienwünsche festlegen – Maximal 12 Studienwünsche: Verschiedene Wege stehen den Bewerbern dabei offen: Bewerben können sie sich online über *hochschulstart.de*, über die Portale der einzelnen Hochschulen oder über beide Wege.

Das bedeutet, dass die Bewerber ihre Studienwünsche nicht in einer „Online-Sitzung“ eintragen müssen. Vielmehr können sie ihre Wunschliste nach und nach zusammentragen. Maximal 12 Studienwünsche – damit ist jeweils eine Kombination aus Studienfach und Studienort gemeint – können sie nennen.

Das Wichtigste: Bei der Festlegung ihrer Studienwünsche können die Bewerber zwar schon eine Rangfolge festlegen, sie müssen es aber noch nicht. Selbst wenn sie schon eine Rangliste festgelegt haben, können sie die Reihenfolge ihrer Wünsche immer noch (bis wann: sogleich) ändern. Ihre Wünsche stehen im Augenblick noch gleichberechtigt nebeneinander.

Erst zu einem späteren Zeitpunkt (siehe Schritt 8) müssen die Bewerber diese Entscheidung nachholen.

Schritt 4 – Bewerbungsschluss beachten: Letzte Möglichkeit, die eigene Wunschliste zu ergänzen, ist wie bisher für ein Wintersemester der 15. Juli und für ein Sommersemester der 15. Januar.

Achtung

Die Hochschulen legen die Bewerbungsfristen selbst fest. Sie müssen nicht mit den Fristen des Dialogorientieren Serviceverfahrens übereinstimmen. Prüfen Sie daher unbedingt und zu jedem Semester die jeweiligen Fristen.

c) Koordinierungsphase 1 (Schritte 5–7)

Schritt 5 – Aufmerksam bleiben: Wenn alle Bewerbungen eingegangen sind, gehen die Hochschulen daran, unter den Bewerbern eine Rangliste aufzustellen. Sie nutzen dabei die Kriterien, die sie auch bisher in ihren örtlichen Auswahlverfahren angewandt haben. Gegebenenfalls fordern Hochschulen Unterlagen von den Bewerber nach.

Die Hochschulen können auch ihre Bewerber mit zusätzlichen Informationen über den Studiengang versorgen oder sie etwa zu Studieninformationstagen einladen, also mit ihnen in einen Dialog eintreten.

Die Bewerber sollten sich regelmäßig über den aktuellen Stand ihrer Bewerbungen informieren. Dies bedeutet zum Beispiel, dass sie entweder auf ihren Urlaub verzichten oder ihr I-Pad o. ä. mitnehmen. Auch wenn sie nach Abschluss der Bewerbung nicht mehr reagieren, stellt das System zumindest sicher, dass die Bewerber – sofern sie für einen der von ihnen genannten Studiengänge ein Zulassungsangebot bekommen könnten – mit einer Zulassung versorgt werden.

Schritt 6 – Angebote verfolgen: Sobald die Hochschulen ihre Ranglisten aufgestellt haben, werden diese auf der Web-Plattform frei geschaltet. Das bedeutet, dass die Bewerber genau erkennen können, ob die Hochschule ihnen ein Studienangebot macht oder nicht.

Wer nicht zu den Glücklichen gehört, findet auf jeden Fall Informationen darüber, bis zu welchem Rangplatz eine Zulassung an dieser Hochschule erfolgt ist und auf welcher Rangposition er sich befindet.

Schritt 7 – Angebot annehmen? Sollte ein Studienplatzbewerber ein oder mehrere Angebote erhalten, steht er vor der Wahl, entweder ein Angebot anzunehmen oder die weitere Entwicklung abzuwarten. Ist unter seinen Angeboten ein Angebot seiner Top-Favoriten, so könnte die Entscheidung lauten: „Hier schreibe ich mich ein." Das muss der Bewerber dann durch einen entsprechenden Mausklick in seinem Konto auf der Web-Plattform kenntlich machen.

Wenn sich der Bewerber für ein Angebot entschieden hat, ist die Studienplatzvergabe damit für ihn beendet. Auf allen anderen Ranglisten, auf den er noch geführt wird, wird er automatisch nicht mehr berücksichtigt und so eröffnen sich anderen Interessenten neue Chancen auf einen Studienplatz.

Ist unter den bisherigen Angeboten aber noch nicht das Wunsch-Ergebnis, könnte die Entscheidung auch lauten: „Ich warte lieber noch ab." Es könnte ja sein, dass der Bewerber auf der Rangliste seines absoluten Top-Wunsches noch weiter nach vorne rutscht, wenn sich Interessenten, die dort noch vor ihm auf der Rangliste stehen, für ein anderes Angebot entscheiden und damit Plätze wieder frei machen.

Um den Bewerber die Entscheidung zu erleichtern, ob es sinnvoll ist, noch weiter abzuwarten, finden sie auf der Web-Plattform auch immer Angaben über ihre aktuellen Rangpositionen.

Diese erste noch offene Phase der Studienplatzvergabe, in der die Wünsche noch gleichberechtigt nebeneinander stehen, dauert genau vier Wochen nach Bewerbungsschluss. Das Verfahren bietet den Bewerbern also Transparenz

d) Entscheidungsphase (Schritt 8): Prioritäten festlegen

Jetzt geht es in die drei Tage dauernde Entscheidungsphase: In dieser Zeit können die Bewerber entweder letztmalig eines ihrer Angebote annehmen oder sie müssen unter ihren Studienwünschen eine verbindliche Reihenfolge festlegen. Warum diese Reihenfolge notwendig ist, erfahren die Bewerber im nächsten Schritt.

e) Koordinierungsphase 2 (Schritt 9): Ein Angebot

Aufgeteilt in drei Takte von jeweils drei Tagen Dauer wird den Bewerbern in den nächsten neun Tagen nämlich nur noch ein Angebot in ihrem Web-Konto dargestellt, und zwar das, was in ihrer Wunschliste am Weitesten vorn platziert ist.

Ein Beispiel: Am Ende der „offenen" Phase der Studienplatzvergabe (Schritt 7) hatte ein Bewerber drei Angebote vorliegen. Nachdem er seine endgültige Rangliste aufgestellt hat, befanden sich diese Angebote auf Platz 3, Platz 5 und Platz 9.

In dieser zweiten Phase der Studienplatzvergabe werden seine Angebote auf das derzeit Bestmögliche reduziert. Das bedeutet, von seinen drei Angeboten wird ihm in Takt 1 nur noch Platz 3 angezeigt. Seine Angebote Nummer 5 und Nummer 9 werden simultan anderen Studienplatzinteressenten zur Verfügung gestellt.

Für den Bewerber steht wieder die Entscheidung an: Platz annehmen oder lieber noch abwarten? Entscheidet er sich per Mausklick für die Annahme des Angebots ist die Studienplatzvergabe für ihn erfolgreich abgeschlossen. Will er jedoch weiter abwarten, bleibt ihm das Angebot von Hochschule Nummer 3 auf jeden Fall erhalten.

In den nächsten drei Tagen wiederholt sich das Spiel. Der Bewerber erhält wieder nur ein Angebot angezeigt. Das kann dasselbe wie in Takt 1 sein, es kann aber auch ein verbessertes Angebot beispielsweise von seiner Hochschule Nummer 2 sein. In diesem Fall würde sein Platz bei der Nummer 3 an jemand anderen gehen. Auch in Takt 2 haben der Bewerber wieder die Wahl: Annehmen oder Abwarten? Entscheidet er sich für Abwarten, bleibt ihm das bisherige Angebot auf jeden Fall erhalten. Unter Umständen hat er jedoch noch die Chance, sich weiter zu verbessern.

Erst im dritten Takt fällt dann die endgültige Entscheidung. Das zu diesem Zeitpunkt für den Bewerber bestmögliche Angebot wird automatisch in eine Zulassung umgewandelt.

f) Clearingphase (Schritt 10)

Im abschließenden Clearingverfahren weist *hochschulstart.de* auf noch freie Studienplätze hin, auf die die Bewerber sich bewerben können, wenn sie noch keinen Platz haben. Die Vergabe dieser „Restplätze“ erfolgt per Los.

Das rund elf Tage dauernde Clearingverfahren wird die Studienplatzbörse ergänzen, die derzeit auf Studiengänge mit noch freien Kapazitäten verweist. Mitte September für ein Wintersemester und Mitte März für ein Sommersemester ist damit die Studienplatzvergabe beendet.

2. Fazit

a) Die aktive Rolle der Studienplatzbewerber

Das dialogorientierte Verfahren der Studienplatzvergabe ermöglicht den Bewerbern eine aktive Rolle während des gesamten Entscheidungszeitraums. Gestützt auf eine web-basierte Technik können sie überall dort, wo sie einen Internet-Zugang haben, den Verlauf ihrer Bewerbung verfolgen. Sie können gegebenenfalls auf die Angebote der Hochschulen reagieren und online eine für sie sinnvolle Entscheidung treffen. Das neue Verfahren optimiert die Realisierung der Studienwünsche der Studienbewerber.

Mehrfachbewerbungen bleiben weiter möglich, mehrfache Zulassungen werden verhindert. Eine frühzeitige Festlegung der Reihenfolge der Studienwünsche ist nicht notwendig.

b) Vorteile für die Hochschulen

Auch die Hochschulen profitieren vom neuen Verfahren. Sie können sicher sein, dass die Studienplätze in den örtlich zulassungsbeschränkten Fächern zügig und zuverlässig besetzt werden.

Die Koordination der örtlichen Zulassungsverfahren erfolgt unter Beachtung der Autonomie der Hochschulen. Der Abgleich der Zulassungsangebote vermeidet langwierige Nachrückverfahren.

III. Direktbewerbung an die Hochschulen

1. Bewerbungsverfahren für das erste Fachsemester

Die Bewerbungen an den verschiedenen Hochschulen ähneln sich bis auf Einzelheiten, die die Bewerber jedoch erfahren, wenn sie die entsprechenden Bewerbungsinformationen im Internet bei den Hochschulen lesen.

Zur Veranschaulichung einer Bewerbung stellen wir die Informationen einer Direktbewerbung am Beispiel der Universität Frankfurt am Main dar:

Die Bewerbung ist grundsätzlich nur online möglich!

Ist die Online-Bewerbung freigeschaltet?

Die Online-Bewerbung ist immer nur zu den Bewerbungsfristen freigeschaltet. Diese sind:

- für ein Sommersemester
  - zulassungsbeschränkte Fächer (N.C.) 1.12. bis 15.01.
  - freie Fächer 1.12. bis 28.02.
- für ein Wintersemester
  - zulassungsbeschränkte Fächer (N.C.) 1.06. bis 15.07.
  - freie Fächer 1.06. bis 31.08.

Beschränkung der Bewerbungsmöglichkeiten auf Studiengänge/ Fächer

An der Universität Frankfurt können Sie sich für maximal drei Studiengänge bewerben. Alle drei sind in einer Online-Bewerbung anzugeben. Bitte bewerben Sie sich nur einmal online. Bei wiederholter Bewerbung gilt die zuletzt eingegangene Bewerbung.

Fehler beim Ausfüllen der Online-Bewerbung – was nun?

Sie können die Online-Bewerbung mit den richtigen Angaben erneut ausfüllen und abschicken. Falls Sie die Unterlagen und Nachweise bereits mit einer früheren – fehlerhaften – Bewerbung mitgeschickt haben sollten, bitten wir Sie, diese noch einmal der neuen – richtigen – Bewerbung beizulegen.

Vorsicht beim der Beglaubigung von Zeugnissen – nicht jeder darf das!

Für eine ordnungsgemäße Bewerbung muss die Kopie Ihrer Hochschulzugangsberechtigung amtlich beglaubigt sein. Amtlich beglaubigen kann jede Dienststelle, die ein Dienstsiegel führt. Dies sind z. B. Gemeinden oder Polizeidienststellen, aber auch Notare (teuer!). Wir raten davon ab, die Beglaubigung durch Pfarrämter vornehmen zu lassen.

Versendung der Unterlagen an die Universität – Alle Unterlagen zusammen? Geht auch per Mail oder Fax?

Bitte senden Sie alle geforderten Unterlagen (keine Originale) komplett per Post ein. Eine Zusendung per E-Mail oder Fax ist nicht möglich.

Wann werde ich darüber informiert, ob ich einen Studienplatz bekommen habe?

Das Vergabeverfahren wird immer dann gestartet, wenn die letzte Bewerbung geprüft und erfasst ist. Es kommt also auf die Menge der Bewerbungen an. In den vergangenen Semestern konnte das Verfahren ca. vier Wochen nach Bewerbungsschluss gestartet werden.

Sollten Sie dann im Hauptverfahren einen Studienplatz bekommen haben, werden Sie umgehend von der Uni schriftlich benachrichtigt. Falls Sie leider nicht unter den Zugelassenen sind, werden Sie automatisch in einem eventuell stattfindendem Nachrückverfahren berücksichtigt. Eine erneute Bewerbung hierfür ist nicht erforderlich.

Erst nach Abschluss aller stattfindenden Nachrückverfahren erhalten sie bei Nichtzulassung einen Ablehnungsbescheid. Dies kann sich bis in den Oktober hinziehen!

Sollte ein Losverfahren stattfinden, ist hierfür eine gesonderte Online-Bewerbung erforderlich.

Komme ich für das nächste Semester auf die Warteliste?

Es hält sich hartnäckig das Gerücht, dass es eine Warteliste gibt. Eine solche existiert jedoch nicht. Wartezeit wird individuell für jeden Bewerber berechnet und muss zu jedem Semester erneut berechnet werden. Es ist also erforderlich, dass Sie sich zu jedem Semester erneut bewerben.

2. Bewerbungsverfahren für das höhere Fachsemester (Ortswechsel und Quereinstieg)

Bewerber mit anrechenbaren und angerechneten Studienleistungen können sich – auch direkt bei den Universitäten um die Zulassung im höheren Fachsemester bewerben (sog. Quereinstieg).

Bewerber sollten sich für jedes folgende Semester an allen Universitäten um einen Studienplatz im höheren Semester bewerben. Für diese Bewerbungen gibt es an den meisten Hochschulen Formulare, die sie rechtzeitig vor Ablauf der Bewerbungsfristen anfordern bzw. in der Regel aus dem Internet herunterladen müssen. Das Ausfüllen dieser Formulare macht zwar viel Mühe, da sich die Universitäten leider nicht auf einheitliche Formulare einigen können.

Achtung

Die Bewerbungsfristen sind genau zu beachten und für jedes Semester neu zu recherchieren!

In der Regel entsprechen die Bewerbungsfristen für den Quereinstieg den *hochschulstart.de*-Bewerbungsfristen: Dies sind für das Wintersemester der 15.07. und für das Sommersemester der 15.01. eines jeden Jahres. Die Bewerbungen müssen mit diesem Datum bei den Hochschulen eingegangen sein (Es zählt nicht der Poststempel sondern der tatsächliche Eingang!).

Technisch gehen die Bewerber am besten so vor, dass sie ca. zwei Monate vor dem jeweiligen Bewerbungsende alle Hochschulen im Internet besuchen. In der Regel können sie – wie bereits erwähnt – die Zulassungsanträge herunterladen. Die anderen Hochschulen sollten angeschrieben und um Zusendung der Bewerbungsunterlagen gebeten werden.

An zahlreichen Universitäten ist das Studienjahr eingeführt worden. So ist z. B. im Wintersemester bei „Jahresuniversitäten eine Bewerbung für ein gerades Fachsemester, also das 2. oder 4. Fachsemester", nicht möglich, da dort im Wintersemester jeweils nur 1. und 3. Fachsemester angeboten werden. Umgekehrt kann man sich an diesen Hochschulen nicht im Sommersemester für das 3. oder das 5. Fachsemester bewerben, da im Sommersemester lediglich das 2. und 4. Fachsemester angeboten wird.

3. Das Auswahlverfahren in den örtlich zulassungsbeschränkten Studiengängen

Die Zulassungszahlen für die Bachelor-Studiengänge werden, ebenso wie für die Studiengänge des zentralen Vergabeverfahrens, entweder in den sogenannten Zulassungszahlenverordnungen der Bundesländer oder – neuerdings – in den Zulassungssatzungen der jeweiligen Hochschulen und Fachhochschulen festgelegt. Die Vergabe regelt jeweils länderspezifisch eine spezielle Hochschulvergabeverordnung, die sich teilweise erheblich von der sogenannten *hochschulstart.de*-Vergabeverordnung unterscheidet.

So gelten für das Vergabeverfahren der Universitäten und (Fach-) Hochschulen in der Regel andere Quoten und andere Arten der Vergabe. Viele Bundesländer haben zum Beispiel die sogenannte Wartezeitquote – die bei *hochschulstart.de*-Studiengängen nur noch 20 % der Studienplätze beträgt – auf 10 % herabgesetzt. Die Hochschulen in Baden-Württemberg wählen z. B. in der Regel 90 % ihrer Studierenden in etwa 400 Studiengängen mit örtlicher Zulassungsbeschränkung nach einem hochschulspezifischen Auswahlverfahren aus. Nur noch 10 % der Plätze werden nach Wartezeit vergeben. Diese Regelung halten wir angesichts der erforderlichen hohen Wartezeiten für verfassungswidrig.

Gleichwohl hat offensichtlich noch kein betroffener Bewerber seinen Ablehnungsbescheid mit der Begründung angefochten, dass ihm die Dauer der Wartezeit nicht zuzumuten sei; jedenfalls sind uns hierzu keine Gerichtsentscheidungen aus Baden-Württemberg bekannt. Während also diese – geringe – Quote in vielen Ländern unbeanstandet geblieben ist, hat zum Beispiel das Verwaltungsgericht Hamburg für den Studiengang Kommunikationswissenschaften und weitere Studiengänge wegen ihrer durch lange Wartezeiten chancenausschließenden Wirkung für verfassungswidrig erklärt (Verwaltungsgericht Hamburg, Beschluss vom 21.10.2009, Az.: 20 ZE REW 09/10 und 17.10.2012, Az.: 20 ZE 423/12, juris). Das Verwaltungsgericht Bremen hat angesichts der hohen Wartezeiten eine Quote von 20 % der Studienplätze im Fachhochschulstudiengang„ Soziale Arbeit" als „zu niedrig" bezeichnet und ebenfalls die Verfassungswidrigkeit festgestellt (Verwaltungsgericht Bremen, Beschluss vom 2.12.2005, Az.: 6 V 1844/05, juris).

Immer mehr Hochschulen führen ergänzende Eignungsprüfungen durch, wobei häufig die „Prüfung" in zwei Stufen erfolgt:

In der ersten Stufe wird „nach Papierform", also in der Regel nach der Durchschnittsnote des Abiturs sortiert und ein erheblicher Teil der Bewerber erhält eine Ablehnung.

In der zweiten Stufe wird dann ein Auswahlverfahren dann nur noch zwischen den Bewerbern durchgeführt, welche die „erste Stufe" überstanden haben.

Im Folgenden wollen wir über einige spezielle Arten der dezentralen Studienplatzvergabe informieren.

a) Auswahlkriterien

Die jeweiligen als Länderverordnungen ergangenen Studienplatzvergabeverordnungen regeln – im Gegensatz zur Vergabeverordnung Stiftung – die Vergabe von Studienplätzen durch die Hochschulen des jeweiligen Landes an Bewerberinnen und Bewerber in Studiengängen, für die Zulassungszahlen festgesetzt sind, also für zulassungsbeschränkte Fächer, soweit es nicht um Fächer geht, für die *hochschulstart.de* die Plätze vergibt.

Der Zulassungsantrag ist an die Hochschule zu richten und muss für das Sommersemester bis zum 15. Januar, für das Wintersemester bis zum 15. Juli bei der Hochschule eingegangen sein (Ausschlussfristen). Der Zulassungsantrag gilt nur für das Vergabeverfahren, auf das er sich bezieht. Im Zulassungsantrag muss mindestens ein Studiengang der Hochschule gewählt werden. Bis zu drei Zulassungsanträge sind möglich und bei Bewerbungen für Lehramtsstudiengänge sind auch die gewünschten Unterrichtsfächer anzugeben.

Wie auch bei den *hochschulstart.de*-Studiengängen gibt es Sonderquoten, die allerdings der Höhe nach von diesen abweichen. So werden von den für das erste Fachsemester festgesetzten Zulassungszahlen in einem Studiengang, der zu einem ersten berufsqualifizierenden Abschluss führt, vorweg 10 % für die Zulassung von ausländischen Staatsangehörigen und Staatenlosen, die nicht Deutschen gleichgestellt sind, abgezogen.

Die Quote für Fälle außergewöhnlicher Härte beträgt 5 % und 3 % werden für die Auswahl der Bewerberinnen und Bewerber für ein Zweitstudium zur Verfügung gestellt.

Die verbleibenden Studienplätze werden zu 20 Prozent an Bewerberinnen und Bewerber, die nach Wartezeit ausgewählt werden, und zu 80 Prozent an Bewerberinnen und Bewerber, die nach dem Ergebnis eines von der Hochschule durchzuführenden Auswahlverfahrens ausgewählt werden, vergeben.

Dieses Auswahlverfahren ist jedenfalls in Hessen im Gesetz zur Ausführung des Staatsvertrages über die Vergabe von Studienplätzen geregelt. Es ist danach die Hochschule, die die Auswahlkriterien bestimmt und gewichtet, wobei sie (nur) zu beachten hat, dass mindestens zwei Auswahlkriterien kombiniert werden müssen (also nicht allein nach Abitur-Note ausgewählt werden darf, aber dieser überwiegendes Gewicht (also 51 % und mehr) zukommen muss.

Im Übrigen stehen den Hochschulen folgende Auswahlkriterien in Kombination zur Verfügung. Sie kann auswählen

- nach dem Grad der in der Hochschulzugangsberechtigung ausgewiesenen Qualifikation (Durchschnittsnote),
- nach einer Gewichtung der in der Hochschulzugangsberechtigung ausgewiesenen Leistungen in Fächern, die über die fachspezifische Eignung für den gewählten Studiengang besonderen Aufschluss geben,
- nach dem Ergebnis eines fachspezifischen Studierfähigkeitstests,
- nach der Art einer Berufsausbildung, praktischen Tätigkeiten oder studienrelevanten außerschulischen Leistungen, die über die Eignung für den gewählten Studiengang besonderen Aufschluss geben können,

- nach dem Ergebnis eines von der Hochschule durchzuführenden Auswahlgesprächs mit den Bewerberinnen und Bewerbern, das Aufschluss über die Motivation und Eignung für den gewählten Studiengang und den angestrebten Beruf geben soll, oder
- aufgrund einer Verbindung von Maßstäben nach Nr. 1 bis 5.

b) Speziell: Auswahlgespräche

aa) Einleitende Hinweise: Wir haben bereits darauf hingewiesen, dass das Auswahlgespräch zwar eine hohe Akzeptanz bei Studienbewerbern wie auch bei Hochschulen hat, dass sein Nachteil jedoch die nicht ausreichend vorhandene Vorhersage für den Studienerfolg ist. Aufgrund seiner großen Akzeptanz wird es nach unserer Auffassung auch in Zukunft jedenfalls in den örtlichen Vergabeverfahren von einer Reihe von Hochschulen angewendet werden, so dass wir auch auf diese Auswahlmöglichkeit eingehen wollen.

Das Auswahlgespräch ist eine Herausforderung. Wer im Rahmen der Vorauswahl zum Auswahlgespräch eingeladen wird und wird dann auch noch unter Berücksichtigung der konkurrierenden Bewerber im Auswahlgespräch ausgesucht wird, schafft den unmittelbaren Sprung ins Wunschstudium und zwar im Regelfall an der Universität, an der er studieren will.

Er spart damit eine lange Wartezeit – und bekommt von Hochschullehrern gleichzeitig attestiert, besonders geeignet und motiviert zu sein. Indes bezweifeln wir, ob eine halbe Stunde Selbstdarstellung genügt, ein solches Urteil auch nur annähernd sachlich zu rechtfertigen. Wer sich für das Auswahlgespräch vorbereiten muss, sollte sich deshalb darüber klar sein, dass der Auswahlprozess – anders als z. B. das Testverfahren – nicht (jedenfalls nicht immer) objektiv ist, sondern oft auch von der Tagesform des Studienbewerbers – aber auch der beteiligten Mitglieder der Auswahlkommission – abhängig ist.

Der Studienplatzbewerber sollte deshalb das Auswahlgespräch als eine zusätzliche Chance und – im Falle eines negativen Ergebnisses – keinesfalls als eine auch nur im Entferntesten fundierte Aussage über seine Fähigkeiten begreifen. Dies bewahrt ihn vor Zweifel und Frust im Falle der Ablehnung.

Gerade weil die Auswahlentscheidung subjektiv ist, ist das Auswahlgespräch trainierbar. Die Bewerber können üben, eine „gute Figur" abzugeben. Sie können sich erforderliches Sachwissen aneignen, um die Mitglieder der Auswahlkommission von ihrer Motivation und Eignung zu überzeugen. Wir geben daher einen Überblick über die Regelungen des Auswahlgesprächs an den verschiedenen Hochschulen, informieren über die rechtlichen Gesichtspunkte eines potentiellen Angriffs gegen das Ergebnis eines Auswahlgesprächs und geben schließlich einige Hinweise zur psychologischen und inhaltlichen Vorbereitung auf das Auswahlgespräch, die auf den Erfahrungen der Vergangenheit beruhen, aber – wegen des begrenzten zur Verfügung stehenden Platzes – nur fragmentarisch sein können.

bb) Der Ablauf des Auswahlgesprächs: Am Tag des Auswahlgesprächs sollten die Bewerber möglichst frühzeitig zur Hochschule fahren. Pünktlichkeit ist die Höflichkeit der Könige! Es gibt zwar keine Regeln, ab wann eine Verspätung nicht mehr akzeptiert wird und die Chance vertan ist. Hierauf sollten sie es jedoch nicht ankommen lassen. Auch eine Verspätung von fünfzehn Minuten ist für den Wartenden schon ärgerlich. Die Auswahlkommission muss in der Regel an einem Tag viele Auswahlgespräche führen. Eine von den Bewerbern verursachte Verzögerung hat dann zur Folge, dass auch alle weiteren Auswahlgespräche an diesem Tag mit Verspätung durchgeführt werden. Bei mehreren Verspätungen kumuliert sich das Ganze. Auch sollten sie bedenken, dass die Gesprächspartner vielbeschäftigte Hochschullehrer sind, kaum gewohnt, tatenlos auszuharren.

Wenn sich Bewerber verspäten, ohne dass sie ein Verschulden trifft, so raten wir dringend, dass sie sich, sobald sie merken, dass sie ein zeitliches Problem bekommen, telefonisch bei der Auswahlkommission entschuldigen. Jeder Hochschullehrer hat auch eine Sekretärin, und es kann nichts schaden, sich „vorbeugend" die entsprechenden Telefonnummern im Handy zu speichern. Wenn sich Bewerber ohne Verschulden verspäten, kann möglicherweise ein anderer Kandidat vorgezogen werden, und der verspätete Bewerber kommt an seiner Stelle später dran. Deshalb sollte man daran denken die Telefonnummer des Hochschullehrers und/oder der Stelle, die auf dem Einladungsschreiben angegeben ist, bei der Anreise zum Gespräch dabei zu haben.

Praktisch alle Universitäten machen ein großes Geheimnis daraus, wer von welcher Kommission geprüft wird. Häufig ist nicht einmal bekannt, welche Hochschullehrer in den Auswahlkommissionen tätig sind. Dies ist nach unserer Auffassung rechtsstaatlich höchst bedenklich, wird von den Universitäten allerdings damit gerechtfertigt, dass es ohnehin schon schwer genug sei, Hochschullehrer als Gesprächspartner zu gewinnen. Dieses Problem stellt sich für die Hochschulen allerdings dann nicht, wenn man – wie in Baden-Württemberg geschehen – die Mitwirkung an den Auswahlgesprächen zur Dienstaufgabe der Hochschullehrer erklärt.

Auch wenn man erfährt, wer in der Auswahlkommission sitzt, so sollte unter keinen Umständen versucht werden, mit diesem Kommissionsmitglied vorher selbst Kontakt aufzunehmen. Die Bewerber sollten auch ihre Eltern „bremsen", dies zu tun, selbst wenn der Professor, wie der eigene Vater, Rotarier, „Lion", Freimaurer oder was auch immer ist. Wir halten von einer derartigen „vorbeugenden Bearbeitung" der Gesprächspartner überhaupt nichts. Es führt zu einem „Geschmäckle" und eher zur Ablehnung, weil der Hochschullehrer ja nach außen hin möglichst unbefangen erscheinen will. Bei zu enger Bekanntschaft müsste sich der Hochschullehrer sogar als befangen ablehnen – auch wenn uns ein solcher Fall aus der Praxis bisher noch nicht bekannt geworden ist. Wir wissen aus Erfahrung, dass sich die Bewerber durch solche – von den Eltern sicher wohl gemeinten – Kontakte bzw. Kontaktversuche mehr schaden, als diese für sie gut machen können.

Im Regelfall stoßen die Bewerber also beim Auswahlgespräch auf zwei ihnen unbekannte Hochschullehrer. Diese haben den Fragebogen des Bewerbers sorgfältig gelesen und beginnen sofort mit gezielten Fragen. Nur in Ausnahmefällen geben die Kommissionen ihnen gleich zu Beginn Gelegenheit, ihren Berufswunsch der Kommission gegenüber in einer Art Plädoyer zu rechtfertigen. Auf beides sollten die Bewerber jedoch vorbereitet sein. Eine Regel für den konkreten Ablauf des Gesprächs gibt es nicht, ist rechtlich auch nicht vorgesehen. Der Gesprächsablauf bleibt der individuellen Gestaltung durch die Hochschullehrer überlassen.

Elemente des Auswahlgesprächs können zum Beispiel sein:

- das biographische Element,
- das narrative Element,
- die Fallbearbeitung,
- das Rollenspiel,
- situative Fragen,
- freie Rede/Kurzpräsentation und
- Argumentation

Vor Beginn des Gesprächs erfährt man in der Regel nicht, auf welche Themen die Kommission besonderen Wert legt. Oft kann aus den Richtlinien für Auswahlgespräche bzw. der Satzung der Universität, an der die Bewerber für das Auswahlgespräch die Einladung erhalten haben, jedoch entnommen werden, welche Teilaspekte diese Universität für besonders gewichtig hält. Auf diesen Gesichtspunkt wird natürlich auch die Auswahlkommission den Schwerpunkt der Befragung legen.

Beliebte Themen sind:

- „Warum haben Sie sich für diesen konkreten Studiengang entschieden?" Hierauf sollte man auf jeden Fall eine plausible Antwort wissen!
- „Wie stellen Sie sich das Studium und die Anforderungen an Studierende vor?" (Anstrengend, viel Lernerei, viele Prüfungen, viele Grundlagenfächer, Interessant, …). Ehrlich sein, aber objektiv! Vorher vielleicht mit Studenten/innen aus dem Bekanntenkreis sprechen, was im Studium so auf Sie zukommt!
- „Denken Sie von sich selbst, dass Sie diesen Anforderungen gewachsen sind?" Auf jeden Fall mit „Ja!" antworten, aber nicht überheblich werden! Ruhig zugeben, dass man sich ganz schön zusammenreißen muss!
- „Was würden Sie tun, wenn Sie den Studienplatz nicht bekommen?" (Warten, nächstes Jahr wieder versuchen, Studium im

Ausland oder an einer Privat-Universität – es ist nicht falsch, wenn man einige kennt). Dies macht deutlich, dass das konkrete Fach das Einzige ist, was Sie jemals machen wollen. Auf keinen Fall sagen, dass Sie dann halt was anderes machen!

Ein erfahrener Hochschullehrer der Universität Greifswald, der bereits bis 2004 an rund 120 Auswahlgesprächen teilgenommen hat, hat auf die Frage „Wie gehen Bewerber am besten an dieses Gespräch heran?" geantwortet:

> „Sie sollten sich bewusst sein, dass dieses Gespräch eine einmalige Chance ist, die Wartezeit auf den Studienplatz zu umgehen. Sie sollten sich Gedanken machen, was dabei alles zur Sprache kommen kann und welche Fragen zum Studium oder zu unserer Fakultät sie haben. Für sie ist das Gespräch ja auch eine Chance, herauszufinden, ob ihre Studienentscheidung richtig ist. Denn eine echte Katastrophe ist es, wenn jemand jahrelang auf einen Studienplatz wartet und dann feststellt, dass es das falsche Fach ist."

Nicht alle Satzungen bzw. Regelungen der Hochschulen über das Auswahlgespräch enthalten Zeitvorgaben. In der Regel sind jedoch „mindestens 30 Minuten" für ein Auswahlgespräch vorgesehen. Allerdings ist das Auswahlgespräch nicht deshalb rechtswidrig, weil ein Bewerber etwa nur 29 Minuten Gesprächszeit hatte. Wird die Gesprächszeit nur geringfügig unterschritten, können die Bewerber eine negative Auswahlentscheidung nicht anfechten. Wenn sich ausweislich des Gesprächsprotokolls die Auswahlkommission in dieser Zeit eine feste Meinung von der Eignung des Bewerbers für den gewünschten Studiengang gebildet hat, hat ein Rechtsbehelf keine Aussicht auf Erfolg, wie wir aus unserer prüfungsrechtlichen Tätigkeit wissen. Allenfalls in dem wohl nur theoretischen Fall, dass aus dem Protokoll die Unsicherheit der Auswahlkommission über die zu treffende Entscheidung hervorgeht, könnte ein derartiges Auswahlgespräch mit Erfolg angefochten werden.

Aber auch dann, wenn das Auswahlgespräch nicht nach 30 Minuten endet, sondern länger dauert, ist dies kein Anfechtungsgrund, wenn der Bewerber aufgrund dieses Gesprächs abgelehnt wird. Die Auswahlkommission wird nämlich stets geltend machen – und dies ist auch dann für die Gerichte nachvollziehbar –, dass diese das Auswahlgespräch nur und ausschließlich im Interesse des Kandidaten etwas verlängert habe, weil man während der 30 Minuten noch keinen abschließenden Eindruck gewonnen habe oder ähnliches.

Sollten während des Auswahlgesprächs Probleme mit der Kommission auftreten, so ist es notwendig, darauf zu bestehen, dass die entsprechenden Probleme, gegebenenfalls Auseinandersetzungen, mit Antrag protokolliert werden. Im Fall der Anfechtung der Auswahlentscheidung kommt nämlich dem Gesprächsprotokoll (das insoweit einem Prüfungsprotokoll entspricht) entscheidende Bedeutung zu. Deshalb sollte man auch immer ein Auge auf das Protokoll haben, wenn man den Eindruck gewinnen sollte, dass das Gespräch keinen fairen Verlauf nimmt.

Wenn der Bewerber schon einmal während seines Studiums mit einem Hochschullehrer der Auswahlkommission ein „Problem" gehabt hat, so sollte er darauf bestehen, dass seine Erklärung über die Besorgnis der Befangenheit dieses „Prüfers" vor Beginn des Gesprächs zu Protokoll genommen wird. Insbesondere dann, wenn ihm vorher der Name des Kommissionsmitglieds bekannt ist, besteht im Prüfungsrecht die Rechtsprechung darauf, dass die Besorgnis der Befangenheit zu einem möglichst frühen Zeitpunkt geltend gemacht wird.

Die Erfahrung unserer früheren Mandanten aus den Auswahlgesprächen zeigt, dass der erste Eindruck, den sie nach dem Gespräch haben, oft sehr trügerisch ist. Mancher, der siegessicher schon die Zeitung kaufte, um die Zimmerangebote zu studieren, wurde herb enttäuscht. Andere, die an der eigenen Darstellung zweifelten, erhielten demgegenüber einen Studienplatz. Gerade diejenigen, die von der Auswahlentscheidung enttäuscht werden, weisen wir auf folgendes hin: Eine Auswahlkommission darf ihr Votum erst nach Durchführung aller Auswahlgespräche treffen.

Es ist durchaus möglich, dass sie am frühen Morgen von der Darstellung eines Studienbewerbers sehr angetan ist und sich auch gegenüber diesem nach Abschluss des Gesprächs sehr positiv äußert. Dies schließt jedoch keinesfalls aus, dass die nachfolgenden Studienbewerber nicht einen wesentlich besseren Eindruck hinterlassen, so dass sich die Auswahlkommission letztendlich gegen den Ersten entscheidet. Auch müssen sie berücksichtigen, dass es im Regelfall mehrere Auswahlkommissionen gibt und somit zum Schluss ein „Abgleich" zwischen den verschiedenen Kommissionen stattfinden muss. Auch damit sind Unsicherheiten vorgegeben. Zwischen dem Ende des Auswahlgesprächs und der Bekanntgabe des Ergebnisses durch den Zulassungsbescheid liegen in der Regel mehrere Wochen. Wenn dann eine Ablehnung ins Haus flattert, stellen sich viele die Frage, ob sie gerichtlich dagegen vorgehen wollen. Dann ist es unabdingbar, möglichst genau den Ablauf des Gesprächs zu rekonstruieren. Gleichgültig, ob man die Anfechtung auf formale Spitzfindigkeiten oder inhaltliche Mängel wie unfaire Gesprächsführung stützt: Es ist unbedingt notwendig, dass möglichst direkt nach dem Gespräch dessen Ablauf dokumentiert wird.

Hinweis

Unabhängig vom konkreten Eindruck, den Sie vom Ergebnis Ihres Auswahlgesprächs haben, sollten Sie ein möglichst genaues Gedächtnisprotokoll formulieren. Warten Sie nicht erst die Entscheidung ab; legen Sie Ihre Notiz so früh wie möglich nieder, umso genauer sind Ihre Erinnerungen. Sollten Sie eine Zulassung aufgrund eines Auswahlgesprächs erhalten, können Sie den Aufwand für das Gedächtnisprotokoll als Gedächtnistraining abbuchen oder – worüber wir uns sehr freuen – uns schicken. Wenn es schiefgegangen ist, kann viel von einem umfangreichen und richtigen Bericht abhängen.

cc) Die Auswahlentscheidung und die Immatrikulation: Wie erwähnt können die Bewerber nicht damit rechnen, dass man ihnen am Abschluss des Gesprächs bereits das Ergebnis mitteilt, denn die Bewertung ihres Auswahlgesprächs und die Reihung der mit ihnen konkurrierenden Kandidaten ist kompliziert und erfolgt erst nach der Durchführung aller an dieser Hochschule anstehenden Auswahlgespräche. Die endgültige Reihenfolge wird in einem gestuften Verfahren festgelegt.

Nachdem der Bewerber den Raum, in dem das Auswahlgespräch stattgefunden hat, verlassen hat, verständigen sich die beiden Mitglieder der Auswahlkommission zunächst über eine vorläufige Bewertung. Einige Richtlinien/Satzungen schreiben vor, dass Teilbewertungen bzw. Teilpunkte zu einzelnen Gesprächsinhalten vergeben werden. In einem solchen Fall bewerten die „Prüfer“ beispielsweise gesondert, ob die angeführten Gründe für die Studienfachwahl überzeugt haben, ob die Vorbereitung auf das Wunschstudium mehr oder weniger optimal verlaufen ist und ob die Eignung und Befähigung für das Studium und den angestrebten Beruf nach Auffassung der Mitglieder der Prüfungskommission besonders ausgeprägt oder eher schwach entwickelt ist. Teilweise werden besondere Teile des Gesprächs gegenüber anderen stärker gewichtet.

An den meisten Hochschulen vergeben die Auswahlkommissionen jedoch eine einheitliche Bewertung auf der Basis einer mehr oder weniger differenzierten Punkteskala. Abweichungen zwischen den beiden Kommissionsmitgliedern bei der Bewertung der Eignung und Befähigung einer Studienbewerberin/eines Studienbewerbers sind eine seltene Ausnahme. Die Kommissionen verständigen sich nahezu in allen Fällen kollegial auf eine übereinstimmende Bewertung, so dass Differenzen gar nicht erst entstehen, andernfalls wird in der Regel „gemittelt“, d. h. bei einer unterschiedlichen Punktezahl wird die Mitte genommen, also bei 16 und 14 nimmt man 15 Punkte.

Nachdem alle Kommissionen die ihnen zur „Begutachtung“ zugewiesenen Studienbewerber vorläufig bewertet haben, tritt in der Regel eine „Gesamtkonferenz“ zusammen, an der auch der Rektor oder Präsident der Universität oder der durch die Grundordnung der Hochschule bzw. das entsprechende Universitätsgesetz zu seiner Vertretung bestimmte Vizepräsident/Prorektor im Regelfall teilnehmen muss, weil dieser nach den rechtlichen Vorgaben die „Endentscheidung“ als entscheidungsbefugter Vertreter der Universität zu treffen hat. In dieser Konferenz erstellen – idealtypisch die verschiedenen Kommissionen gemeinsam eine Liste, auf der die Bewerber – entsprechend ihrer Punktezahl nach Rangplätzen aufgelistet werden. Da – vorausgesetzt es nehmen alle ausgewählten Bewerber am Auswahlgespräch teil – nur 33 % aller Kandidaten zugelassen werden können, während 67 % einen Ablehnungsbescheid erhalten, konzentriert sich das Interesse der Kommission naturgemäß auf die sogenannten „Grenzfälle". Soweit die Bewerber vorläufig nach einem Punktesystem bewertet wurden, muss sich die Gesamtkonferenz bei Punktegleichheit entscheiden, ob der eine oder andere Kandidat den begehrten Studienplatz erhält. Auch dann, wenn eine Auswahlkommission vielleicht überproportional Punkte vergeben hat – man nennt dies eine „Gnadenkommission" – müssen der Rektor/Präsident bzw. sein Vertreter dafür sorgen, dass eine Einheitlichkeit der Bewertungsmaßstäbe hergestellt wird und es keine Benachteiligung der Bewerber gibt, die – wie man im juristischen Prüfungs-Sprachgebrauch sagt – einer „Blutkommission" in die Hände gefallen ist. Hier ist oft Fingerspitzengefühl von Seiten der Entscheider gefragt. Je konkreter die Auswahlkriterien festgelegt werden, umso weniger Streitfälle wird es geben.

Soweit in der Vergangenheit einzelne Hochschulen – z. B. die Humboldt-Universität Berlin – bei gleicher Punktzahl das Los über die Frage haben entscheiden lassen, wer zugelassen und wer abgelehnt wird, haben die Gerichte dies zu Recht nicht als zulässig angesehen. In einem solchen Fall müssen vielmehr die Kommissionen, die die „gleichrangigen" Bewerber beurteilt haben, versuchen, intern über den bzw. diejenigen Kandidaten zu verständigen, die den bzw. die noch freien Plätze beanspruchen dürfen. Es ist also eine „materielle Prüfungsentscheidung" gefordert, die nach unserer Auffassung – und der der Gerichte – nicht durch das „schematische" Losverfahren ersetzt werden darf. Auch bei einer sonstigen Berufszulassungsprüfung wird ja nicht durch Los über das Bestehen oder Nichtbestehen entschieden, sondern durch eine materielle inhaltliche Bewertung der Leistung des Prüflings. Nichts anderes darf daher für das „prüfungsähnliche" Verfahren der Zulassungsauswahl nach Maßgabe eines solchen Auswahlgesprächs gelten.

Die Liste, die die Reihung aller Kandidaten enthält, wird dann dem Rektor/Präsidenten bzw. seinem Vertreter als Entscheidungsvorschlag vorgelegt. In aller Regel wird sie von ihm unverändert als endgültige und rechtsverbindliche Entscheidung übernommen. Sieht man – wie wir – das Auswahlgespräch als „prüfungsähnlich" an, so kann bereits aus Rechtsgründen dem Rektor/Präsidenten keine eigene Auswahlkompetenz zukommen, da er ja selbst an den

Auswahlgesprächen gar nicht teilgenommen hat und daher kein eigenes Urteil über Eignung und Befähigung der Bewerber abgeben kann. Er hat vielmehr im Wesentlichen die Aufgabe, für eine ordnungsgemäße Abstimmung der Bewertungskriterien zwischen den Kommissionen für einen „Ausgleich" bei besonders großzügigen oder kleinlichen Kommissionen und schließlich für einheitliche Maßstäbe bei der Vergabe der Plätze im Auswahlgespräch zu sorgen. Im Übrigen würde eine abweichende Entscheidung des Rektors/Präsidenten auch zu einer Desavouierung der Entscheidung der Kommission führen. Die materielle Auswahlbefugnis des Rektors/Präsidenten existiert daher mehr oder weniger nur auf dem Papier. Selbstverständlich kann er bei grob sachwidrigen Entscheidungen des Plenums – zu denken ist z. B. an eine außeruniversitäre Einflussnahme oder der Versuch eines der Hochschule angehörenden Vaters, zugunsten seines Sohnes/seiner Tochter Einfluss zu nehmen – korrigierend eingreifen und eine willkürliche Zulassungsentscheidung verhindern.

Die frühere Praxis verschiedener Universitäten, jeder Auswahlkommission eine bestimmte Zahl von Studienplätzen zuzuweisen, die diese dann unter den ihr zur Beurteilung zugewiesenen Bewerbern vergeben kann, ist von den Gerichten zu Recht beanstandet und daher von der Praxis aufgegeben worden. Die Gerichte wiesen in diesem Zusammenhang auf die Möglichkeit hin, dass einer Kommission (fast) nur „Nieten" zugewiesen werden, während eine andere sich – zufällig – ausschließlich mit höchst motivierten, begabten und befähigten Kandidaten zu befassen habe. In diesem Fall sei es ungerecht, wenn jede Kommission 1/3 ihrer Kandidaten zulasse. Aber wie gesagt, eine derartige gleiche Verteilung der Studienplätze auf die verschiedenen Auswahlkommissionen gibt es praktisch nicht mehr.

dd) Die Ergebnis-Mitteilung: Sobald die Ergebnisse der „Abstimmungskonferenz" feststehen, erstellt das Studentensekretariat der Universität die entsprechenden Ablehnungs- oder Zulassungsbescheide und verschickt diese. Da die Bescheide – auch wegen der notwendigen Rechtsmittelbelehrung – schriftlich ergehen müssen, sollten telefonische Voranfragen unterlassen werden – diese haben keine Aussicht auf Erfolg. Auch wenn die Mitarbeiter der Studierendensekretariate selbstverständlich für das Informationsbedürfnis und die Ungeduld Verständnis haben, raten wir dringend, die entsprechenden Sachbearbeiter der Universität oder die Hochschullehrer der Auswahlkommission mit telefonischen Anfragen zu verschonen. Abgesehen davon, dass sich die Bewerber durch solche Zwischenanfragen ausgesprochen „unbeliebt" machen, können zahlreiche Anrufe auch die Bearbeitung der Bescheide verzögern. Umso länger müssen sie warten, bis sie das schriftliche Ergebnis des Auswahlgesprächs in den Händen haben.

Die Bewerber haben auch in dem Fall, in dem sie im Auswahlgespräch eine Zulassung erhalten, nur eine sehr kurze Einschreibfrist, damit eventuelle freie Studienplätze noch über das Auswahlverfahren der Hochschulen im Nachrückverfahren besetzt werden können. Im Auswahlverfahren der Hochschulen gibt es grundsätzlich ein Nachrückverfahren. Allerdings gilt dies nicht für das Auswahlgespräch: Wer also im Auswahlgespräch knapp gescheitert ist, kann nicht auf ein Nachrücken hoffen, sondern allenfalls – wenn er nahe am Grenzrang ist – auf einen Studienplatz in der allgemeinen Quote für das Auswahlverfahren der Hochschulen. Die kurze Frist zur Einschreibung ist deshalb geboten, weil sich die Auswahlgespräche bis unmittelbar vor dem Vorlesungsbeginn hinziehen können. An zahlreichen Universitäten beginnt das Semester bereits Anfang Oktober im Winter und Anfang April im Sommersemester. Da in den Praktika in der Regel nur wenige Fehlzeiten erlaubt sind, da sonst die „regelmäßige Teilnahme" nicht bescheinigt werden kann – allenfalls 10 % bis 15 % der Praktikumsstunden dürfen versäumt werden –, müssen sich die Universitäten beeilen, um den erfolgreichen Kandidaten der Auswahlgespräche noch die Möglichkeit der Eingliederung in den Lehrbetrieb des konkreten Semesters zu geben.

Die Immatrikulationsfrist ist dringend zu beachten, da der Bewerber sonst den Studienplatz verliert. Nur in besonderen Ausnahmefällen sind die Leiter der Studentensekretariate bereit, diese Frist zu verlängern. Allerdings sollte im Falle einer solchen Verlängerung stets auf einer schriftlichen Bestätigung bestanden werden, da nach der maßgeblichen Vorschrift des Verwaltungsverfahrensgesetzes sich nur auf solche schriftlichen Zusagen verlassen werden kann – mündliche Auskünfte sind in der Regel nicht beweisbar und im Übrigen auch wertlos. Die Bewerber sollten allerdings unter allen Umständen versuchen, die Immatrikulationsfrist einzuhalten, denn die Universitäten behandeln die Anträge auf Fristverlängerung durchaus unterschiedlich. Gerade dann, wenn der Termindruck sehr groß ist, ist die Neigung, ihnen eine Fristverlängerung zu gewähren, gering.

Die meisten Universitäten bestehen, weil dies die Universitätsgesetze oder die Immatrikulationsordnungen, die auf diesen Gesetzen beruhen, so vorschreiben, auf einem persönlichen Erscheinen des Studenten bei der Immatrikulation. Nur in den Fällen, in denen dies wegen Krankheit, Auslandsaufenthalt oder ähnlichem nicht möglich ist, gestatten ein Teil der Hochschulen die vertretungsweise Immatrikulation durch Eltern oder sonstige bevollmächtigte Personen, z. B. Schwester und Bruder. Hierbei ist eine schriftliche Vollmacht des zugelassenen Kandidaten ebenso wie die Vorlage des Original-Abiturzeugnisses und evtl. des Personalausweises im Original erforderlich. Soweit sollte man es möglichst aber nicht kommen lassen. Ist man für ein Auswahlgespräch ausgewählt, so sollten alle Urlaubspläne verworfen werden, da man möglicherweise eine solche Chance, über ein Auswahlgespräch einen Studienplatz zu erhalten, nie mehr, jedenfalls nicht mehr in absehbarer Zeit erhalten wird.

Auch dann, wenn der Bewerber einen Zulassungsbescheid aufgrund des Auswahlverfahrens der Hochschulen/des Auswahlgesprächs erhält, bedeutet dies noch nicht, dass die Universität ihn immatrikulieren muss. Insbesondere prüft jede Hochschule in eigener Zuständigkeit, ob die im Universitätsgesetz oder Landeshochschulgesetz festgelegten immatrikulationsrechtlichen Voraussetzungen vorliegen oder sonstige Immatrikulations- oder Zulassungshindernisse bestehen. Zulassungshindernisse sind z. B. das Vorhandensein eines Dienst-, Arbeits- und Ausbildungsverhältnisses, es sei denn, dass er kann nachweisen, dass er zeitlich die Möglichkeit hat, sich dem Studium uneingeschränkt zu widmen. Die Zulassung kann versagt werden, wenn er die erforderlichen Sprachkenntnisse nicht nachweisen oder die Formen und Fristen für die Zulassung nicht einhalten kann oder keine Angaben zu einzelnen personenbezogenen Daten macht. Auch strafbare Handlungen, wegen denen er verurteilt worden sind, können die Versagung der Immatrikulation ebenso rechtfertigen wie der fehlende Nachweis der Mitgliedschaft in einer studentischen Krankenversicherung, die Nichtzahlung der Beiträge für das Studentenwerk oder der fehlende Nachweis der Zahlung der Studiengebühr.

Die Immatrikulationsvoraussetzungen erfahren die Bewerber von der Zulassungsuniversität mit dem Zulassungsbescheid in einem Formblatt, welche Unterlagen, die sie zur Einschreibung mitbringen und die Voraussetzungen, die sie bei der Einschreibung nachweisen müssen. In der Regel hilft auch ein Blick ins Internet, da alle Hochschulen ausführliche Hinweise ins Netz gestellt haben. Erfüllen sie diese Voraussetzungen allerdings nicht und lehnt die Universität ihre Immatrikulation endgültig und mit Rechtsmittelbelehrung ab und sie unternehmen gegen diesen Bescheid nichts, so wird der Zulassungsbescheid unwirksam.

ee) Die Ablehnung im Auswahlverfahren: Hier verweisen wir auf die Grundsätze zur Einklagung von Studienplätzen. Einen solchen Prozess sollte man niemals selbst führen, sondern sachkundige anwaltliche Hilfe in Anspruch nehmen.

4. Eignungs- und Begabtenprüfungen

„Die Eignungsprüfungen sind der beste Weg, mit geringstem Prozesskostenrisiko die Zahl von Studienanfängern zu erreichen, die wir ausbilden wollen. – Für was brauchen wir Zulassungsbeschränkungen, wenn wir doch Eignungsprüfungen haben!“

Dies wollen wir als Aussage von zwei Hochschullehrern zur „Eignung“ der Eignungsprüfung zur Begrenzung von Ausbildungskapazitäten vorneweg stellen, damit deutlich wird, warum Eignungsprüfungen ein so beliebtes Mittel sind. Selbstverständlich sind solche Prüfungen dort sinnvoll, wo es um das – notwendige – Vorhandensein spezieller Begabungen und Eignungen geht und auch in solchen Fächern, in denen die Abbruchquote sehr hoch ist, weil möglicherweise bei den Bewerbern Fehlvorstellungen über den Studiengang bestehen. Aber: Solange mit dem Abitur die Allgemeine Hochschulzugangsberechtigung und mit der Fachhochschulreife ebenfalls eine auf Fachhochschulen beschränkte Hochschulreife verliehen wird, dürfen ergänzende Hochschuleingangsprüfungen nicht die Regel werden.

a) Rechtsgrundlagen für Eignungs- und Begabtenprüfungen

Die Hochschulgesetze der einzelnen Bundesländer sehen grundsätzlich die Zulässigkeit von Eignungs- und Begabtenprüfungen als eine Art vorgeschaltete Hochschulzulassungsprüfung vor. So heißt es in § 58 Abs. 2 Nr. 7 des Landeshochschulgesetzes Baden-Württemberg unter dem Stichwort „Hochschulzugang“:

> „Die Qualifikation für ein Studium in einem grundständigen Studiengang wird nachgewiesen durch eine erfolgreiche Begabtenprüfung in geeigneten künstlerischen Studiengängen; (...) Zulassungsvoraussetzungen für die Begabtenprüfung können die Hochschulen durch Satzung regeln; (...)"

In Schleswig-Holstein ist die Eignungsprüfung durch § 4 Abs. 1 HZG i. V. m. § 39 Abs. 6 HSG auf solche Studiengänge beschränkt, die eine künstlerische oder sportliche Eignung erfordern. Für diese kann vorgesehen werden, dass bei der Auswahl der Bewerberinnen und Bewerber neben den oder anstelle der Leistungen, die sich aus dem Nachweis der für dieses Studium erforderlichen Hochschulzugangsberechtigung ergeben, die künstlerische oder sportliche Eignung berücksichtigt wird. In Studiengängen, in denen die Berechtigung zum Studium ausschließlich durch eine besondere künstlerische Befähigung nachgewiesen wird, tritt der Nachweis über die besondere künstlerische Befähigung an die Stelle der Hochschulzugangsberechtigung. Der Grad der studiengangspezifischen Eignung wird durch eine Eignungsprüfung nach § 39 Abs. 6 des HSG festgestellt.

Dem gegenüber öffnen die Gesetze anderer Bundesländer diese Zulassungs- oder auch Immatrikulationsbeschränkung für alle Studiengänge, deren Eigenart eine Eignungsprüfung erfordern – und sei es auch nur nach Auffassung der entsprechenden Fakultät bzw. Fachbereichs. Das Sächsische Hochschulfreiheitsgesetzgesetz legt in § 17 Abs. 11 zum Beispiel fest, dass für die Zulassung zu einem künstlerischen, sportwissenschaftlichen oder sprachwissenschaftlichen Studiengang die Hochschule zum Nachweis der erforderlichen Qualifikation eigene Leistungserhebungen durchführen soll.

Die – mit Abstand – differenzierteste Regelung hat der Freistaat Bayern in Art. 44 des Bayerischen Hochschulgesetzes vom 23.5.2006 mit den „Besonderen Qualifikationsvoraussetzungen" getroffen und die Einführung bzw. Durchführung von Eignungsprüfungen oder Eignungsfeststellungsverfahren und ihre Beschränkung wie folgt regelt:

> (1) Neben oder anstelle der allgemeinen Qualifikationsvoraussetzungen (Art. 43) und der Hochschulzugangsberechtigung nach Art. 45 ist für das Studium in bestimmten Studiengängen oder an bestimmten Hochschulen nach Maßgabe der Abs. 2 bis 5 die Qualifikation durch eine Eignungsprüfung oder in einem Eignungsfeststellungsverfahren nachzuweisen; Art. 45 Abs. 2 Satz 3 bleibt unberührt.
> (2) Die für das Studium an Kunsthochschulen und entsprechende Studiengänge an anderen Hochschulen erforderliche Qualifikation ist in einer Prüfung der Begabung und Eignung (Eignungsprüfung) für den gewählten Studiengang nachzuweisen; das Nähere wird durch Rechtsverordnung geregelt. Durch Rechtsverordnung können zusätzlich der Vorbildungsnachweis nach Art. 43 Abs. 1 oder Art. 45 und weitere Vorbildungsnachweise gefordert sowie Altersgrenzen festgelegt werden. Studierende für das Studium eines Lehramts an öffentlichen Schulen in den Fächern Kunst und Musik müssen auch den Vorbildungsnachweis nach Art. 43 Abs. 1 oder Art. 45 erbringen. Durch Rechtsverordnung kann bestimmt werden, dass in den Fachhochschulstudiengängen der Ausbildungsrichtung Gestaltung sowie in den Fachhochschulstudiengängen Architektur und Innenarchitektur neben dem Nachweis nach Art. 43 Abs. 2 oder Art. 45 die künstlerische Begabung und Eignung in einer Eignungsprüfung nachzuweisen ist; in der Rechtsverordnung nach Halbsatz 1 ist das Nähere zu regeln.
> (3) Für das Studium eines Sportstudiengangs ist neben den allgemeinen Qualifikationsvoraussetzungen die Eignung für diesen Studiengang in einer Eignungsprüfung nachzuweisen; die Sportstudiengänge werden durch Rechtsverordnung festgelegt, in der auch das Nähere über die Abnahme dieser Prüfung geregelt wird und in der auch ein Attest über die Sporttauglichkeit als Zulassungsvoraussetzung für die Prüfung vorgesehen werden kann.

(4) Neben den allgemeinen Qualifikationsvoraussetzungen und der allgemeinen Hochschulzugangsberechtigung nach Art. 45 Abs. 1 kann die Hochschule für Studiengänge, die zu einem ersten berufsqualifizierenden Hochschulabschluss führen, den Nachweis der Eignung in einem Eignungsfeststellungsverfahren verlangen, wenn das betreffende Studium besondere qualitative Anforderungen stellt, die jeweils zu begründen sind. Dies gilt nicht, soweit der betreffende Studiengang in das Verfahren der Stiftung für Hochschulzulassung einbezogen ist oder für den Zeitraum, in dem für diesen Studiengang ein örtliches Auswahlverfahren durchgeführt wird. Für die Eignungsfeststellung können folgende Kriterien festgelegt werden:

1. Durchschnittsnote der Hochschulzugangsberechtigung,
2. fachspezifische Einzelnoten der Hochschulzugangsberechtigung,
3. Auswahlgespräch,
4. Test (Leistungserhebung in schriftlicher Form),
5. einschlägige Berufsausbildung oder andere berufspraktische Tätigkeiten.

Mindestens eines der in Satz 3 Nrn. 2 bis 5 aufgeführten Kriterien muss mit dem Kriterium nach Satz 3 Nr. 1 kombiniert werden; neben Kriterien nach Satz 3 Nrn. 2 bis 5 muss das Kriterium nach Satz 3 Nr. 1 zumindest gleichrangig berücksichtigt werden. Bei Absolventen und Absolventinnen der Meisterprüfung sowie der vom Staatsministerium der Meisterprüfung gleichgestellten beruflichen Fortbildungsprüfungen werden das Kriterium nach Satz 3 Nr. 1 durch das Kriterium des arithmetischen Mittels aus den Einzelnoten der jeweiligen Prüfungsteile und das Kriterium nach Satz 3 Nr. 2 durch das Kriterium der fachspezifischen Einzelnoten dieser Prüfung ersetzt. Bei Absolventen und Absolventinnen von Fachschulen und Fachakademien werden das Kriterium nach Satz 3 Nr. 1 durch das Kriterium der Prüfungsgesamtnote oder, sofern keine Prüfungsgesamtnote ausgewiesen ist, durch das Kriterium des arithmetischen Mittels aus den Einzelnoten der Fächer (ausgenommen Wahlfächer) des Abschlusszeugnisses und das Kriterium nach Satz 3 Nr. 2 durch das Kriterium der fachspezifischen Einzelnoten im Abschlusszeugnis ersetzt. Das Nähere wird durch Rechtsverordnung geregelt.

(5) Durch Rechtsverordnung nach Abs. 2, 3 oder 4 Satz 7 kann bestimmt werden, dass die erforderlichen Regelungen ganz oder teilweise von den Hochschulen durch Satzung getroffen werden.

(6) Abiturienten und Abiturientinnen des letzten Jahrgangs des neunjährigen Gymnasiums, die im Jahr 2011 das Abitur ablegen, sind zur Teilnahme an Eignungsprüfungen und Eignungsfeststellungsverfahren für die Zulassung im Sommersemester 2011 auf der Grundlage der Zeugnisse über die Ausbildungsabschnitte 12/1 bis 13/1 berechtigt.

Diese differenzierte und umfangreiche Regelung hat jedoch bereits ihren ersten „Knacks", als gerichtlich festgestellt wurde, dass die Ermächtigung in § 44 Abs. 2 Satz 2 für das Studium an Kunsthochschulen und entsprechende Studiengänge an anderen Hochschulen durch Rechtsverordnung Altersgrenzen festzulegen gegen Art. 101 der Verfassung des Freistaates Bayern verstößt („Jedermann hat die Freiheit, innerhalb der Schranken der Gesetze und der guten Sitten alles zu tun, was anderen nicht schadet.") und nichtig ist.

Die Regelung des BayHSG führte z. B. an der Ludwig-Maximilians-Universität München und der Technischen Universität München zu zahlreichen Satzungen über die Eignungsfeststellung für Master-Studiengänge. (Auf diese kommen wir im Zusammenhang mit der Studienplatzbewerbung für Masterstudiengänge unten zurück.) Danach setzt die Zulassung für den Master-Studiengang neben dem berufsqualifizierenden, ersten Hochschulabschluss in einem der dort genannten Bachelorstudiengänge eine Eignungsfeststellung voraus, durch die geprüft werden soll, ob die Bewerber für das wissenschaftliche Arbeiten im Masterstudiengang befähigt und aufgeschlossen sind, um sich den von der Studienordnung verpflichtend vorgeschriebenen Unterrichtsstoff aneignen zu können.

b) Rechtsmäßigkeit von Eignungs- und Begabtenprüfungen

Während wir in der 1. Auflage maßgebliche Rechtsprechung zu den damit verbundenen Problemen nur in Teilbereichen feststellen konnten, hat sich das Spektrum der Entscheidungen zwischenzeitlich erheblich erweitert, so dass wir nachstehend nicht mehr auf Einzelfälle eingehen, sondern nur die Grenzen rechtmäßiger Eignungsverfahren aufzeigen.

Hinsichtlich der rechtlichen Anforderungen an Eignungsfeststellungsverfahren ist dabei festzuhalten, dass aus diesem Regel-Ausnahme-Verhältnis zunächst abzuleiten ist, dass ein zu den schulischen Hochschulzugangsberechtigungen hinzutretendes Eignungsfeststellungsverfahren den grundsätzlichen Zugangsanspruch nach Art. 12 I GG nicht relativieren darf.

Das Eignungsfeststellungsverfahren darf nach Ansicht z. B. des Verwaltungsgerichts Bremen, Verwaltungsgerichts und Bayerischen

Verwaltungsgerichtshof (VGH München) also vom Gesetzgeber bzw. von der Hochschule (z. B. durch Satzung) nicht stets vorgesehen werden, sondern nur auf gesetzlicher Grundlage und nur dann, wenn ein Studium besondere Anforderungen stellt, bezüglich derer die schulische Hochschulreife nur eingeschränkte Aussagekraft hat, oder wenn sonstige besondere, objektiv belegbare Gründe vorliegen, etwa eine bislang überdurchschnittliche, auf die Schwierigkeit des Studiums zurückfuhrbare Höhe von Studienabbrechern. Die besonderen Qualifikationsvoraussetzungen müssten „objektiv zwingend aus der Eigenart des jeweiligen Studienganges abgeleitet“ weiden können.

Diese unterliegen strenger Kontrolle: Die besonderen Anforderungen dürfen deshalb nicht nur formelhaft, nicht nur „vage“, sondern müssen substantiiert und nachvollziehbar begründet werden.

Der VGH München hat beispielweise eine Universität gerügt, die im Studiengang Molekulare Medizin eine über die Anforderungen des Studiengangs hinausgehende Niveaupflege betreiben wollte. Danach dürfen solche Verfahren, auch wenn sie die Hochschule zur Vermeidung hoher Misserfolgs- oder Abbrecherquoten für erforderlich hält, nicht dazu führen, dass die Zugangshürden nur von wenigen Bewerbern „übersprungen“ werden können. Der VGH hatte durchgreifende Bedenken gegen eine Regelung, die im konkreten Fall dazu führte, dass eine Studienbewerberin mit einer Durchschnittsnote von 1,5, überwiegend guten bis sehr guten Noten in den für den Studiengang einschlägigen Fächern, sowie der Durchschnittsnote „gut“ im Auswahlgespräch, gleichwohl als von vornherein für das konkrete Studium „ungeeignet“ angesehen wurde.

Das Eignungsfeststellungsverfahren ist diesen Anforderungen entsprechend auszugestalten. Die angelegten Eignungskriterien sind klar und bestimmt rechtssatzmäßig auf gesetzlicher Grundlage durch Rechtsverordnung und/oder durch Satzung des Hochschule festzulegen und eigens an den – konkret von der Hochschule zu benennenden spezifischen Anforderungen des betreffenden Studiengangs auszurichten. Die im Eignungsfeststellungsverfahren herangezogenen Bewertungselemente müssen auch tatsächlich geeignet sein, Aussagen darüber zu treffen, ob die jeweiligen besonderen qualitativen Anforderungen bei dem jeweiligen Studienbewerber vorliegen. Dies gilt insbesondere für schriftliche und mündliche Tests.

Die einzelnen Kriterien für die Eignungsfeststellung müssen sachgerecht gewichtet sein und zueinander in einem angemessenen, im Hinblick auf das in Aussicht genommene Studium in einem aussagekräftigen Verhältnis stehen. Dabei ist der bisherigen Bildungsbiografie hinreichend Rechnung zu tragen, durch eine hinreichende Berücksichtigung der Abiturnote und/oder der im Abiturzeugnis ausgewiesenen (im Hinblick auf den Studiengang) fachspezifischen Einzelnoten.

Auswahlgespräche sind zwar als solche zulässig, dürfen, jedoch angesichts ihrer Punktualität, Zufallsbedingtheit und Willküranfälligkeit nur als ergänzendes Kriterium herangezogen werden und ein sonstiges bislang gezeigtes und im Reifezeugnis belegtes Begabungsspektrum nicht relativieren.

Die grundrechtlichen und rechtsstaatlichen Grundsätze des Prüfungsrechts sind auch im Rahmen des Eignungsfeststellungsverfahrens zu beachten. Daraus ergibt sich, dass die Art der Prüfungsleistung, deren Inhalt sowie die Grundsätze für die Bewertung und die Ermüdung des Prüfungsergebnisses normativ festzulegen sind.

5. Sonderanträge

Zugleich mit dem Zulassungsantrag können bei den jeweiligen Hochschulen Sonderanträge gestellt werden. Hier gibt es – wie im *hochschulstart.de*-Verfahren den Härtefallantrag, den Antrag auf Verbesserung der Durchschnittsnote und den Antrag auf Verbesserung der Wartezeit. Alle diese drei Anträge fallen unter das Stichwort „Nachteilsausgleich". Da die Grundsätze sowohl gegenüber *hochschulstart.de* auch gegenüber den einzelnen Hochschulen – diese richten sich im Wesentlichen an den Richtlinien von *hochschulstart.de* aus – die gleichen sind, können wir auf die Ausführungen im 4. Kapitel „Bewerbung um einen Studienplatz im Studiengang Humanmedizin, Zahnmedizin, Tiermedizin oder Pharmazie" unter „ IV. Der Losantrag als zusätzliche Zulassungschance" verweisen.

6. Losverfahren

Nach Durchführung der Haupt- und Nachrückverfahren werden etwaige noch unbesetzte Studienplätze von den einzelnen Universitäten selbst verlost.

Um an diesen Losverfahren (spezielle Form der Studienplatzvergabe) teilzunehmen, müssen die Bewerber sich bei den Hochschulen selbst anmelden. Hierfür müssen sie auf den Internetseiten der Hochschulen oft lange und intensiv suchen, um die Hinweise und Informationen für die Losverfahren zu finden.

An diesem Verfahren kann man auch dann teilnehmen, wenn man im regulären Verfahren eine Absage erhalten hat oder die Fristen versäumt hat. Auch für diese Losverfahren gibt es individuelle Formvorschriften und Bewerbungsfristen, die zwingend einzuhalten sind.

An der Universität Frankfurt fanden zum Beispiel für das Wintersemester 2014/2015 im Zeitraum vom 20.09.2014 bis einschließlich 28.09.2014 Losverfahren in folgenden Studiengängen statt:

- **Bachelor-Studiengänge für Studienanfänger:** Biophysik; Geographie; Kulturanthropologie; Linguistik; Psychologie; Soziologie
- **Master-Studiengänge:** BWL/Business Administration; Bioinformatik; Biochemie; Geogr. der Globalisierung; International Economics and Economic Policy; Molekulare Biotechnologie; Molekulare Biowissenschaft; Money & Finance; Politikwissenschaft; Politische Theorie; Theater-, Film- und Medienwissenschaft; Umweltwissenschaften; Wirtschaftsinformatik

IV. Speziell: Der Orientierungstest für künftige Studierende in Baden-Württemberg

Bewerber in grundständigen Studiengängen (Bachelor, Lehramt) müssen in Baden-Württemberg seit dem Wintersemester 2011/2012 einen Orientierungstest absolvieren. Mit diesem Orientierungstest sollen ihre studien- und berufsrelevanten Interessen und Fähigkeiten wissenschaftlich erhoben und ihnen in einer ausführlichen Rückmeldung erläutert werden. Dadurch sollen sie erfahren, welcher Studiengang und Beruf zu ihnen passt.

Sie erhalten dafür ein Teilnahmezertifikat, das sie ihrer Bewerbung beilegen müssen. Inhaltliche Testergebnisse werden auf dem Zertifikat nicht angezeigt und können damit ihre Bewerbungschancen nicht beeinflussen.

Der in ganz Baden-Württemberg einheitliche (und kostenlose) – jedoch unverbindliche –Orientierungstest kann abgelegt werden unter: *www.was-studiere-ich.de.*

Die Bewerber müssen sich bei der jeweiligen Hochschule erkundigen, welchen Test sie dort abzulegen haben.

V. „Restplatzbörse"

Der HRK-Hochschulkompass *www.hochschulkompass.de/studienplatzboerse.html* bietet in den Monaten März/April und September/Oktober eine bundesweite Studienplatzbörse an. Sie informiert über Studienplätze, die bis dahin auch über die Nachrückverfahren noch nicht vergeben sind. Diese Studienplätze werden von den Hochschulen in der Regel in Losverfahren vergeben. Daran können auch Interessierte teilnehmen, die sich zuvor nicht beworben hatten.

VI. Die Einschreibung

Vor der Einschreibung sollte noch einmal genau geprüft werden, ob alle erforderlichen Unterlagen und Nachweise vorhanden sind. Damit sollte man auf keinen Fall bis zum letzten Tag warten, damit eventuell doch noch fehlende Unterlagen fristgerecht nachgereicht werden können.

Taktischer Ratschlag

Wenn Sie sich für einen zulassungsbeschränkten Studiengang interessieren, sollten Sie nicht von vornherein „alles nur auf eine Karte setzen". Sie sollten vielmehr prüfen, ob andere Standorte vielleicht ein genauso interessantes Studienprogramm bieten wie die von Ihnen in erster Linie präferierte Hochschule. Bitte beachten Sie auch, dass in vielen Bachelor-Studiengängen nicht alle Hochschulen zulassungsbeschränkt sind.

3. Kapitel

Bewerbung um einen Studienplatz in einem Master-Studiengang (örtliches Vergabeverfahren)

Die Hochschulen bestimmen die Form und die Frist des Zulassungs-/Bewerbungsantrags.

Die Antragsfristen sind grundsätzlich Ausschlussfristen. Diese verlängern sich auch dann nicht, wenn das Fristende am Wochenende oder an einem gesetzlichen Feiertag abläuft. Sie sind auch nicht auf Antrag verlängerbar, da die Hochschule an die entsprechende Regelung in der Verordnung gebunden ist.

Wollen Bewerber innerhalb der Bewerbungsfrist Modifikationen hinsichtlich des gewünschten Masterstudiengangs vornehmen, gilt der zuletzt innerhalb der Bewerbungsfrist gestellte Antragsinhalt. Dies ist nach unserer Erfahrung aus der Praxis häufiger ein Problem beim Zwei-Fach-Bachelor, wenn der Bewerber die Fächer im Lauf der Bewerbungsfrist verändert.

I. Form des Antrags

Regelmäßig erfolgt die Bewerbung über eine elektronische (Online-) Antragstellung (sog. Bewerbertool). Teilweise sehen die Hochschulen zusätzlich auch die Übersendung weiterer (oder dergleichen) Unterlagen per Post zu. Übersehen Bewerber diese Voraussetzung, wird der Antrag bereits deshalb abgewiesen.

Unser Rat

Bitte drucken Sie sich ein Protokoll Ihrer Bewerbung aus, damit Sie im Zweifelsfall anhand dieses Protokolls immer Ihre ordnungsgemäße Bewerbung nachweisen können. Sollte bei der Bewerbung die Funktion „Angaben auf Vollständigkeit prüfen" vorhanden sein, vergewissern Sie sich bitte, dass das Ergebnis „OK" erscheint.

Achtung

Bitte beachten Sie, dass die Bescheide ebenfalls elektronisch (in ein Online-Postfach) übermittelt werden können. Deshalb ist eine regelmäßige tägliche Überprüfung Ihres Online-Postfachs notwendig. Versäumen Sie die Einschreibfrist, ist der Studienplatz endgültig weg!

II. Bewerbungsunterlagen

Der Katalog der zu übermittelnden Antragsunterlagen differiert von Hochschule zu Hochschule und auch je nach Studiengang. Er hängt davon ab, welche inhaltlichen Zugangs- bzw. – vor allem bei zweistufigem Verfahren – Auswahlkriterien bestimmt sind. Bewerber sollten sich daher bei der Hochschule über die innerhalb der Ausschlussfrist zu übermittelnden erforderlichen Antragsunterlagen informieren.

Hat die Bewerbung digital zu erfolgen, sind die einzelnen Unterlagen regelmäßig vom Bewerber (lesbar) einzuscannen und selbst hochzuladen.

Die Hochschulen haben in der Regel zur Vermeidung eines Bündels unzulässiger Anträge als Hilfestellung erläuternde Hinweise in das Internet eingestellt. Zudem steht auch das Studienbüro zur Information über den Umfang der Antragsunterlagen zur Verfügung. Die Internet-Hinweise finden sich oftmals auch in englischer Sprache, insbesondere dann, wenn Englisch-Kenntnisse verlangt oder der Studiengang in englischer Sprache durchgeführt wird.

Sollten Bewerber ihren Bachelorabschluss im (EU-)Ausland oder außerhalb der EU erworben haben, raten wir, dass sie sich rechtzeitig um die Anerkennung kümmern. Bei Zweifeln über die Gleichwertigkeit von Abschlüssen außerhalb der BRD ist teilweise eine Begutachtung durch das Sekretariat der KMK vorgesehen.

III. Vorzeitige Bewerbungsmöglichkeit für Masterstudiengänge

Regelmäßig haben Bewerber die Möglichkeit, dass sie sich auch schon vor dem endgültigen Abschluss des Bachelorstudiums – etwa wenn Bachelorarbeit zwar schon geschrieben, aber noch nicht bewertet ist – mit einer vorläufigen Leistungsstandbescheinigung und einer im Bewerbungszeitpunkt aktuellen Durchschnittsnote für den Master bewerben. In diesem Fall ist das Bachelorzeugnisses dann bei Einschreibung vorzulegen oder – falls dies auch dann noch nicht ausgestellt ist, macht die Hochschule die Vorlage des Zeugnisses innerhalb bestimmter Fristen – in der Regel bis zum Ende des Zulassungssemesters zur Bedingung. Können sie das Zeugnis auch dann noch nicht vorlegen, kann der Zulassungsbescheid widerrufen werden.

Sie werden dann mit diesen Leistungsdaten im Verfahren bewertet und – bei Numerus clausus-Fächern – in einen Rangplatz eingestellt. Unterscheidet sich der endgültige Abschluss in seinen Noten von dem vorläufigen, ist dies nicht für das konkrete, sondern erst für einen späteren Bewerbungsvorgang maßgeblich.

Beispiele aus der Praxis: Katalog der vorzulegenden Unterlagen für ein zweistufig angelegtes Zugangs- und Auswahlverfahren im Masterstudiengang Betriebswirtschaftslehre an der WWU Münster (Stand: Mai 2013)

– Nachweis des Vorliegens eines ersten Hochschulabschlusses mit min. Durchschnittsnote 2,59 (mit Möglichkeit des Nachweises eines vor-

läufigen Leistungsstandes mit min. 140 ECTS-Punkten und der DN zum Zeitpunkt der Bewerbung)
- Nachweis über erbrachte Studien- und Prüfungsleistungen (Transcript of Records mit ausgewiesenen Kreditpunkten und erreichte Durchschnittsnote)
- ggf. Nachweis der Zugehörigkeit zu den besten 10 % des Abschlussjahres des Studiengangs
- Angabe Master Schwerpunkt Major und Minor
- ggf. Nachweis über ausreichende deutsche Sprachkenntnisse und ggf. vorhandene Kenntnisse der englischen Sprache (auswahlrelevant)
- Lebenslauf mit Angaben zu sonstigen einschlägigen Qualifikationen inkl. Englischkenntnisse und ggf. weitere Unterlagen, in denen die Eignung für das angestrebte Studium dargelegt wird (z. B. Auslandsaufenthalte, einschlägige Praxiserfahrung, besondere Auszeichnungen im Studium, Preise sowie sonstige einschl. Fachkenntnisse)
- Motivationsschreiben in deutscher Sprache (Motivation für und Identifizierung mit dem gewählten Studium, dem Hochschulstandort und angestrebten Beruf und die bisher auf dem Gebiet des gewählten Schwerpunkts erbrachten Leistungen und Eignung für den hohen Anspruch an der Fakultät (max. zwei Seiten)

IV. Auswahlverfahren im Bereich von Masterstudiengängen

Es gibt hier zwei Ausgestaltungsmöglichkeiten:

1. Das einstufige Zulassungsverfahren

Im einstufigen Zulassungsverfahren werden alle von der Hochschule geregelten Zugangsvoraussetzungen geprüft. Liegen diese vor, erfolgt die Zulassung. Dies ist allerdings nur bei nicht zulassungszahlenbeschränkten Masterstudiengängen denkbar, weil hier keine weitere Auswahl im Sinne einer Rangbildung unter den konkurrierenden Bewerbern stattfindet.

2. Das zweistufige Zulassungsverfahren

In der 1. Stufe werden die Zugangsvoraussetzungen für das Masterstudium geprüft, in der 2. Stufe erfolgt das Auswahlverfahren bei Bewerberüberhang.

In der Praxis stehen wegen der hohen Zahl von zulassungszahlenbeschränkten Masterstudiengängen die zweistufig ausgebildeten Verfahren im Vordergrund.

Weitere Einzelheiten zu den Anforderungen bei der Zulassung zu einem Master-Studiengang haben wir bei den Klagechancen im 9. Kapitel „Die Studienplatzklage als alternativer Weg zum Wunschstudium“ – „II. Chancen der Studienplatzklage“ – „3. Klagechancen in den Masterstudiengängen“ dargestellt.

V. Die Abschlussnote des Bachelorstudiengangs

Maßgeblich für die Zulassung in einem Masterstudiengang ist die Abschlussnote des Bachelors. Die Variationen, welche Bachelorabschlussnote im Einzelnen gefordert wird, sind vielfältig.

Die Notenstufen sind wie folgt definiert:	
bis 1,5 einschl.	sehr gut
von 1,6 bis 2,5	gut
von 2,6 bis 3,5	befriedigend
von 3,6 bis 4,0	ausreichend
über 4,0	nicht ausreichend

Aus den Noten der Module und der Bachelorarbeit wird eine Gesamtnote gebildet. Die Module gehen dabei mit dem Gewicht ihrer Leistungspunkte in die Gesamtnote ein.

Hierbei ist ohne jegliche Bedeutung, dass die Bachelorabschlussnote nicht den zum Ende des Studiengangs aktuell gegebenen Leistungsstand aufzeigt, da die Bachelormodulprüfungen studienbegleitend ab dem ersten Fachsemester abgelegt werden.

VI. Speziell: Der Rheinland-Pfälzische Test Master Psychologie

Voraussetzung für eine Bewerbung im Studiengang Psychologie (Master) an den Universitäten in Rheinland-Pfalz (Mainz, Trier, Koblenz-Landau) die erfolgreiche Teilnahme an einem Studierfähigkeitstest. Durch diesen Eignungstest gemäß § 19 Abs. 2 HochSchG-Rheinland-Pfalz wird festgestellt, ob die Bewerber über die für ein erfolgreiches Studium im Masterstudiengang Psychologie mit klinisch-gesundheitsbezogenem oder anwendungsorientiertem Schwerpunkt erforderlichen fachspezifischen Fähigkeiten verfügen.

Dieser findet zum Beispiel in Mainz in den Räumlichkeiten des Zentrums für Datenverarbeitung (ZDV) auf dem Campus der Johannes Gutenberg-Universität statt. Der Termin des Studierfähigkeitstests für das Wintersemester 2015/2016 wird im Internet bekannt gegeben. Bewerber müssen sich dafür rechtzeitig und formgerecht anmelden. Der Bewerbungszeitraum für das Wintersemester beginnt am 01. April und endet am 15. Mai desselben Jahres.

Der Studierfähigkeitstest erfolgt als eKlausur, welche 60 Items umfasst und 120 Minuten dauert. Es handelt sich dabei um Multiple Choice-Items mit drei Antwortoptionen, von denen eine, zwei oder drei richtig sein können. Er hat verschiedene Themengebiete der Psychologie und ihre methodischen Grundlagen zum Inhalt:

- **Fachliches Grundlagenwissen**, hier insbesondere Kenntnis der wichtigsten psychologischen Theorien menschlichen Verhaltens und Erlebens; Einordnung der Schulen und Paradigmen im wissenschaftshistorischen Kontext; Fachwissen der Ergebnisse der vertretenen Fachdisziplinen und ihrer Anwendung; Grundlegende Kenntnis der biologischen Grundlagen menschlichen Verhaltens und Erlebens; Schwerpunktbezogenes Wissen, insbesondere detailliertes Wissen über klinische Störungen, Kenntnis des psychotherapeutischen Prozesses, von Therapieformen und Rehabilitation.

- **Methodenkompetenz**, hier insbesondere die Fähigkeit, die für ein konkretes Problem in Frage kommenden Theorien und empirische Befunde heranziehen und interpretieren zu können; Fähigkeit, inhaltliche Annahmen zu operationalisieren und prüfbare Hypothesen aufzustellen; Fähigkeit, relevante Variablen zu identifizieren, problemadäquate Untersuchungsstrategien auszuwählen und geeignete experimentelle Designs zu entwickeln oder Designs im Hinblick auf die Eignung zur Untersuchung einer Fragestellung zu beurteilen; Fähigkeit zur fundierten Anwendung psychologischer Untersuchungsmethoden und zur Bewertung von Objektivität, Zuverlässigkeit und Gültigkeit eingesetzter Test- und Messverfahren; Kenntnisse in den methodischen Grundlagen der Testentwicklung; Detaillierte und gründliche Kenntnisse komplexer statistischer Analysemethoden und praktischer Verfahren der Datenanalyse.

Der Studierfähigkeitstest umfasst Fragen aus folgenden Teilgebieten der Psychologie:

1. Empirische Forschungsmethoden
2. Psychologische Diagnostik
3. Gesundheitspsychologie
4. Rechtspsychologie (Forensische Psychologie + Kriminalpsychologie)
5. Allgemeine Psychologie
6. Biologische Psychologie
7. Persönlichkeitspsychologie
8. Entwicklungspsychologie
9. Sozialpsychologie
10. Arbeits-, Organisations- und Wirtschaftspsychologie
11. Klinische Psychologie

Wenn Bewerber sich für beide Schwerpunkte des Masterstudiengangs Psychologie bewerben, müssen sie nur **einmal** an dem Studierfähigkeitstest teilnehmen. Die abgefragten Bereiche werden für beide Schwerpunkte unterschiedlich gewichtet, sodass für beide Bewerbungen eine spezifische Verfahrensnote zustande kommt: Für den **klinisch-gesundheitsbezogenen Schwerpunkt** werden die Items in Gesundheitspsychologie, klinischer Psychologie und biologischer Psychologie höher gewichtet; für den **anwendungsbezogenen Schwerpunkt** werden die Items in AOW-Psychologie, Rechtspsychologie, allgemeiner Psychologie und Sozialpsychologie höher gewichtet.

4. Kapitel

Bewerbung um einen Studienplatz im Studiengang Humanmedizin, Zahnmedizin, Tiermedizin oder Pharmazie

I. Bewerbung für das 1. Fachsemester im zentralen Vergabeverfahren

1. Allgemeine Informationen

hochschulstart.de vergibt Studienplätze nur für das erste Fachsemester, das heißt nur an Studienanfänger. Studienanfänger in diesem Sinne und damit berechtigt für eine Bewerbung bei *hochschulstart.de* sind auch Personen, die

- bereits in einem anderen Studiengang eingeschrieben sind oder waren,
- bereits ein anderes Hochschulstudium erfolgreich abgeschlossen haben,
- ihre Hochschulzugangsberechtigung in einem anderen, noch nicht abgeschlossenen Studiengang erworben haben und damit das gewünschte Studium aufnehmen wollen (sog. Besondere Hochschulzugangsberechtigung),
- im gewünschten Studiengang aufgrund einer gerichtlichen einstweiligen gerichtlichen Anordnung nur vorläufig eingeschrieben sind; sie bewerben sich, um eine endgültige Zulassung zu erhalten,
- im Studiengang Humanmedizin nur eine auf den vorklinischen Studienabschnitt beschränkte Zulassung haben (sog. Teilstudien-

platz); sie bewerben sich, um eine unbeschränkte Zulassung zu erhalten,

- außerhalb der Bundesrepublik Deutschland eingeschrieben sind oder waren,
- Gasthörer sind oder
- von einem Fachhochschulstudiengang zum gleichnamigen wissenschaftlichen Hochschulstudiengang wechseln wollen.

Für Bewerber, die bereits an einer Hochschule in der Bundesrepublik Deutschland als Student eingeschrieben sind, ist eine Bewerbung bei *hochschulstart.de* in demselben Studiengang und in derselben Hochschulart im Allgemeinen ausgeschlossen. Eine Ausnahme besteht nur, wenn der Verbleib am bisherigen Studienort eine außergewöhnliche Härte darstellen würde. Eine außergewöhnliche Härte ist in diesem Fall gegeben, wenn in der eigenen Person liegende besondere soziale oder familiäre Gründe einen sofortigen Studienortwechsel zwingend erfordern. Derartige Härtegründe können jedoch nur anerkannt werden, wenn sie nach der Einschreibung eingetreten sind. Es muss eine besondere Ausnahmesituation vorliegen. Die Gründe müssen in einem dem Zulassungsantrag beizufügenden Härtefallantrag dargelegt und durch entsprechende Belege nachgewiesen werden.

Wer das Studium in einem der Studiengänge des zentralen Vergabeverfahrens nicht im ersten Fachsemester, sondern aufgrund bereits erbrachter Studienleistungen (z. B. frühere Einschreibung im gewünschten oder in einem verwandten Studiengang an einer deutschen oder ausländischen Hochschule, z. B. in Ungarn oder Lettland) in einem höheren Semester aufnehmen möchte, kann sich für dieses höhere Semester nicht bei *hochschulstart.de* bewerben, sondern muss dies direkt bei den Hochschulen tun, die diesen Studiengang im konkret angestrebten Semester anbieten.

Allerdings besteht daneben die Möglichkeit, sich auch über *hochschulstart.de* in das erste Fachsemester zu bewerben und im Falle einer Zulassung durch *hochschulstart.de* an der Zulassungshochschule die Einstufung in ein höheres Semester bei der Hochschule direkt beantragen. Ein Anspruch auf Höherstufung besteht allerdings nicht.

2. Wer kann sich bewerben?

Alle Bewerber mit deutscher Staatsangehörigkeit, die ein medizinisches Studium oder das der Pharmazie anstreben, müssen sich über *hochschulstart.de* bewerben; auch wenn sie gleichzeitig auch eine ausländische Staatsangehörigkeit besitzen.

Verschiedene Gruppen von Ausländern sind den deutschen Studienbewerbern gleichgestellt und müssen ihren Zulassungsantrag ebenfalls bei *hochschulstart.de* einreichen, sofern sie einen in das zentrale Vergabeverfahren einbezogenen Studiengang, also Humanmedizin, Zahnmedizin, Tiermedizin oder Pharmazie, studieren wollen:

- ausländische EU-Bürger, das heißt Angehörige eines Mitgliedsstaates der Europäischen Union,
- Staatsangehörige von Vertragsstaaten des Abkommens über den Europäischen Wirtschaftsraum (EWR), die nicht der Europäischen Union angehören; das sind Island, Liechtenstein und Norwegen,
- Bildungsinländer, das heißt jene Ausländer und Staatenlose, die eine deutsche Hochschulzugangsberechtigung erworben haben. Als Bildungsinländer werden auch jene Ausländer und Staatenlose behandelt, die ihre Studienberechtigung für den nunmehr gewünschten Studiengang erst durch ein Erststudium in Deutschland erworben haben und
- Bewerber, die selbst nicht Staatsangehörige eines EU-Staates oder Norwegens, Islands, Liechtensteins sind, deren Familienangehörige aber zu diesem Personenkreis gehören und in Deutschland beschäftigt sind.

Diese den Deutschen gleichgestellten Ausländer müssen sich überzeugen, dass ihr Zeugnis auch in Deutschland zur Aufnahme des gewünschten Studiums berechtigt.

Ausländische Studienbewerber müssen vor Aufnahme des Studiums gegenüber der Hochschule nachweisen, dass sie in ausreichendem Maße Deutschkenntnisse besitzen.

Näheres hierzu enthält das Merkblatt „Mit ausländischem Pass an deutsche Hochschulen“. Das Merkblatt ist im Internet unter *www.*

hochschulstart.de – Bewerbung für die Studiengänge Medizin, Tiermedizin, Zahnmedizin, Pharmazie – unter Downloadcenter/Nützliches abrufbar.

Alle übrigen Ausländer und Staatenlose bewerben sich direkt bei der gewünschten Hochschule, die ein Bewerbungsformular bereithält und über die Zulassungsbedingungen unterrichtet. Sämtliche Informationen, insbesondere die Bewerbungsfristen, müssen bei der gewünschten Hochschule eingeholt werden. Die Hochschulen können für ausländische Studienbewerber – abweichend von der Regelung für Deutsche – die Vergabe der Studienplätze im Jahresrhythmus sowie als einzigen Bewerbungstermin dann immer (auch für ein Wintersemester) den 15. Januar eines Jahres vorsehen.

3. Allgemeine Hochschulzugangsberechtigung

Zum Zeitpunkt der Bewerbung muss der Studienplatzbewerber im Besitz eines Zeugnisses sein, das zum Studium des gewünschten Faches berechtigt (Hochschulzugangsberechtigung, z. B. Abiturzeugnis). Er muss seinem Antrag u. a. eine amtlich beglaubigte Kopie seines Zeugnisses beifügen.

Falls Belege erst kurz vor Bewerbungsschluss ausgehändigt werden, sollte die Bewerbung trotzdem rechtzeitig innerhalb der gesetzten Fristen vorgenommen werden. Die Belege können meist nachgereicht werden.

Bewerber, deren Hochschulzugangsberechtigung gemäß dem Reifevermerk nicht überall anerkannt wird, müssen sich rechtzeitig darüber informieren, in welchen Bundesländern ihr Zeugnis gilt. Auskünfte über die fachliche oder regionale Geltung von Hochschulzugangsberechtigungen erteilt der Kultusminister des Landes, in dem das Zeugnis erworben wurde oder in dem das Studium aufgenommen werden soll.

4. Fristen für die Bewerbung

Neuabiturienten können für ein Wintersemester bis zum 15. Juli ihren Online-Bewerbungsantrag bei *hochschulstart.de* stellen. Neuabiturient ist, wer seine Hochschulzugangsberechtigung zwischen dem 16. Januar bis einschließlich 15. Juli des laufenden Jahres erworben hat.

Alle anderen Bewerber sind sog. Altabiturienten (Erwerb der Hochschulzugangsberechtigung vor dem 16. Januar des laufenden Jahres) und für sie gilt der 31. Mai als Ende der Online-Antragstellung für ein Wintersemester.

Für das Sommersemester gilt für Neu- und für Altabiturienten einheitlich die Frist des 15. Januar für die Online-Antragstellung.

Bei allen genannten Fristen handelt es sich um Ausschlussfristen! Der Online-Antrag muss zu den genannten Terminen spätestens bis 24:00 Uhr bei *hochschulstart.de* eingegangen sein. Maßgeblich für die Einhaltung der Frist ist der Zeitpunkt der Speicherung des Datensatzes bei *hochschulstart.de.*

Weitere Fristen und Termine für die Bewerbung, die Einsendung von Unterlagen und wann die Bescheide kommen, können Sie unter *www.hochschulstart.de* jeweils aktuell unter Termine und dann entweder unter Sommersemester oder unter Wintersemester abrufen.

5. Verlangt die Universität Unterlagen?

Einige Universitäten wollen zusätzliche Unterlagen von den Studienbewerbern sehen, die sich an der konkreten Hochschule für das Auswahlverfahren der Hochschulen beworben haben. Dies soll zu gegebener Zeit eine schnellere Entscheidung über den Zulassungsantrag ermöglichen. Bewerber haben daher nach der Auswahl der Hochschulen genau zu beachten, ob eine oder mehrere auch noch direkt Zulassungsunterlagen anfordern.

Einige Fakultäten verweisen auch auf zusätzliche Informationen auf ihren Internetseiten. Hierbei werden von den Hochschulen Ausschlussfristen gesetzt; werden diese Fristen versäumt, schließen die Hochschulen den Zulassungsantrag des Studienbewerbers vom Auswahlverfahren der Hochschulen aus.

6. Die Vergabe der Studienplätze

Die Auswahl der Bewerber und die Vergabe der Studienplätze durch *hochschulstart.de* erfolgt in zwei – voneinander getrennten – Verfahren und in drei Quoten:

Im ersten Verfahren erfolgt die Auswahl nach der Abiturnote (sog. Abiturbestenquote) und Auswahl nach der Wartezeit (sog. Wartezeitquote), jeweils 20 % der Studienplätze durch *hochschulstart.de.*

Im zweiten Verfahren erfolgt die Auswahl zwar auch durch *hochschulstart.de*, jedoch im Auftrag der Hochschulen; in diesem Verfahren werden 60 % der Studienplätze vergeben (sog. Auswahlverfahren der Hochschulen – AdH).

Vor der Vergabe in der Abiturbestenquote, in der Wartezeitquote und in der Quote im Auswahlverfahren der Hochschulen werden für eine vom Gesetzgeber genau festgelegte Zahl von Studienplätzen vorab abgezogen, die sogenannten Vorabquoten.

a) Die Vorabquoten

aa) Ausländer: 5 % der Studienplätze werden an ausländische Studienbewerber vergeben.

Hierzu dürfen wir auf unsere Ausführungen im 4. Kapitel „Bewerbung um einen Studienplatz im Studiengang Humanmedizin, Zahnmedizin, Tiermedizin oder Pharmazie“ – „I. Bewerbung für das 1. Fachsemester im zentralen Vergabeverfahren“ – „2. Wer kann sich bewerben?“ verweisen.

bb) Studium bei der Bundeswehr: Sanitätsoffizier-Anwärter können bis zu 2,2 %, jedoch nicht mehr als 220 Studienplätze im Studiengang Humanmedizin, bis zu 0,1 %, jedoch nicht mehr als 2 Studienplätze im Studiengang Tiermedizin, bis zu 1,4 %, jedoch nicht mehr als 30 Studienplätze im Studiengang Zahnmedizin und bis zum

0,5 %, jedoch nicht mehr als 12 Studienplätze – jeweils pro Jahr – im Studiengang Pharmazie beanspruchen. Die Bewerbungen sind an das Personalstammamt der Bundeswehr, Mudrakaserne, Kölner Straße 262 in 51140 Köln, zu richten. Die Bewerber müssen sich entscheiden, ob sie sich im zentralen Vergabeverfahren um einen Studienplatz oder über die Bundeswehr bewerben wollen; eine gleichzeitige Teilnahme an den Bewerbungsverfahren ist ausgeschlossen.

cc) Bewerber mit besonderer Studienberechtigung: Bewerber mit einer besonderen Hochschulzugangsberechtigung können sich in dieser Sonderquote bewerben, in der bis zu 0,2 % der Studienplätze vergeben werden. Die Auswahlentscheidung erfolgt nur nach der Durchschnittsnote der Hochschulzugangsberechtigung. Auch hier muss sich der Studienplatzbewerber entscheiden, ob er sich ausschließlich in dieser Quote bewerben möchte oder an der Studienplatzvergabe in der Abiturbestenquote, der Wartezeitquote und der Quote des Auswahlverfahrens der Hochschulen teilnehmen möchte.

dd) Zweitstudienbewerber: Zweitstudienbewerber müssen sich für die medizinischen Studiengänge und Pharmazie bei *hochschulstart.de* bewerben. Zweitstudienbewerber sind Bewerber, die bereits ein Erststudium an einer deutschen Hochschule abgeschlossen haben. Bis zu 3 % der Studienplätze werden an Zweitstudienbewerber vergeben.

Nähere Informationen finden Sie im Merkblatt „Auf ein Neues: Die Zulassung zum Zweitstudium“ im Internet *www.hochschulstart.de* – Bewerbung für die Studiengänge Medizin, Tiermedizin, Zahnmedizin, Pharmazie – unter Downloadcenter/Nützliches.

Die Zulassungschancen sind jedoch in der Regel äußerst gering und im Wesentlichen von einem sorgfältig formulierten Antrag und der Vorlage von entsprechenden Gutachten abhängig. Die Ausnahme bildet die Zulassung zum Zweitstudium aus beruflichen Gründen, wenn aufgrund des Berufswunschs „Kieferchirurg“ eine „Doppelapprobation“ im Studiengang Humanmedizin und Zahnmedizin angestrebt, also nach Absolvierung des einen medizinischen Studiums das andere medizinische Studium absolviert werden soll.

ee) Härtefälle: 2 % der Studienplätze werden an sog. Härtefälle vergeben. Dies sind Studienplatzbewerber, die wegen ihrer besonderen Ausnahmesituation ohne Beachtung der Auswahlkriterien Abiturnote und erworbener Wartezeit ausgewählt werden. Hierbei handelt es sich um Ausnahmefälle.

Näheres hierzu finden Sie in diesem Buch im 5. Kapitel „Sonderanträge in den Vergabe- und Auswahlverfahren" unter „I. Der Härtefallantrag" und im Internet *www.hochschulstart.de* – Bewerbung für die Studiengänge Medizin, Tiermedizin, Zahnmedizin, Pharmazie – unter Downloadcenter/Nützliches – Der Härtefallantrag.

b) Die Abiturbestenquote:

Nach Abzug der Vorabquoten werden in der der Abiturbestenquote, die eine „Landesquote" ist, 20 % der verfügbaren Studienplätze vergeben: Jedem Bundesland wird eine bestimmte Zahl von Studienplätzen – insgesamt für alle Länder 20 % der verfügbaren Plätze – zugeteilt.

In dieser Quote können die Bewerber sechs Hochschulen auswählen, an denen sie gerne studieren möchten.

c) Die Wartezeitquote:

Die Wartezeitquote ist – im Gegensatz zur Abiturbestenquote – eine „Bundesquote". Auch in dieser Quote werde 20 % der Studienplätze vergeben.

Ob diese Quote auch in Zukunft bei 20 % bleibt, erscheint uns fraglich, da angesichts der langen Wartezeiten der Studienerfolg bei Bewerbern mit Wartezeitzulassung sinkt und die Studienabbrecherquote steigt. Dies beruht darauf, dass die Schulkenntnisse mit der Dauer der Wartezeit geringer werden.

Obwohl 20 % der nach Abzug der Vorabquoten verbleibenden Studienplätze an Bewerber nach der angesammelten Wartezeit vergeben werden, sind dies „netto" nur rund 17 % und da eine Reihe von Bewerbern den Studienplatz nach Wartezeit nicht annehmen.

Bei der Vergabe der Studienplätze über das Kriterium Wartezeit wird eine bundeseinheitliche Rangliste gebildet. Sortierkriterium auf dieser Liste ist im Wesentlichen die Zeit, die seit dem Abitur verstrichen (abzüglich „Parkstudienzeiten") ist. Gemessen wird die Wartezeit in Halbjahren. Innerhalb einer Gruppe mit gleicher Wartezeit werden die Bewerber anhand ihrer Abiturnote sortiert. Sollten auch hier Bewerberinnen oder Bewerber mit gleichen Kriterien vorhanden sein, entscheiden nachrangig ein abgeleisteter Dienst und das Los über die Zulassung.

Derzeit gibt es – noch – keine „Warteliste", in der sich die Bewerber eintragen müssen. Im gegenwärtigen Vergabeverfahren wird die persönliche Wartezeit zu jedem Bewerbungssemester neu berechnet. Auch wer sich zwischenzeitlich einmal nicht beworben hat, erhält für dieses Semester ein Halbjahr Wartezeit. Wer beispielsweise nach dem Abitur zuerst eine Berufsausbildung absolviert und sich am Ende der Ausbildung zum ersten Mal um einen Studienplatz bewirbt, bekommt die entsprechende Anzahl von Semestern, die seit dem Erwerb der Hochschulzugangsberechtigung bis zur Bewerbung verstrichen sind, als Wartezeit angerechnet. Das gleiche gilt für Auslandsaufenthalte oder einen „Dienst" (Wehrdienst, Zivildienst, freiwilliges soziales oder ökologisches Jahr). Wer ausreichend lange gewartet hat, kommt auch in den Numerus clausus-Fächern mit Sicherheit zum Studienplatz.

Wichtig

Angesichts der immer höheren Wartezeiten – in den medizinischen Studiengängen zwischen (erwarteten) 13 und 14 Semestern – ist beabsichtigt, diese Regelung zu ändern und wieder auf „Bewerbungssemester" abzustellen.

Unser Rat

Es könnte sein, dass Sie in Zukunft nur dann ein Semester Wartezeit erhalten, wenn Sie sich auch für Ihren Wunschstudiengang bewerben. Also bewerben Sie sich bei jeder Möglichkeit, auch wenn Sie aufgrund Ihrer Abiturnote oder Ihrer wenigen Wartezeit keine Zulassungschance sehen.

Weder für eine Berufsausbildung vor dem Abitur noch für Berufsausbildungen nach Erwerb des Abiturs werden Gutschriften vergeben.

Nicht zur Wartezeit zählen sowohl derzeit als auch zukünftig die Semester, die ein Studienplatzbewerber an einer deutschen Hochschule eingeschrieben war. Die Studiensemester werden als sogenanntes „Parkstudium" gewertet und von der Wartezeit abgezogen. Ob es sinnvoll ist, während der Wartezeit auf sein eigentlich gewünschtes Studienfach bereits ein anderes, möglicherweise verwandtes Studienfach zu studieren, ist eine Frage des Einzelfalls und kann nur aufgrund einer individuellen Beratung beantwortet werden.

Schließlich möchten wir einem weit verbreiteten Gerücht an dieser Stelle begegnen: Manche Abiturienten glauben, mit jedem Semester Wartezeit würde sich ihre Abiturnote um eine Zehntelnote verbessern und auf diese Weise würden sie irgendwann einen Studienplatz erhalten. Eine solche Regelung gibt es bei *hochschulstart.de* nicht.

Auch in dieser Quote können die Bewerber sechs Universitäten namentlich nennen, an denen sie bevorzugt studieren möchten. Zudem ist die Angabe möglich, dass sie auch mit der Zuweisung an andere, als die genannten Studienorte, einverstanden sind.

zu b) und c): Die Auswahlentscheidung in der Abiturbesten und der Wartezeitquote

Die Auswahlentscheidung – Zulassung oder Ablehnung – wird den Bewerbern mit Bescheiden durch *hochschulstart.de* ca. Mitte August für ein Wintersemester und ca. Mitte Februar für ein Sommersemester mitgeteilt.

Der Bescheid enthält in der Abiturbestenquote und Wartezeitquote den persönlichen Rang, den der Bewerber mit seiner Abiturnote oder seiner Wartezeit innerhalb aller Bewerber in der jeweiligen Bewerbungsgruppe eingenommen hat und die Durchschnittsnote bzw. die Wartezeit des letzten ausgewählten Bewerbers mit der Angabe welchen Grenzrang dieser Bewerber eingenommen hat.

Die jeweiligen Anforderungen vergangener Semester können zur Orientierung auf dem Internet-Portal von *hochschulstart.de* – Bewerbung für die Studiengänge Medizin, Tiermedizin, Zahnmedizin, Pharmazie unter „Auswahlgrenzen“ entnommen werden.

d) Die Quote im Auswahlverfahren der Hochschulen (AdH)

Für die Vergabe der Studienplätze in dieser Quote ist sowohl durch Bundes- als auch durch jeweiliges Landesrecht zwingend vorgegeben, dass die Abiturdurchschnittsnote einen maßgeblichen Einfluss auf die Auswahlentscheidung haben muss. Sie muss mit mindestens 51 % gegenüber anderen Kriterien in die Vergabe eingehen. Dies gilt auch für die zahlreichen Universitäten, an denen der Test für medizinische Studiengänge (TMS) als weiteres Kriterium eingeführt wurde.

Darüber hinaus können die Hochschulen gewichtete Einzelnoten (z. B. im Fach Deutsch, in den naturwissenschaftlichen Fächern), fachspezifische Studierfähigkeitstests, Berufsausbildung oder -tätigkeit sowie zusätzliche Kriterien heranziehen und diese neben der Abiturnote in einer Kombination aller dieser Kriterien für die Auswahl heranziehen. Einzelne Bundesländer – z. B. Baden-Württemberg und Bayern – haben zwingend die Verwendung von „mindestens einem weiteren Kriterium“ neben der Durchschnittsnote vorgeschrieben, wobei die Gewichtung grundsätzlich den Hochschulen überlassen wird, allerdings – wie gesagt – die Note mindestens 51 % Gewicht haben muss.

Zu Anfang haben die meisten Universitäten im Auswahlverfahren der Hochschulen die Studienplätze allein nach der Durchschnittsnote vergeben, da das für die Hochschulen das einfachste Verfahren war. Nachdem diese Vergabepraxis jedoch für zahlreiche Gerichtsentscheidungen und einigen politischen Wirbel gesorgt hatte, habe in der Folge fast alle Universitäten ihre Auswahlkriterien zum Beispiel durch den Medizinertest (TMS) ergänzt.

Auch in dieser Quote ist die Auswahl der Hochschulen auf die Angabe von maximal sechs Hochschulen begrenzt. Es ist Aufgabe des Bewerbers im Rahmen der von den einzelnen Universitäten aufgestellten Richtlinien für die Vergabe der Studienplätze im Auswahlverfahren der Hochschulen die sechs Universitäten herauszufinden, bei denen für ihn aufgrund seiner persönlichen Zulassungsvoraussetzungen die Zulassungschancen am Größten sind.

Die Vergabekriterien der einzelnen Hochschulen in den verschiedenen Studiengängen getrennt nach Wintersemester und Sommersemester ist unter *www.hochschulstart.de* – Bewerbung für die Studiengänge Medizin, Tiermedizin, Zahnmedizin, Pharmazie unter „Studienangebot" zu finden. Diese sollten für jedes Semester erneut auf Änderungen geprüft werden.

Im Extremfall bedeutet dies z. B. im Studiengang Humanmedizin, dass die Satzungen bzw. Richtlinien aller 35 Hochschulen für ein Wintersemester und der neun Hochschulen, die Studienplätze in einem Sommersemester anbieten, daraufhin zu analysieren sind, an welchen Universitäten die Chancen am größten sind.

Wir sehen angesichts der Tatsache, dass in diesem Bereich regelmäßig Änderungen und Aktualisieren stattfinden, davon ab, einzelne Satzungen über das Auswahlverfahren abzudrucken, da die Wahrscheinlichkeit sehr hoch ist, dass diese bis zur Drucklegung längst wieder „veraltet" und durch neue Satzungen abgelöst sind, mit denen die Wahrscheinlichkeit des Studienerfolges noch sicherer herbeigeführt werden soll als mit den bisherigen Regelungen. Allerdings gehen wir auf Tendenzen ein und geben strategische und taktische Ratschläge. Hierbei wissen allerdings weder die Studienbewerber noch wir, welche persönlichen Kriterien die Konkurrenten in den ausgewählten Universitäten aufweisen. Damit wird die Bewerbung für die meisten zur Lotterie.

aa) Die Auswahlentscheidung in der AdH-Quote: Sollte eine Ablehnung in Abiturbesten- und Wartezeitquote erfolgen, wird gleichzeitig mit diesem Bescheid auch der Bescheid über die Vorauswahl im Auswahlverfahren der Hochschulen (AdH) von *hochschulstart.de* ca. Mitte August für ein Wintersemester bzw. ca. Mitte Februar für ein Sommersemester erlassen. Namens und im Auftrag der Hochschulen teilt *hochschulstart.de* mit, bei welchen Hochschulen der Bewerber am Auswahlverfahren der Hochschulen teilnimmt oder am eigentlichen Auswahlverfahren nicht teilnimmt, da er an der Vorauswahl gescheitert ist.

Sodann folgt die Vergabe in der ersten Stufe des eigentlichen AdH, in dem nur diejenigen Bewerber einen Zulassungsbescheid erhalten, bei denen bereits zu diesem Zeitpunkt feststeht, dass sie für die erstgenannte Hochschule ausgewählt werden konnten. Alle anderen Bewerber erhalten erst in der zweiten Stufe des eigentlichen AdH einen Zulassungs- oder Ablehnungsbescheid um den 24. September für das Wintersemester und um den 24. März für das Sommersemester. Die ablehnende Entscheidung enthält dann ebenfalls persönliche Ränge und Grenzränge, die sich jeweils auf die Auswahlkriterien der konkreten Universität beziehen.

Formal erfolgt die Zulassung bzw. die Ablehnung zwar durch einen Bescheid von *hochschulstart.de*, inhaltlich handelt es sich jedoch um einen Bescheid der auswählenden Hochschule, in deren Auftrag *hochschulstart.de* die Auswahl nach den konkreten Kriterien der konkreten Hochschule durchführt. Dieser Bescheid enthält als „Sammelbescheid“ bis zu sechs Ablehnungsbescheide – entsprechend der Anzahl der Auswahlmöglichkeiten im AdH.

bb) Tendenzen hinsichtlich der erforderlichen Noten für die Zulassung im AdH: Aufgrund der Erfahrungen der letzten Jahre müssen die Bewerber davon ausgehen, dass ihre Chancen, im Auswahlverfahren der Hochschulen einen Studienplatz zu erhalten, jedenfalls ab einer Durchschnittsnote von 2,0 in der Humanmedizin und 2,2 in der Zahn- und in der Tiermedizin auch bei der Erfüllung von einem, zwei oder mehr Zusatzkriterien (z. B. Berufsausbildung, einschlägige Tätigkeiten, naturwissenschaftliche Leistungskurse, mehr als 11 Punkte in Deutsch in der Oberstufe, Latein oder Altgriechisch etc.) sehr gering sind.

Hinsichtlich der konkret erforderlichen Werte weisen wir auf den Internet-Auftritt von *hochschulstart.de* hin. Dort finden Sie sowohl unter dem Menüpunkt „Auswahlgrenzen“ als auch unter „Service-Download“ die Bewerberzahlen und die Verfahrensergebnisse der Universitäten. Mit einer „schlechteren“ Note als 1,7 wird in Humanmedizin auch bei Hinzunahme weiterer Kriterien – dazu noch gleich – in der Regel kein Studienplatz vergeben.

cc) Die Vergabemodalitäten im AdH: Die Universitäten stellen zur Vergabe der Studienplätze im Auswahlverfahren der Hochschulen immer mehr auf eine Kombination von Noten und dem Ergebnis des Tests für medizinische Studiengänge (TMS), selten auf weitere Kriterien ab.

(1) **Abiturdurchschnitt allein und/oder in Kombination mit anderen Schulnoten sowie Fächerwahl:** Der schulischen Leistungsbewertung kommt nach wie vor eine zentrale Rolle bei der Zulassungsentscheidung zu. Aufschluss über die Studieneignung verspricht man sich in der Regel vom Notendurchschnitt des Abschlusszeugnisses und/oder von Einzelnoten in einschlägigen Schulfächern. Der immensen Bedeutung für den Zugang zu weiterführenden Bildungseinrichtungen entsprechend wurde die diagnostische Güte von Schulnoten immer wieder untersucht.

Als übereinstimmenden Befund halten die Autoren des Tests für die Medizinischen Studiengänge Trost/Haase fest, „dass Schulnoten wenig objektiv sind und auch keine zufriedenstellende Zuverlässigkeit aufweisen. Schulabschlussnoten, die sich auf keinen definierten, nationalen Bildungsstandard beziehen, sind zudem nur begrenzt vergleichbar und im Hinblick auf Leistungsniveaus nur einschlägig transparent".

Dass die Durchschnittsnote im Abschlusszeugnis dennoch trotz fehlenden – bundesweiten – „Zentralabiturs" und trotz häufiger subjektiver Beeinflussung ein starkes Gewicht bei der Zulassungsentscheidung zukommen soll, hat verschiedene Gründe.

Zum einen hat sich – bezogen auf den Studienerfolg – die Abiturdurchschnittsnote als der Einzelindikator mit der vergleichsweise höchsten prognostischen Gültigkeit erwiesen.

Zum anderen sprechen ökonomische Gründe für deren Einbeziehung: Sie ist in der Regel bei allen Bewerbern verfügbar, leicht zugänglich, und ihre Erhebung verursacht keinerlei zusätzliche Kosten.

Dieses Argument der Ökonomie gilt ebenso für die Abschlussnoten in ausgewählten Schulfächern. Aus einzelnen Fachnoten im Abschlusszeugnis lässt sich der Studienerfolg nach den Untersuchungen der Testtheoretiker nicht mit der Genauigkeit vorhersagen wie aus dem Notendurchschnitt. Aus diesem Grunde sind „differenzielle Erfolgsprognosen", d. h. die Vorhersage, dass Personen mit einem bestimmten Schulnotenprofil später im Studiengang A erfolgreich, im Studiengang B dagegen erfolglos sein werden, kaum möglich.

Erst recht gilt dies für eine Prognose aufgrund der Abiturdurchschnittsnote: Sie gibt Auskunft über die generelle Studieneignung, nicht aber über eine besondere Eignung für das Studium des Fachs X im Unterschied zum Studium des Fachs Y. Neben den schulischen Leistungen, wie sie sich in Noten ausdrücken, kann auch der Nachweis, dass bestimmte Fächer – z. B. als Leistungskurse – belegt und erfolgreich absolviert worden sind, bei der Zulassungsentscheidung herangezogen werden. Allerdings nötigt eine solche Vorbedingung bzw. eine solche Auswahl die späteren Studienbewerber zu einer relativ frühen Spezialisierung, ein Effekt, der durchaus nicht von allen Hochschullehrern positiv beurteilt wird.

(2) **Spezifische fachbezogene Studierfähigkeitstests:** Es gibt spezifische Studierfähigkeitstests, die auf die Messung von Fähigkeiten, die für bestimmte Studiengänge oder Studienfelder besonders wichtig sind, abzielen. Etabliert haben sich solche Tests im anglo-amerikanischen Raum insbesondere bei der Zulassung zum Graduiertenstudium der Wirtschaftswissenschaften, der Rechtswissenschaft und der Medizin. In deutscher Sprache gibt es bereits eine Vielzahl spezifischer Studierfähigkeitstests, die durch die ITB-Consulting bzw. durch deren Vorläufer, das Institut für Test- und Begabtenforschung der Studienstiftung des Deutschen Volkes, teilweise zu Beratungs-, teilweise zu Auswahlzwecken entwickelt worden sind.

Zum Beispiel:

(a) **Test für medizinische Studiengänge (TMS):** Der Test für medizinische Studiengänge ist ein fachspezifischer Studierfähigkeitstest, der neben der Abiturnote nach bisherigen Untersuchungen die höchste Voraussagekraft für den Erfolg in medizinischen Studiengängen besitzt. Die Fähigkeiten, die der Test misst, sind das Ergebnis langjähriger Lern- und Entwicklungsprozesse, die sich einer kurzfristigen Beeinflussung weitgehend entziehen. Die Studierendenauswahl über das Testergebnis in Kombination mit der Abiturnote bietet damit die größtmögliche Wahrscheinlichkeit dafür, dass die im Auswahlverfahren der Hochschulen zu vergebenden Studienplätze Bewerbern oder Bewerberinnen zur Verfügung gestellt werden, die aufgrund ihrer individuellen Voraussetzungen den größten Erfolg in medizinischen Studiengängen erwarten lassen.

Der TMS wurde im Wintersemester 2005/2006 und im Wintersemester 2006/2007 in der Bundesrepublik Deutschland zunächst nur in Leipzig durchgeführt. In der Schweiz und – seit 2006 – an einigen Universitäten in Österreich ist dieser – in Deutschland entwickelte – Test Standard. Erstmals für die Vergabeverfahren des Wintersemester 2007/2008 und des Sommersemester 2008 haben die Universitäten in Baden-Württemberg den TMS als Instrument zur Verbesserung der Chancen eingeführt und dem sind zahlreiche Universitäten gefolgt.

Im Wintersemester 2014/2015 haben im Studiengang Humanmedizin die Studienorte Bochum, Erlangen-Nürnberg, Freiburg, Göttingen, Halle (Saale), Heidelberg, Heidelberg/Mannheim, Leipzig, Lübeck, Mainz, Marburg, München, Oldenburg, Regensburg, Tübingen, Ulm und Würzburg das Ergebnis des TMS berücksichtigt. Im Studiengang Zahnmedizin sind es die Universitäten in Erlangen-Nürnberg, Freiburg, Göttingen, Halle (Saale), Heidelberg, Leipzig, Mainz, Regensburg, Tübingen, Ulm und Würzburg.

Wir gehen aufgrund der bisherigen rechtlichen Erfahrungen mit dem Test davon aus, dass zukünftig noch weitere Universitäten den TMS in der Auswahl berücksichtigen werden.

Alle Informationen zum Test für Medizinische Studiengänge sind auf der Internetseite *www.tms-info.org* zu finden. Federführend für die Organisation des Tests ist die TMS-Koordinationsstelle der Ruprecht-Karl-Universität Heidelberg.

Je nach Universität unterschiedlich wirkt sich ein sehr gutes Testergebnis auf die erforderliche Durchschnittsnote z. B. wie folgt aus:

Beispiel LMU München: An der LMU-München führt ein TMS-Prozentrangwert ab 90 % zu einer Verbesserung der Abiturdurchschnittsnote um 0,8, ein Prozentrangwert von 80 bis 89 % zu einer Verbesserung von 0,6, ein Prozentrangwert von 70 bis 79 % zu einer Verbesserung von 0,4 und einer von 60 bis 69 % zu einer Verbesserung um 0,2. Dies verdeutlicht, dass der TMS eine beachtliche Gewichtung zur Folge hat, wobei der Abiturnote nach wie vor die maßgebliche Bedeutung zukommt.

Beispiel Universitäten Ulm und Heidelberg: Bei einer Universität wie Ulm, bei der der Test mit 49 %, die Note des Abiturs mit 51 % in die Gewichtung eingeht, ist der Einfluss eines sehr guten Testergebnisses höher als in Heidelberg, wo neben dem Test (39 %) auch noch Berufsausbildungen und/oder Berufstätigkeiten und besondere Vorbildungen, praktische Tätigkeiten und außerschulische Qualifikationen, die über die Eignung für den Studiengang Humanmedizin oder Zahnmedizin besonderen Aufschluss geben, berücksichtigt werden müssen. Eine besondere Quote für „Testbeste" gibt es nicht.

Beispiel Universität Freiburg: Sofern das Ergebnis zu den 10 % besten Ergebnissen (Prozentrangwert 90 bis 100) des Jahrgangs gehört, verbessert sich die im Abiturzeugnis ausgewiesene Durchschnittsnote um 0,5 an der Universität Freiburg. Liegt das Ergebnis über 10 % bis 30 % der besten Ergebnisse (Prozentrangwert 70 bis 89) des Jahrgangs, verbessert sich die im Abiturzeugnis ausgewiesene Durchschnittsnote um 0,3. Die maximale Verbesserung der im Abiturzeugnis ausgewiesenen Durchschnittsnote aus allen 3 möglichen zusätzlichen Kriterien (TMS, Berufsausbildung und sonstigen Qualifikationen) beträgt 1,0.

(aa) Wer darf am TMS teilnehmen? Zur Teilnahme am TMS sind alle Personen berechtigt, die den TMS in Deutschland noch nicht absolviert haben und bereits im Besitz einer allgemeinen, besonderen oder fachgebundenen Hochschulzugangsberechtigung sind, sowie alle Personen, die diese im laufenden oder darauffolgenden Schuljahr erwerben werden.

Zweitstudienbewerber haben keinen Vorteil, wenn sie am Test teilnehmen, da sie sich nicht im Auswahlverfahren der Hochschulen um einen Studienplatz für Humanmedizin oder Zahnmedizin bewerben können.

Am Mediziner-Test kann man nur einmal teilnehmen. Das Testergebnis gilt dann für alle auch zukünftig noch folgenden Bewerbungen um einen Studienplatz für Humanmedizin oder Zahnmedizin.

(bb) Beschränkung der Teilnahmemöglichkeiten am TMS: In seinen Grundzügen ist der TMS bereits seit 1980 bekannt. Es handelt sich hierbei um einen Leistungstest, der seinerzeit als zusätzliches Auswahlinstrument von Mitarbeitern des Instituts für Test- und Begabtenforschung, einer früheren gemeinnützigen Stiftung, konstruiert wurde. Der Test wurde nach einer 6-jährigen Erprobungsphase vom Wintersemester 1986/1987 an erstmals für alle Studienbewerber obligatorisch. Damals wurden 45 % der Studienplätze nach einer Wertzahl vergeben, die zu 55 % durch die Abiturnote und zu 45 % durch das Testergebnis bestimmt wurde. Darüber hinaus wurden unabhängig vom Abitur 10 % der Studienplätze für die so genannten Testbesten reserviert. Eine solche Quote ist nach der derzeit geltenden Rechtslage ausgeschlossen.

Damals wie heute gehen die Entwickler und „Weiterentwickler" des TMS davon aus, dass das Ergebnis im TMS über die Kombination von Testergebnissen mit der Durchschnittsnote im Abitur die genaueste Vorhersage über den Studienerfolg ermöglicht. Damit ist selbstverständlich nicht eine Vorhersage des späteren Berufserfolgs gemeint. Statt der Befähigung zum Arztberuf soll der Test medizinspezifische Studienvoraussetzungen in Hinblick auf den beabsichtigten Studienerfolg und auf die Verringerung der Studienabbrecherquote überprüfen. Dies ist ein wichtiger Unterschied.

Auch wenn nicht alle Aussagen der an dem (wirtschaftlichen) Erfolg des Tests oft interessierten Testbefürworter für „bare Münze" genommen werden, sollte der Studienbewerber in der Vorbereitungszeit für den Test keine Energie bei der Auseinandersetzung mit Fragen nach dem Sinn und Zweck solcher Verfahren vergeuden, sondern sich damit abfinden, dass der Test in Zukunft – zusammen mit dem Abitur – bei den meisten Universitäten das „Auswahlinstrument der Wahl" geworden ist. Damit ist die Frage zu stellen, ob es Möglichkeiten gibt, wie durch eigenen persönlichen Einsatz zum Zulassungserfolg beigetragen und dieser beeinflusst werden kann. Damit kommen wir zu den Möglichkeiten – aber auch den Grenzen – eines Testtrainings.

Wichtig

Am Test kann man nur einmal teilnehmen. Das Testergebnis gilt dann für alle weiteren Verfahren. Dies haben die Gerichte bisher für rechtmäßig erachtet.

Unser Rat

Deshalb sollten Sie sehr genau den Zeitpunkt der Testbewerbung und -teilnahme wählen. Der Testtermin während des Abiturs ist zwar der früheste, nicht aber immer der beste. Bitte lesen Sie daher vor einer Testteilnahme sehr genau die Informationen, die wir Ihnen in diesem Buch bieten und die jeweils aktuellen Informationen unter www.tms-info.org.

(cc) **Einzelheiten zum TMS:** Die im TMS verlangten Leistungen entsprechen im Wesentlichen solchen Anforderungen, die in verschiedenen Intelligenz, Konzentrations- und Eignungstests gestellt werden. Im Einzelnen handelt es sich um Aspekte wie Merkfähigkeit, räumliches Vorstellungsvermögen, Konzentrationsfähigkeit, visuelle Wahrnehmungsfähigkeit, mathematisches und naturwissenschaftliches Verständnis. In einer Reihe von Forschungsarbeiten ist nachgewiesen worden, dass es sich bei diesen Fähigkeiten nicht nur um schicksalhaft ererbte Größen handelt, sondern dass diese sich in Abhängigkeit von bestimmten Umweltbedingungen mehr oder weniger gut entwickeln. Zwar wird von Seiten der Testersteller immer wieder behauptet, dass der Test nicht trainierbar sei oder durch Übung bzw. Training jedenfalls keine so signifikante Steigerung der Ergebnisse erzielt werde, dass sich ein solches Testtraining rechne oder rentiere. Wir sind aufgrund der Erfahrungen unserer zahlreichen Mandanten anderer Auffassung.

In verschiedenen Trainings- und Förderungsprogrammen, sei es beim TMS in der Bundesrepublik Deutschland, sei es bei den Testen in der Schweiz und in Österreich, haben die Teilnehmer durch den Einsatz gezielter Anstrengungen stets eine Leistungssteigerung erzielt.

Eine gezielte und effiziente Testvorbereitung muss präzise Informationen über die Lösungsmöglichkeiten der einzelnen Aufgabentypen und ihre inhaltlichen Anforderungen enthalten, um auf dieser Grundlage durch gezielte Übungen die neuen Kenntnisse zu verfestigen. Diese Kenntnisse und Fertigkeiten können zum Beispiel in einem Testvorbereitungskurs erworben werden. Derartige Kurse unterscheiden sich sowohl vom Inhalt als auch von der Dauer. Im Folgenden wird die Struktur eines Trainingsprogramms beschrieben, das auf der Grundlage von Prinzipien der Denk- und Lernpsychologie entwickelt wurde und sich in der Praxis bewährt hat.

Ein bedeutsamer Faktor für die Effektivität des Trainings ist die Dauer oder – anders ausgedrückt – die Lernzeit, die unter Anleitung ermöglicht wird. Dabei müssen sowohl die Erfordernisse des TMS als auch die Erwartungen der Teilnehmer berücksichtigt werden. Die Überprüfung der Trainingskonzepte hat gezeigt, dass eine optimale Vorbereitung für das Testtraining ein zwei- bis dreitägiges Seminar ermöglicht. Solche Seminare werden jährlich zur Vorbereitung auf den TMS bundesweit angeboten.

Allerdings wird auch die beste Trainingskonzeption nur einen geringen oder sogar keinen Erfolg bringen, wenn der durch die Gruppengröße bedingte Rahmen ungeeignet ist. Beim Testtraining kommt es darauf an, dass jeder einzelne Testteilnehmer zu jeder Zeit durch Fragen seine Probleme klären kann. Nur unter dieser Voraussetzung ist eine individuelle Förderung möglich. Dies bedeutet, dass der Trainer weiß, in welchen Bereichen die Stärken und Schwächen des Einzelnen liegen. Es ist leicht nachzuvollziehen, dass auf jeden Einzelnen nur dann eingegangen werden kann, wenn die Gruppengröße nicht zu hoch ist. Als Faustregel gilt, dass eine Gruppengröße von 10 bis maximal 15 Personen den individuellen Erfordernissen gerecht wird. Bei zu großen Gruppen, z. B. 20 oder mehr Personen, ist ein Lernerfolg allenfalls bei denjenigen möglich, die ohnehin bereits günstige Voraussetzungen z. B. in Form von Vorkenntnissen mitbringen.

Wichtig ist auch die individuelle Förderung. Diese bedeutet, dass sich das Testtraining auf die jeweiligen Voraussetzungen des Teilnehmers bezieht. Diese Voraussetzungen können zu Beginn des

Trainings in Form eines verkürzten Tests festgestellt werden. So hat z. B. jemand im mathematisch-naturwissenschaftlichen Bereich einige Probleme oder kann Aufgaben, die räumliches Vorstellungsvermögen erfordern, weniger gut lösen. Außerdem könnte es sein, dass jemand wesentliche Informationen aus einem komplexen Text nur schwer analysieren und schlussfolgern kann. Demgegenüber müssen auch bereits vorhandene Schwerpunkte und Stärken festgestellt werden. Insgesamt erhält der Trainer durch einen derartigen Eingangstest ein differenziertes Bild über die Leistungsmöglichkeiten jedes Teilnehmers. Davon ausgehend wird das Training aufgebaut. Diese den individuellen Mängeln und Schwierigkeiten angepasste planmäßige Anleitung zu optimalen Problemlösungen ist nur im Rahmen einer Kleingruppe und durch ein längerfristiges Trainingsangebot möglich.

Ein weiterer wesentlicher Aspekt der individuenspezifischen Vorgehensweise besteht darin, dass jeder Teilnehmer für sein weiteres Training zu Hause genaue Informationen über seinen aktuellen Leistungsstand in den einzelnen Teilbereichen erhält. Dies wird mit Hilfe eines Abschlusstests ermittelt. Durch die Betrachtung der Abschlusstestergebnisse einerseits und dem Vergleich zwischen diesen Werten und den Ergebnissen des Eingangstests andererseits kann jedem Teilnehmer gezeigt werden, in welchen Teilbereichen noch Steigerungen stattfinden sollten. Gemeinsam mit den neu erworbenen Lösungsmöglichkeiten stellt diese Information eine wichtige Grundlage für ein effektives Arbeiten zu Hause dar.

Bedeutsam ist auch die Integration verschiedener Trainingskomponenten. Im Rahmen einer Gesamtkonzeption umfasst das Training sowohl kognitive als auch affektiv-motivationale Lernhilfen.

Was ist darunter zu verstehen? Zum Verständnis des ersten Aspektes ist natürlich die Bedeutung des Begriffes Kognition wichtig. Unter Kognition versteht man alle Prozesse, die mit der Aufnahme, Verarbeitung, Speicherung und Reproduktion von Informationen zu tun haben. Ohne im Einzelnen auf psychologische Gesetzmäßigkeiten und die zugrunde liegenden elektrochemischen Prozesse einzugehen, genügt es hier, zur Verdeutlichung einige Beispiele aus dem alltäglichen und zum Teil auch psychologischen Sprachgebrauch zu nennen. Kognitive Prozesse sind z. B. Wahrnehmungen, Vorstellungen, Behalten, Erinnern, Denken, Problemlösen, Empfindungen und Erwartungen. Unter diesem Gesichtspunkt ist der Mensch ein informationsverarbeitendes Wesen. Ausgehend von den zur Bewältigung von Aufgabentypen notwendigen Teilfähigkeiten haben kognitive Lernhilfen das Ziel, entsprechende Lücken und Defizite zu schließen und damit die Informationsverarbeitung bei der Auseinandersetzung mit den Testaufgaben zu verbessern.

Die affektiv-motivationalen Lernhilfen beziehen sich nicht wie die kognitiven Hilfen unmittelbar auf die Prozesse der Informationsverarbeitung (z. B. Denken, Problemlösen, Erinnern), sondern versuchen störende Einflüsse aus dem Gefühls- und Motivationsbereich soweit zu kontrollieren, dass eine Beeinträchtigung der Testbearbeitung verhindert wird.

In der Rückkoppelung mit uns haben die „Testtrainer" immer wieder darüber berichtet, dass viele Teilnehmer nicht in ausreichendem Maße über effektive Lösungsstrategien verfügen, um einzelne Aufgabentypen im TMS (z. B. Mathematik- und Gedächtnistest) zu bewältigen. Im Rahmen der realen Testdurchführung, also dem „Ernstfall", kommt noch der Zeitdruck als zusätzliche Erschwernis hinzu. Andererseits kommt es auch häufig vor, dass selbst in der relativ belastungsfreien Vorbereitungszeit eigene Bewältigungsversuche nicht ausreichen, um effektive Lösungsstrategien zu entwickeln. Unter diesen Voraussetzungen reichen Lernen und Üben allein nicht aus, um den Anforderungen gerecht zu werden. Ausgehend von diesen Schwierigkeiten müssen sich die kognitiven Lernhilfen eines Testtrainings nach folgenden Gesichtspunkten richten:

Zunächst ist es notwendig, die erforderlichen Schritte für die Lösung jedes Aufgabentyps darzustellen. Oft vergessen die Teilnehmer bei Lösungsversuchen wichtige Teilschritte und sind dann z. B. darüber erstaunt, dass er/sie zwar die Figur beim „Figuren lernen" wieder erkennt, aber nicht mehr weiß, welches Feld der Figur vorher schwarz war. Ähnliches gilt bei anderen Untertests. Vielleicht weiß man beim „Fakten lernen" noch, welche Krankheit die Person hat, man weiß aber nicht mehr, wie alt sie ist. Oder man geht beim „Muster zuordnen" so unsystematisch vor, dass sowohl Tempo als auch Genauigkeit bei der Wahrnehmungsunterscheidung beeinträchtigt werden. Diese einzelnen Lösungsschritte dürfen nicht als isolierte Teilprozesse verstanden werden. Sie müssen zu Lösungsstrategien integriert werden. Bei verschiedenen Aufgabentypen ist eine ganz bestimmte Reihenfolge der Lösungsschritte notwendig, um zum Ziel zu gelangen. Bei anderen werden alternative Lösungsschritte und -wege beschrieben. Und bei wieder anderen werden kombinative Schritte ohne feste Reihenfolge vorgestellt (z. B. beim Fakten lernen). Durch diese Vorbereitung weiß jeder Teilnehmer, wie er bei den einzelnen Aufgabentypen vorgehen muss, was er z. B. bei den „Schlauchfiguren", beim „Textverständnis" oder den Gedächtnistests zuerst und was er anschließend tun muss.

Schließlich müssen dem Trainingsteilnehmer Informationen über allgemeine Bearbeitungstechniken gegeben werden. Diese Angaben sind für alle Aufgabentypen gültig. Mit diesem Wissen können sie Aufgaben im Antwort-Wahl-Verfahren (Multiple-choice) ganz allgemein besser und schneller bearbeiten. Zeiteinteilung, Fehlervermeidung sowie der richtige Umgang mit charakteristischen Frageformen sind hierbei wichtige Themen.

In solchen Test-Trainingskursen muss natürlich auch geübt werden. Zu jedem Untertest müssen analoge Leistungssituationen geschaffen werden, in denen die Teilnehmer die zuvor genannten Inhalte trainieren können. Dabei muss immer wieder zur Selbstreflexion angeregt werden, um eine Wiederholung zu vermeiden. Wir haben aus den früheren Kursen die Erfahrung gewonnen, dass eine selbständige Fortentwicklung des Gelernten den größten Effekt hat. In diesem Sinne sollte beim Übergangstraining jeder Teilnehmer die beschriebenen Lösungsschritte und -strategien für sich persönlich handhabbar machen. Eine Integration von Übung und Selbstreflexion verhilft zudem den Denkfehlern zu einer konstruktiven Funktion. Die Fehler sollten demnach als Signal zur Veränderung des eigenen Vorgehens in Richtung effektiver Strategien verstanden werden.

Für viele Studienbewerber bedeutet die Testsituation eine erhebliche Belastung. Sie wird einerseits als ein Ereignis erlebt, dessen Ausgang von hoher subjektiver Bedeutung ist. Gleichzeitig sehen sie oft in der gedanklichen Vorwegnahme keine Möglichkeit, diese Anforderungen zu bewältigen. Die damit verbundenen Sorgen, Ängste und gefühlsmäßigen Spannungen nehmen bis unmittelbar vor dem Termin ständig zu, beeinträchtigen die Vorbereitung und vielfach auch die Leistungen in der Testsituation. Auch diese müssen im Test-Training, handelbar" gemacht werden. Nun muss nicht jeder eine derart extreme Test- oder Prüfungsangst haben. Dies werden sicherlich nur Ausnahmen sein. Aber dennoch erleben die meisten Bewerber eine gewisse Belastung, die sich negativ auf die Bearbeitung der Aufgaben auswirken kann. Daher werden über die kognitiven Hilfen hinaus Bewältigungsmöglichkeiten von Stress und Prüfungsangst angeboten. Diese dann neu gelernten Bewältigungsstrategien müssen in der Praxis trainiert werden. Hierzu können auch Situationen benutzt werden, die nicht direkt mit der Testsituation in Verbindung stehen. Durch die Übung in realen oder vorgestellten Belastungssituationen muss eine gewisse immunisierende Wirkung für Stresssituationen allgemein und für die Testsituation im Besonderen erreicht werden.

(b) Die Hamburger Tests: Die Universität Hamburg hat eigene Tests entwickelt, die wir angesichts ihrer Bedeutung – immerhin werden in Hamburg in der Humanmedizin ca. 374 und in der Zahnmedizin rund 67 Studienplätze jährlich vergeben, näher darstellen:

(aa) Der HAM-Nat: Der HAM-Nat ist ein Multiple-Choice-Test mit Fragen zu medizinisch relevanten Aspekten der Fächer Mathematik, Physik, Chemie und Biologie und dauert nicht länger als drei Stunden. Die Fragen überprüfen Kenntnisse und ihre Anwendung auf Schulniveau. Im Auswahlverfahren für die Humanmedizin und Zahnmedizin handelt es sich beim HAM-Nat um den gleichen Test.

2012 betrug die reine Testzeit des HAM-Nat 120 Minuten, in der 80 Aufgaben zu bearbeiten waren. Die Aufgabenzahl als auch die Testzeit können jedes Jahr variieren. Für die Übertragung der Antworten auf das Lösungsblatt sind ca. 10 bis 15 Minuten in die Testzeit einzurechnen sind.

Für eine Zulassung in Hamburg ist es nicht möglich, das HAM-Nat Ergebnis zu verwenden, das im Rahmen des Auswahlverfahrens der

Hochschulen einer anderen Fakultät, z. B. Magdeburg oder Berlin, erworben wurde. Hierbei müssen Bewerber auch beachten, dass sie für eine Bewerbung in Hamburg diese Universität als 1. Ortspräferenz auf der Liste im Auswahlverfahren der Hochschulen in Ihrer *hochschulstart.de*-Bewerbung setzen müssen.

Die Stoffgebiete im Themenkatalog zum HAM-Nat können nicht im vornherein abgegrenzt werden, da die Universität Hamburg jedes Jahr in einem aufwändigen Prozess neue Aufgaben für den HAM-Nat entwickelt. Die Schwierigkeit der Aufgaben des HAM-Nat spiegelt dabei das Anforderungsniveau der gymnasialen Oberstufe wieder.

Zur Vorbereitung auf den HAM-Nat können nach den Ratschlägen der Universität Hamburg naturwissenschaftliche Lehrbücher der gymnasialen Oberstufe in Kombination mit dem Themenkatalog der Universität Hamburg verwendet werden.

(bb) Der HAM-Int: Mit dem HAM-Int sollen psychosoziale Kompetenzen der Studienbewerber der Medizin ermittelt werden. Dieser besteht aus mindestens acht Kurzgesprächen mit einer Dauer von jeweils fünf Minuten zu unterschiedlichen Themenschwerpunkten. Es gibt sowohl Stationen mit geschulten Schauspieler(inne)n als auch Gespräche mit einem(r) Interviewer(in).

Maximal drei Kurzgespräche können durch schriftliche oder computerbasierte Kurztests ersetzt werden.

In den multiplen Mini-Interviews des HAM-Int stehen psychosoziale Kompetenzen im Vordergrund. Eine spezielle Vorbereitung auf medizinische Themen ist nicht notwendig.

(cc) Was ist der HAM-Man? Beim HAM-Man müssen die Studienbewerber für die Zahnmedizin mit Hilfe einer Zange Drähte nach einer Vorlage biegen. Eine gesonderte Teilnahme am HAM-Man, ohne am HAM-Nat teilzunehmen, ist nicht möglich. Auf der angegebenen Internetseite finden sind Empfehlungen zur Vorbereitung auf den HAM-Man zu finden.

(dd) Was ist der HAM-MRT? Der „Mentale-Rotations-Test" (HAM-MRT) ist ein Multiple-Choice-Test, welcher die Fähigkeit zum „Mentalen Rotieren" überprüft. „Mentales Rotieren" bedeutet, räumliche Information mental zu repräsentieren und diese durch eine Drehung zu transformieren. Die Fähigkeit wird häufig im Alltag gebraucht, beispielsweise um zielgerichtet Objekte zu ergreifen oder Gegenstände aus einer ungewöhnlichen Perspektive wahrzunehmen bzw. sich vorzustellen.

Die reine Testzeit des MRT beträgt nicht mehr als eine Stunde, in der ca. 30–50 Aufgaben unter Zeitdruck bearbeitet werden müssen.

(3) **Berücksichtigung einer Berufsausbildung:** Nur an eigenen Universitäten werden weitere Kriterien neben dem Abiturzeugnis und/oder dem Test berücksichtigt. Wir haben folgende Kriterien ermittelt (Stand: Februar 2015):

Eine abgeschlossene Ausbildung in bestimmten Berufen kann zu einem Bonus von 0,1 bis 0,5 führen.

- Humanmedizin Erlangen: Bonus für Berufsausbildung 0,1
- Humanmedizin München: Bonus für Berufsausbildung 0,3
- Humanmedizin Würzburg: Bonus für Berufsausbildung 0,2
- Zahnmedizin Erlangen: Bonus für Berufsausbildung 0,1
- Zahnmedizin München: Bonus für Berufsausbildung 0,3 für wenige Berufe.

(4) **Berücksichtigung von spezifischen Fächern und Leistungen im Abitur**

- Humanmedizin Frankfurt:
  Gutschrift (Verdreifachung der Punktezahl) für schriftliche Abschlussprüfungen in Mathematik, Physik, Biologie, Chemie, Geschichte oder Fremdsprache (nicht Deutsch und nicht die Sprache in der der Qualifikationsnachweis abgefasst ist), wenn mindestens 10 Punkte ausgewiesen sind.
- Humanmedizin Gießen:
  Quote für die Vergabe nach Hochschulzugangsberechtigung und Fachnote; Vergabe aufgrund einer Messzahl. Errechnet durch Addition des Punktewertes für Durchschnittsnote und Gewichtung der Grund- und Leistungsfächer Mathematik, Biologie, Chemie und Physik.

- Zahnmedizin Frankfurt:
  Gutschrift (Verdreifachung der Punktezahl) für schriftliche Abschlussprüfungen in Mathematik, Physik, Biologie, Chemie, Geschichte oder Fremdsprache (nicht Deutsch und nicht die Sprache in der der Qualifikationsnachweis abgefasst ist), wenn mindestens 10 Punkte ausgewiesen sind.
- Zahnmedizin Gießen:
  Quote für die Vergabe nach Hochschulzugangsberechtigung und Fachnote; Vergabe aufgrund einer Messzahl. Errechnet durch Addition des Punktewertes für Durchschnittsnote und Gewichtung der Grund- und Leistungsfächer Mathematik, Biologie, Chemie und Physik.

7. Kein Studienplatztausch

Einen Studienplatz in einem medizinischen Studiengang an einem bestimmten Studienort, den *hochschulstart.de* zugewiesen hat, kann *hochschulstart.de* gemäß den Bestimmungen der Vergabeverordnung Stiftung nicht ändern. Dies gilt selbst dann, wenn der Studienbewerber sich noch nicht eingeschrieben hat. Ein Studienplatztausch ist grundsätzlich nur mit Einwilligung der beiden beteiligten Hochschulen möglich. Informationen hierüber erhalten die Bewerber nicht bei *hochschulstart.de*, sondern bei den Hochschulen, an der sie die Zulassung erhalten haben und wo sie zukünftig studieren möchten. Weitere Ausführungen hierzu sind im 6. Kapitel „Nach der Zulassung: Der Studienplatztausch“ zu finden.

II. Bewerbung für das höhere Fachsemester und die Klinik

Wer das Studium in einem der Studiengänge des zentralen Vergabeverfahrens nicht im 1. Fachsemester, sondern aufgrund bereits erbrachter Studienleistungen (z. B. frühere Einschreibung im gewünschten oder in einem verwandten Studiengang an einer deutschen oder ausländischen Hochschule, z. B. in Ungarn oder Lettland) in einem höheren Semester aufnehmen möchte, kann sich für dieses höhere Semester nicht bei *hochschulstart.de* bewerben, sondern muss dies direkt bei den Hochschulen tun, die diesen Studiengang im konkret angestrebten Semester anbieten.

Allerdings besteht daneben die Möglichkeit, sich auch über *hochschulstart.de* in das 1. Fachsemester zu bewerben und im Falle einer Zulassung durch *hochschulstart.de* an der Zulassungshochschule die Einstufung in ein höheres Semester bei der Hochschule direkt beantragen.

Die Unterlagen für die eigene Bewerbung müssen innerhalb bestimmter Fristen bei den Universitäten **eingegangen** sein (der Poststempel genügt **nicht**). Nach Versäumung dieser Fristen wird die Bewerbung nicht mehr angenommen.

Wichtig

Erkundigen Sie sich daher auf der Homepage der jeweiligen Universität über die jeweils aktuell geltende Frist.

Die Hochschulen haben für die Bewerbung im höheren Fachsemester besondere Formulare, die jeweils aus dem Internetauftritt der einzelnen Universität heruntergeladen werden können. Bewerber sollten sechs bis vier Wochen vor Ablauf der Bewerbungsfrist an den Hochschulen den Bewerbungsantrag stellen. Dies gilt auch dann, wenn sie – wie in der Regel – noch die Scheine fertig machen müssen und auch dann, wenn sie eine Wiederholungsklausur etc. erst in der vorlesungsfreien Zeit (Semesterferien) erwerben können.

Oft kommt es vor, dass sie ihre Scheine oder den Anrechnungsbescheid erst so spät erhalten, dass zum Zeitpunkt des Erhalts die Bewerbungsfrist verstrichen ist. Die Bewerbung sollte trotzdem auch ohne Scheine und ohne Anrechnung innerhalb der Frist durchgeführt und die Nachreichung der Unterlagen an angekündigt werden. Dies wird von den Hochschulen oft toleriert. Dann sollte aber auf jeden Fall der Anrechnungsbescheid sofort nach Erhalt nachgereicht werden.

Bei der Bewerbung ist darauf zu achten, dass einzelne Hochschulen in den Fächern Humanmedizin und Zahnmedizin Jahresbetrieb haben. Welche das im Einzelnen sind, kann den Informationen bei *hochschulstart.de* entnommen werden. In der Humanmedizin sind nur 9 Universitäten Semesteruniversitäten, in der Zahnmedizin 14. In der Tiermedizin gibt es ausschließlich Universitäten mit Jahresbetrieb. Jahresuniversitäten führen im Sommersemester nur gerade und im Wintersemester nur ungerade Semester. „Abweichende" Bewerbungen für das höhere Fachsemester sind daher in der Regel zwecklos.

Achtung

Für das 1. klinische Fachsemester der Humanmedizin erkundigen Sie sich bitte aktuell bei jeder Universität, ob die Hochschule den Zweiten Studienabschnitt im Bewerbungssemester anbietet.
Sie können sich für ein Sommersemester an mehr als neun Hochschulen für den Zweiten Studienabschnitt (Klinik) bewerben!

III. Von der Teilzulassung zur Vollzulassung

An dieser Stelle geben wir zusammengefasst Tipps, wie Bewerber von einem Teilstudienplatz in der Humanmedizin zu einem Vollstudienplatz kommen und was hierbei zu beachten ist:

Eine Teilzulassung führt in der Regel über kurz oder lang auch zu einer Vollzulassung, wenn man richtig damit umgeht und sich weiter bewirbt.

Wer eine Teilzulassung hat, sollte sich rechtzeitig für jedes folgende Semester an **allen** Universitäten um einen Vollstudienplatz im höheren Semester mit allen geforderten Unterlagen bewerben und zwar auch an der Universität, an der er teilzugelassen sind.

Hierbei ist darauf zu achten, dass an zahlreichen Universitäten das Studienjahr eingeführt worden ist. So ist z. B. im Wintersemester bei „Jahresuniversitäten" eine Bewerbung für ein gerades Fachsemester, also das 2. oder 4. Fachsemester, nicht möglich. Dort wird im Wintersemester jeweils nur 1. und 3. Fachsemester angeboten. Umgekehrt kann man sich an diesen Hochschulen im Sommersemester nicht für das 3. oder das 5. Fachsemester bewerben, da im Sommersemester lediglich das 2. und 4. Fachsemester angeboten wird.

Besonders aufpassen muss man bei Universitäten mit einem Modellstudiengang (zum Beispiel Aachen, Berlin, Köln, Hamburg, Hannover, Oldenburg). Hier ist mit Besonderheiten beim Zugang in ein höheres Fachsemester zu rechnen. Die Informationen auf den Webseiten der Hochschulen helfen weiter.

Wir empfehlen sich auch weiterhin regelmäßig jedes Semester bei *hochschulstart.de* zum 1. Fachsemester auf einen Vollstudienplatz zu bewerben. Nach einer Zulassung können die Bewerber einen Antrag auf Höherstufung stellen, dem – wenn in dem höheren Fachsemester Kapazitäten frei sind – auch stattgegeben wird.

Die Wartezeit für weitere Bewerbungen bei *hochschulstart.de* läuft für Teilzugelassene auch weiter.

Wenn Bewerber aufgrund einer Teilzulassung mindestens zwei Jahre studiert und alle Scheine haben, müssen sie sich für den Ersten Abschnitt der Ärztlichen Prüfung anmelden. Die Möglichkeit, diese Prüfung abzulegen, gehört noch zur Teilzulassung. Allerdings bedeutet die Teilzulassung, dass ihre Immatrikulation automatisch endet, sobald sie den Ersten Abschnitt der Ärztlichen Prüfung erfolgreich abgelegt haben. Die Teilzulassung ist somit nicht auf eine gewisse Semesterzahl, sondern auf die Zeit bis zum Bestehen der entsprechenden Prüfung beschränkt. Wenn dieser Studienstand erreicht ist, können sich die Bewerber bei allen Universitäten um einen Studienplatz im 1. klinischen Fachsemester bewerben.

Weitere Informationen für die Bewerbung im höheren Fachsemester und in der Klinik sind im 4. Kapitel „Bewerbung um einen Studienplatz im Studiengang Humanmedizin, Zahnmedizin, Tiermedizin oder Pharmazie“ unter „II. Bewerbung für das höhere Fachsemester und die Klinik“ zu finden.

IV. Der Losantrag als zusätzliche Zulassungschance

Nach Durchführung der beiden Nachrückverfahren im Auswahlverfahren der Hochschulen (AdH) führen die Universitäten Losverfahren durch, wenn Studienplätze frei geblieben sind. Studienplätze, die von den „Nachrückern“ nicht in Anspruch genommen werden, werden in Losverfahren der Hochschulen vergeben. Die Chancen, einen solchen „Losplatz“ zu ergattern, sind denkbar gering.

hochschulstart.de bezeichnet Losverfahren als „Der Griff nach dem Strohhalm: Mit Losglück zum Studienplatz“ (*www.hochschulstart.de* / Bewerbung für die Studiengänge Medizin, Tiermedizin, Zahnmedizin, Pharmazie / Downloadcenter / Nützliches / Das Losverfahren).

Der Antrag auf Beteiligung am Losverfahren ist nicht an *hochschulstart.de*, sondern an jede in Betracht kommende Hochschule direkt zu richten. Die Adressen der Universitäten sind z. B. im Internet unter *www.hochschulstart.de* / Bewerbung für die Studiengänge Medizin, Tiermedizin, Zahnmedizin, Pharmazie / Studienangebot und dann für das jeweilige Semester und den jeweiligen Studiengang zu finden.

Diese Losanträge sind grundsätzlich nur zulässig, wenn sie innerhalb der von den Hochschulen individuell festgelegten Zeiträumen nach den von den einzelnen Hochschulen vorgegeben Formalien bei der jeweiligen Hochschule eingehen; das Datum des Poststempels genügt also nicht. Die Besonderheiten der Losverfahren bei den einzelnen Hochschulen hinsichtlich der Termine oder der vorgegebenen Weise der Antragstellung (z. B. nur über Internet) sind bei jeder einzelnen Universität, die Studienplätze in Humanmedizin und/oder Zahnmedizin anbietet, im Internet für jedes Bewerbungssemester neu zu recherchieren.

Wichtig

Sie können auch an den Losverfahren teilnehmen, wenn Sie sich nicht bei *hochschulstart.de* beworben haben. Darüber hinaus müssen Sie sich nicht, wie bei hochschulstart.de, für einen Studiengang entscheiden und können sich für Humanmedizin wie auch Zahnmedizin bewerben.

Unser Rat

Nutzen Sie jede Chance auf einen medizinischen Studienplatz und stellen Sie die Losanträge für den Studiengang Humanmedizin und für den Studiengang Zahnmedizin!

5. Kapitel

Sonderanträge in den Vergabe- und Auswahlverfahren

Zugleich mit dem Zulassungsantrag können Bewerber bei *hochschulstart.de* Sonderanträge stellen. Hier gibt es den Härtefallantrag, den Antrag auf Verbesserung der Durchschnittsnote und den Antrag auf Verbesserung der Wartezeit. Alle diese drei Anträge fallen unter das Stichwort „Nachteilsausgleich". Da die Grundsätze sowohl für die Bewerbung bei *hochschulstart.de* als auch für die Bewerbung bei den einzelnen Hochschulen – diese richten sich im Wesentlichen an den Richtlinien von *hochschulstart.de* aus – die gleichen sind, können wir sie in diesem Teil des Buchs zusammenfassen.

I. Der Härtefallantrag

Viele Studienplatzbewerber glauben, dass sie mit einem Härtefallantrag möglicherweise zeitnah zu ihrem Wunschstudienplatz kommen. Dies liegt im Wesentlichen daran, dass sie die Voraussetzungen eines solchen Antrags nicht kennen.

Die Erfolgsaussichten eines Härtefallantrages sind jedoch als bescheiden einzustufen und spielen in der Praxis keine große Rolle.

1. Die allgemein gültigen Auswahlkriterien

In allen von *hochschulstart.de* verwalteten Studiengängen ergibt sich aufgrund der hohen Bewerbernachfrage die Notwendigkeit, unter den Bewerbern eine Auswahl zu treffen. Dies bedeutet, dass aus der Überzahl der Antragsteller eine dem vorhandenen Studienplatzangebot entsprechende Zahl von Bewerbern ausgewählt werden muss.

2. Die Befreiung von den allgemein gültigen Auswahlkriterien

Die allgemeinen Kriterien des Auswahlverfahrens können jedoch nicht jedem individuellen Einzelfall gerecht werden, das heißt es gibt besondere persönliche Situationen, die nicht allein nach den allgemein gültigen Auswahlkriterien Durchschnittsnote, Wartezeit oder Auswahlverfahren der Hochschulen beurteilt werden können. Gesetz- und Verordnungsgeber haben deshalb bestimmt, dass ein geringer Teil der Studienplätze – derzeit sind es maximal 2 % – an Bewerber vergeben werden kann, für die die Nichtzulassung in dem gewünschten Studiengang eine außergewöhnliche Härte – eine einfache Härte reicht also nicht – bedeuten würde.

Eine außergewöhnliche Härte liegt nach der Definition des § 15 Satz 2 der Vergabeverordnung von *hochschulstart.de* und der diese konkretisierenden „Richtlinien des Verwaltungsausschusses für Entscheidungen über Anträge auf sofortige Zulassung in der Quote für Fälle außergewöhnlicher Härte und über Anträge auf Nachteilsausgleich" dann vor, wenn in der eigenen Person des Bewerbers liegende besondere soziale oder familiäre Gründe die sofortige Aufnahme des Studiums zwingend erfordern. Dies bedeutet: aus den persönlich vorliegenden Gründen muss eine Verzögerung des Studienbeginns auch nur um ein Semester unzumutbar sein. Diesen Antragstellern stehen in jedem Studiengang bis zu 2 % der Studienplätze zur Verfügung, die jedoch in der Regel aufgrund der hohen Hürden an die Darlegung eines Härtefalls nicht ausgeschöpft werden.

Konkret bedeutet dies: Wird ein Härtefallantrag anerkannt, nimmt der Antragsteller trotzdem zunächst wie alle anderen Mitbewerber an der Auswahl nach der Durchschnittsnote und an der Auswahl nach Wartezeit teil. Kann er dabei die Auswahlgrenzen nicht erreichen, erhält er damit jedoch keinen Ablehnungsbescheid; vielmehr wird er nun im Rahmen der Härtequote ausgewählt. Eine Zulassung im Rahmen der Härtequote hat somit die Wirkung einer Befreiung von den allgemein gültigen Auswahlmaßstäben.

Wer als Härtefall zugelassen worden ist, kann dann nicht mehr am Auswahlverfahren der Hochschulen beteiligt werden, weil er ja bereits über eine Zulassung verfügt.

3. Der besonders strenge Maßstab für die Auswahl

Wird ein Studienbewerber aufgrund seines Antrags im Härtefallwege zum Studium zugelassen, hat dies zur Folge, dass ein anderer Bewerber, der im Gegensatz zu seinem Konkurrenten die Auswahlgrenzen erreicht, wegen der begrenzten Zahl von Studienplätzen nicht zugelassen werden kann. Um die Gefahr einer ungerechtfertigten Durchbrechung des Gleichheitsgebots des Grundgesetzes auszuschließen, muss daher *hochschulstart.de* bei der Prüfung eines Härtefallantrages einen besonders strengen Maßstab anlegen.

Die in der sofortigen Zulassung liegende Privilegierung gegenüber den konkurrierenden Mitbewerbern ist nach der maßgeblichen Rechtsprechung des für *hochschulstart.de* allein zuständigen Verwaltungsgerichts Gelsenkirchen und des Oberverwaltungsgerichts Münster nur zu rechtfertigen, wenn eine Verzögerung des Studienbeginns im gewünschten Fach unzumutbar oder grob unbillig wäre.

Daher muss der Bewerber eine besonders schwerwiegende persönliche Ausnahmesituation nachweisen. Diese Ausnahmesituation kann sich nur auf gegenwärtige bzw. künftige Umstände beziehen. Eine solche Situation nimmt die Rechtsprechung zum Beispiel an bei einer Erkrankung mit der Tendenz zur Verschlimmerung, die es bei einem – auch nur um ein Semester – verzögerten Studienbeginn mit an Sicherheit grenzender Wahrscheinlichkeit nicht mehr ermöglichen würde, das Studium zu Ende zu führen.

4. Anforderungen an die Darlegung des Härtefalls

Nach unserer Erfahrung – in Kenntnis der durch das Verwaltungsgerichts Gelsenkirchen und das Oberverwaltungsgerichts Münster ergangenen Härtefallüberprüfungen – setzen viele Bewerber zu große Hoffnungen auf ihren Härtefallantrag. Nicht jede Beeinträchtigung – mag sie von dem Betroffenen auch als hart empfunden werden – rechtfertigt eine Zulassung als Härtefall. Selbst eine Schwerbehinderung nach dem Schwerbehindertengesetz allein rechtfertigt in der Regel keine sofortige Zulassung im Rahmen der Härtefallregelung. Auch kann die Härteregelung keine pauschale Entschädigungsmöglichkeit für im bisherigen Leben des Bewerbers erlittene Nachteile darstellen. Dies führt dazu, dass aus den genannten Gründen zu jedem Semester nur wenige Härtefallanträge anerkannt werden.

Wer sich überlegt, einen Härtefallantrag zu stellen, sollte selbstkritisch die Erfolgsaussichten prüfen und einen strengen Maßstab anlegen. Dabei helfen die bereits oben erwähnten Härtefallrichtlinien, die unter *www.hochschulstart.de* im Downloadcenter / Nützliches in dem Merkblatt „Der Härtefallantrag“ nachlesen können. Diese Richtlinien nennen beispielhaft Fälle, in denen dem Härtefallantrag in der Regel stattgegeben werden kann. Sie geben aber lediglich Anhaltspunkte dafür, in welchen Fällen Ausnahmesituationen vorliegen können, können aber nicht alle denkbaren Lebensumstände erfassen und erheben demnach auch keinen Anspruch auf Vollständigkeit. Weitere Begründungen für einen Härtefallantrag sind daher möglich.

5. Begründete Anträge

In den folgenden beispielhaft genannten Fällen gibt *hochschulstart.de* dem Antrag in der Regel statt:

- **Besondere gesundheitliche Umstände**, die die sofortige Zulassung erfordern und durch ein fachärztliches Gutachten nachgewiesen werden, so bei einer Krankheit mit der Tendenz zur Verschlimmerung, die dazu führen wird, dass mit hoher Wahrscheinlichkeit in Zukunft die Belastungen des Studiums in diesem Studiengang nicht durchgestanden werden können. Im fachärztlichen Gutachten muss zu den einzelnen Kriterien, die in der jeweiligen Nummer genannt sind, hinreichend Stellung genommen werden. Das Gutachten soll Aussagen über Entstehung, Schwere, Verlauf und Behandlungsmöglichkeiten der Erkrankung sowie eine Prognose über den weiteren Krankheitsverlauf enthalten. Es sollte auch für medizinische Laien nachvollziehbar sein. Als zusätzliche Nachweise sind z. B. der Schwerbehindertenausweis, der Feststellungsbescheid des Versorgungsamtes, der Ausmusterungsbescheid der Bundeswehr geeignet.

- **Behinderung durch Krankheit**; die berufliche Rehabilitation kann nur durch eine sofortige Zulassung zum Studium sichergestellt werden, weil aufgrund der Behinderung eine sinnvolle Überbrückung der Wartezeit nicht möglich ist. Auch hier ist der Nachweis nur durch ärztliches Gutachten möglich, das den Anforderungen, die wir oben beschrieben haben, genügt.
- **Beschränkung auf ein enges Berufsfeld aufgrund körperlicher Behinderung**; das angestrebte Studium lässt eine erfolgreiche Rehabilitation erwarten. Derartige Fälle sind uns in der Praxis noch nicht begegnet und – soweit ersichtlich – auch noch nicht „durchgefochten" worden.
- **Notwendigkeit der Aufgabe des bisherigen Studiums** oder des bisherigen Berufs aus gesundheitlichen Gründen; eine sinnvolle Überbrückung der Wartezeit ist aus diesen Gründen nicht möglich.
- **Körperliche Behinderung**; die Behinderung steht jeder anderen zumutbaren Tätigkeit bis zur Zuweisung eines Studienplatzes im Wege.
- **Beschränkung in der Berufswahl oder Berufsausübung infolge Krankheit**; aufgrund dieses Umstandes Hinderung an einer sinnvollen Überbrückung der Wartezeit.
- **Besondere familiäre oder soziale Umstände**, die die sofortige Zulassung erfordern. Hierzu zählt nicht das Alter der Eltern oder die Absicht, angesichts deren fortgeschrittenen Alters die Praxis

zu übernehmen; dies sind keine Umstände, die in der Person des Bewerbers selbst liegen.

- **Frühere Zulassung für den genannten Studiengang** und Unmöglichkeit, sie aus nicht selbst zu vertretenden zwingenden Gründen (insbesondere Krankheit) in Anspruch nehmen zu können. Dies ist der wohl häufigste Grund, dass sich z. B. der Bewerber bei Erhalt des Zulassungsbescheides im Krankenhaus befindet und – z. B. aufgrund eines Unfalls die Rehabilitation auch zum Beginn des Semesters noch nicht abgeschlossen ist. Hier muss der zwingende Grund, der die Einschreibung verhindert hat, nachgewiesen und der frühere Zulassungsbescheid beigefügt werden. Nicht hierunter fällt der Wehr- oder Ersatzdienst, denn solche Bewerber haben nach § 10 des VergabeVO-Stiftung (*hochschulstart.de*) einen vorrangigen Anspruch auf Auswahl nach dem Dienst aufgrund des früheren Zulassungsanspruchs.
- **In der Person des Bewerbers liegende besondere soziale oder familiäre Gründe**, die einen sofortigen Studienortwechsel zwingend erfordern. Dabei werden solche Gründe nicht berücksichtigt, die der Bewerber bereits zu dem Zeitpunkt und in dem Vergabeverfahren hätte geltend machen können, das zur Zulassung des Bewerbers in dem ersten Studiengang geführt hatte. Daher können nur neu entstandene Gründe vorgebracht werden. Zur Darlegung sind der Nachweis der aktuellen Einschreibung für den gewünschten Studiengang und der Nachweis der Gründe für den Studienortwechsel erforderlich.

6. Unbegründete Anträge

Die Härtefallrichtlinien enthalten auch eine Zusammenstellung von Beispielen, die für die Begründung eines Härtefallantrages grundsätzlich nicht geeignet sind. In den folgenden, beispielhaft genannten Fällen kann, sofern nicht weitere außergewöhnliche Umstände in der Person des Bewerber hinzutreten, der Antrag grundsätzlich keinen Erfolg haben:

- Ortsbindung wegen der Notwendigkeit häuslicher Pflege und Betreuung bei bestehender Erkrankung.

- Notwendigkeit der Aufgabe des bisherigen Studiums oder Berufs aus gesundheitlichen Gründen; eine Überbrückung der Wartezeit ist jedoch möglich.
- Beschränkung in der Berufswahl infolge Krankheit; eine Überbrückung der Wartezeit ist jedoch möglich.
- Das Studium kann nicht aus privaten Mitteln finanziert werden, oder eine Möglichkeit der privaten Finanzierung des Studiums fällt bei weiterer Verzögerung des Studienbeginns weg (Beispiel: Eltern gehen in Rente). Die Finanzierung des Studiums ist durch Vertrag oder anderes Rechtsgeschäft (z. B. Hofübergabevertrag, Erbvertrag, Testament) begrenzt; sie ist für den angestrebten Studiengang nicht mehr gesichert, wenn die Zulassung sich weiter verzögert.
- Bezug von Waisengeld, das während einer Ausbildung nur bis zu einem bestimmten Alter gewährt wird, wenn das Waisengeld bei weiterer Verzögerung des Studienbeginns nicht mehr in Anspruch genommen werden kann.
- Zeitliche Begrenzung des Bezugs von Versorgungsbezügen von der Bundeswehr. Bezug von Studienförderung aus öffentlichen Mitteln, Waisengeld, Rente oder eines ähnlichen Einkommens für ein begonnenes Ausweichstudium; das Ausweichstudium wird auf die Zeit, für die dieses Einkommen gewährt wird, angerechnet.
- Finanzierung eines Ausweichstudiums durch eigene Werkarbeit, weil die Studienförderung aus öffentlichen Mitteln wegen des Anrechnungszwanges erst nach der Zulassung zum Wunschstudium in Anspruch genommen werden soll.
- Finanzierung eines Ausweichstudiums durch Darlehen; bei weiterer Verzögerung der Zulassung zum eigentlich angestrebten Studium wird die Belastung durch Rückzahlungs- und Zinsverpflichtungen zu hoch.
- Unterhalt durch berufstätigen Ehegatten.
- Notwendigkeit der Aufgabe der Stellung des berufstätigen, Unterhalt leistenden Ehegatten.

- Ehegatte befindet sich noch in der Ausbildung; die finanzielle Lage erfordert daher nach eigener Auffassung einen sofortigen Studienbeginn.
- Bewerber ist verwitwet oder geschieden und will eigenen unterhaltsberechtigten Kindern durch das Studium den späteren Lebensunterhalt sichern.
- Finanzielle Schwierigkeiten der Eltern. Bewerber will möglichst bald die unter finanziellen Schwierigkeiten leidenden Eltern unterstützen oder versorgen oder für Geschwister sorgen.
- Bewerber hat ein Kind oder mehrere Kinder.
- Vater oder Mutter oder beide Eltern sind krank oder schwerbehindert.
- Körperbehinderung, Pflegebedürftigkeit oder Erwerbsunfähigkeit von Geschwistern.
- Herkunft aus einer kinderreichen Familie; alle oder fast alle Geschwister befinden sich noch in der Ausbildung. Notwendigkeit der baldigen finanziellen Unterstützung von Eltern, Geschwistern oder sonstigen Unterhaltsberechtigten.
- Befürchtung von Nachteilen bei weiterem Warten im Hinblick auf die Gelegenheit zur Übernahme einer Arztpraxis oder Apotheke.
- Aufgabe des bisherigen Studiums oder des bisher ausgeübten Berufs wegen Arbeitslosigkeit oder schlechter Berufsaussichten; Aufgabe des bisherigen Studiums oder Berufs aufgrund fehlender Motivation oder Eignung.
- Behauptung besonderer Eignung für den an erster Stelle genannten Studiengang und den entsprechenden Beruf.
- Erfolgreiche Ableistung der vorgeschriebenen Praktika oder nach früherem Recht zu einer Verbesserung der Zulassungschancen führenden praktischen Tätigkeiten (z. B. Krankenpflegedienst, pharmazeutische Vorprüfung); Vorhandensein anrechenbarer Studienleistungen und/oder -zeiten.
- Bewerber steht schon im vorgerückten Alter; wiederholte Ablehnung für den gewünschten Studiengang; Überschreiten einer

wichtigen Altersgrenze bei einer weiteren Verzögerung des Studienbeginns (z. B. für die Aufnahme in den Vorbereitungsdienst oder für die Aufnahme in das Beamtenverhältnis).

- Ein im Ausland begonnenes Studium kann dort nicht beendet und soll deshalb hier fortgesetzt werden.
- Versäumung der Einschreibfrist nach § 8 Vergabeverordnung-Stiftung (*www.hochschulstart.de*) nach einer Zulassung für den genannten Studiengang in einem früheren Semester.
- Bewerber hatte in einem früheren Semester eine Zulassung für den genannten Studiengang erhalten, dann aber – vor oder nach der Immatrikulation – auf den Studienplatz verzichtet, weil z. B. keine Wohnung zu finden war.
- Bewerber hatte in einem früheren Semester eine Zulassung für den genannten Studiengang erhalten, ist dann aber nicht immatrikuliert worden, weil die Hochschule die Hochschulzugangsberechtigung nicht anerkannt hat.7. Noch einige wichtige Gesichtspunkte beim Härtefallantrag

Wer einen Härtefallantrag stellen will, kann dies bei der vorgeschriebenen Online-Antragstellung direkt mit dem Zulassungsantrag *hochschulstart.de* mitteilen. Alle im Härtefall dargelegten Umstände müssen durch entsprechende Belege nachgewiesen werden, da sie sonst bei der Entscheidung nicht berücksichtigt werden können. Zur Vermeidung von Missbräuchen und ungerechtfertigten Bevorzugungen stellt *hochschulstart.de* und stellen auch die zuständigen Gerichte strenge Anforderungen an die zu erbringenden Nachweise und an die Rechtzeitigkeit ihrer Vorlage innerhalb der Bewerbungs- oder jedenfalls einer eventuell eingeräumten Nachreichfrist.

Von folgendem Grundsatz sollte sich der Bewerber aber auf jeden Fall leiten lassen: Der „Härtefall“ muss durch die beigefügten Belege so deutlich dargestellt sein, dass eine außenstehende Person die Argumente anhand der Unterlagen vollständig nachvollziehen kann. Die geltend gemachten Umstände müssen in der Person des Bewerbers vorliegen und von ihm nicht zu vertreten sein, d. h. er darf diese Umstände nicht selbst verschuldet haben.

Dies hindert allerdings nicht, eine Behinderung aufgrund eines fahrlässig verschuldeten Unfalls im Straßenverkehr oder beim Baden als Härtefallumstände geltend zu machen. Nur wenn der Bewerber seine Gründe rechtzeitig erschöpfend darlegt und nachweist, ist die unbedingt gebotene Gesamtwürdigung aller Umstände des konkreten Einzelfalles möglich! Unterlagen dürfen nicht nachgereicht werden. Es darf nur berücksichtigt werden, was rechtzeitig vorgelegt wurden ist. Andernfalls können die Umstände erst im nächsten Verfahren geltend gemacht werden. Es entlastet auch hierbei nicht, dass die Schule das Schulgutachten nicht rechtzeitig fertig stellt oder der Arzt das Attest bei sich liegen lässt!

II. Der Antrag auf Verbesserung der Durchschnittsnote

Angesichts der Bewerberkonkurrenz und den verschiedenen Auswahlkriterien im Auswahlverfahren der Hochschulen kann bereits eine Verbesserung der Durchschnittsnote um 0,1 oder 0,2 in den Bereichen der sehr guten Noten über die Zulassung nach Abiturquote oder Auswahlverfahren der Hochschulen oder die Verweisung auf eine sehr lange Wartezeit entscheiden. Auch wenn der Bewerber auf eine Zulassung über Wartezeit angewiesen ist, entscheidet möglicherweise eine Verbesserung um 0,1 darüber, ob er jetzt – oder erst in einem halben Jahr oder gar – bei Jahreszulassung wie in der Tiermedizin erst in einem Jahr – einen Studienplatz erhält. Bei der Vergabe der Studienplätze im Rahmen der „Abiturquote" ist die Durchschnittsnote das entscheidende und im Auswahlverfahren der Hochschulen das wesentliche Auswahlkriterium. Auch bei der Verteilung der Bewerber auf die Studienorte wird in der Regel auf die Durchschnittsnote zurückgegriffen.

Daher sollen im Sinne der individuellen Gerechtigkeit Leistungsbeeinträchtigungen, die einen Bewerber gehindert haben, beim Erwerb der Studienberechtigung (z. B. im Abitur) eine bessere Durchschnittsnote zu erreichen, ausgeglichen werden können. Werden derartige Umstände und ihre Auswirkungen nachgewiesen, wird der

Bewerber aufgrund seines Zulassungs- und Sonderantrags mit einer verbesserten Durchschnittsnote am Vergabeverfahren beteiligt.

Allerdings reicht der Nachweis der Umstände, die zu einer Leistungsbeeinträchtigung geführt haben (z. B. ein monatelanger, z. B. unfallbedingter Krankenhausaufenthalt), für die Begründung eines Antrages ohne entsprechende Nachweise allein nicht aus. Vielmehr muss der Bewerber durch aussagekräftige Belege nachweisen, wie sich diese individuellen Umstände auf seine Durchschnittsnote – negativ – ausgewirkt haben. Zum Nachweis des Leistungsabfalls müssen er unbedingt beglaubigte Kopien aller Schulzeugnisse für den Leistungsstand vor und nach dem Ereignis, auf das er sich berufen will, beifügen.

In der Regel muss er als weiteren Nachweis ein Gutachten der Schule (das Gutachten einzelner Lehrerinnen oder Lehrer genügt noch nicht; kann aber dem Schulgutachten beigeheftet werden, da sich ja die Schule auf die Beobachtungen der einzelnen Fachlehrer verlassen muss) vorlegen, denn nur die Schule kann beurteilen, ob und in welchem Umfang sich die belastenden Umstände auf seine schulischen Leistungen ausgewirkt haben.

Dieses Gutachten muss bei der Schule so frühzeitig wie möglich angefordert werden, damit er es noch vor Bewerbungsschluss einreichen kann. Welchen Inhalt das Schulgutachten haben muss und welche Anforderungen an das Gutachten gestellt werden, kann dem Merkblatt „Zulassungschancen können verbessert werden“ entnommen werden, das Sie auf der Internetseite von *hochschulstart.de* im Downloadcenter unter Nützliches finden. Diese müssen von der Schule unbedingt eingehalten werden.

Weiter müssen dem Antrag zusätzlich alle Unterlagen beigefügt werden, auf die sich das Schulgutachten stützt, z. B. Zeugnisse und fachärztliche Gutachten. Auf ein solches Schulgutachten verzichtet *hochschulstart.de* für die Beurteilung des Antrags auf Verbesserung der Note nur dann, wenn die Schule – nachweislich – nicht in der Lage ist, es zu erstellen. Dies ist z. B. der Fall, wenn die Schule nur kurze Zeit besucht wurde, so dass diese außerstande ist, die Auswirkungen des Antragsgrundes zu beurteilen. Grundsätzlich darf die

Schule die Ausstellung eines derartigen Gutachtens nicht verweigern. Allerdings stößt die Durchsetzung dieser Forderung in der Regel auf Schwierigkeiten. Alternativ kommt in einem solchen Fall die Erstellung eines Gutachtens durch eine sowohl pädagogisch als auch psychologisch ausgebildete sachverständigen Person bzw. zwei Personen, die jeweils auf einem der beiden Fachgebiete ausgebildet sind, in Betracht.

Diese Gutachten müssen sich die Bewerber auf eigene Kosten beschaffen, wenn sie merken, dass es mit dem Schulgutachten nicht klappt. Die Gutachterin bzw. der Gutachter muss sowohl eine pädagogische Ausbildung (z. B. durch Ablegung beider Lehramtsprüfungen) als auch eine psychologische Ausbildung (z. B. als Diplompsychologin/Diplompsychologe) erfolgreich abgeschlossen haben. Die Bewerber dann aber auch der Gutachterin/dem Gutachter eine Mitteilung der Schule darüber vorlegen, dass die Schule die Auswirkungen des Grundes nicht beurteilen und deshalb kein Schulgutachten erstellen konnte.

Das Gutachten muss im pädagogischen Bereich eine Auswertung der Schulleistungen vor und nach Eintritt des belastenden Umstandes enthalten. Aufbauend darauf muss die Gutachterin/der Gutachter die in der Psychologie zur Ermittlung von Intelligenz, Begabung, Persönlichkeitsstruktur, Leistungsmotivation und Belastbarkeit einer Person entwickelten Testverfahren erkennbar anwenden und in den Ergebnissen nachvollziehbar darstellen. Das Gutachten muss schließlich die genaue Durchschnittsnote bzw. Punktzahl nennen, die der Bewerber erreicht hätten, wenn der besondere Grund in seiner Person nicht eingetreten wäre.

Hierbei müssen dem Antrag zusätzlich alle Unterlagen beigefügt werden, auf die sich das pädagogisch-psychologische Gutachten stützt, z. B. Zeugnisse und fachärztliche Gutachten; außerdem muss die Mitteilung der Schule darüber, dass sie kein Schulgutachten erstellen konnte, beigefügt werden.

1. Beispiele für begründete Anträge

Folgende in der eigenen Person liegende, nicht selbst zu vertretende Gründe, die die Bewerberin oder den Bewerber daran gehindert haben, eine bessere Durchschnittsnote zu erreichen, können beispielhaft berücksichtigt werden:

a) Besondere soziale Umstände

aa) Besondere gesundheitliche Umstände

- **Längere krankheitsbedingte Abwesenheit vom Unterricht** während der letzten drei Jahre vor Erwerb der Hochschulzugangsberechtigung (Nachweis: Zeugnisse der letzten drei Jahre und fachärztliches Gutachten)
- **Schwerbehinderung** von 50 oder mehr Prozent (Feststellungsbescheid des Versorgungsamtes)
- **Längere schwere Behinderung oder Krankheit**, soweit nicht durch die vorstehenden Positionen bereits erfasst (fachärztliches Gutachten)
- **Sonstige vergleichbare besondere gesundheitliche Umstände** (fachärztliches Gutachten)
- **Schwangerschaft** der Bewerberin während der letzten drei Jahre vor Erwerb der Hochschulzugangsberechtigung (ärztliche Bescheinigung oder Geburts-urkunde des Kindes)

bb) Besondere wirtschaftliche Umstände (zum Nachweis geeignete Unterlagen)

cc) Sonstige vergleichbare besondere soziale Umstände (zum Nachweis geeignete Unterlagen)

b) Besondere familiäre Umstände

- **Versorgung eigener minderjähriger Kinder** in den letzten drei Jahren vor Erwerb der Hochschulzugangsberechtigung (Geburtsurkunden der Kinder)
- **Versorgung pflegebedürftiger Verwandter** in aufsteigender Linie oder von Geschwistern in den letzten drei Jahren vor Erwerb

der Hochschulzugangsberechtigung (Bescheinigung über die Einstufung in die Pflegestufe II oder III nach dem Sozialgesetzbuch XI oder ärztliche Bescheinigung über die Pflegebedürftigkeit)

- **Betreuung unversorgter minderjähriger Geschwister**, die mit der Bewerberin oder dem Bewerber in häuslicher Gemeinschaft lebten, während der letzten drei Jahre vor Erwerb der Hochschulzugangsberechtigung (Geburtsurkunden der Geschwister)
- **Verlust eines Elternteils** in den letzten drei Jahren vor Erwerb der Hochschulzugangsberechtigung oder Verlust beider Eltern vor Erwerb der Hochschulzugangsberechtigung, sofern die Bewerberin oder der Bewerber ledig war und das 25. Lebensjahr noch nicht vollendet hatte (Sterbeurkunden der Eltern und Erklärung über den damaligen Familienstand)
- **Mehrmaliger Schulwechsel** in den letzten drei Jahren vor Erwerb der Hochschulzugangsberechtigung wegen Umzugs der Eltern (Abgangszeugnisse sowie Meldebescheinigungen der Eltern)
- **Sonstige vergleichbare besondere familiäre Umstände** (zum Nachweis geeignete Unterlagen)

c) Zugehörigkeit zum A-, B- oder C-Kader der Bundessportfachverbände …

… von mindestens einjähriger ununterbrochener Dauer während der letzten drei Jahre vor Erwerb der Hochschulzugangsberechtigung (Bescheinigung des zuständigen Bundessportfachverbandes).

d) Sonstige vergleichbare besondere Umstände

(zum Nachweis geeignete Unterlagen)

2. Beispiele für unbegründete Anträge

In den folgenden Fällen wird *hochschulstart.de* einen auszugleichenden Nachteil grundsätzlich nicht bejahen:

Mitarbeit während der Schulzeit im elterlichen Haushalt, Geschäft oder Betrieb, ohne dass eine Notlage hierzu gezwungen hat, Krankheit der Eltern, Verlust eines Elternteils oder eines anderen nahen Verwandten vor Erwerb der Hochschulzugangsberechtigung, sofern nicht vorstehend gegeben, Zerwürfnis der Eltern oder Scheidung der Eltern, Umzug der Eltern vor den letzten drei Jahren vor Erwerb der Hochschulzugangsberechtigung.

Behauptete Benachteiligung wegen des Besuchs eines Gymnasiums eines bestimmten Typs oder der Ablegung einer Nichtschülerreifeprüfung, behauptete Benachteiligung wegen der Ablegung des Abiturs in einem Land mit Zentralabitur, Besuch einer Schule, in der schlechte räumliche Verhältnisse oder Lehrermangel herrschten, Behauptung, durch ungerechte Beurteilung benachteiligt worden zu sein, weiter und zeitraubender Schulweg, Teilnahme an einem Austauschprogramm und Mitarbeit in der Schülermitverwaltung.

III. Der Antrag auf Verbesserung der Wartezeit

Für die Zulassung nach Wartezeit kommt es auf die Anzahl der Halbjahre an, die seit dem Erwerb der Studienberechtigung (z. B. Abitur) verstrichen sind. Es können jedoch Umstände beim Bewerber vorliegen, die den Erwerb der Studienberechtigung verzögert haben. In diesem Fall kann er dann weniger Wartezeit vorweisen als ohne diese Umstände.

In diesem Fall wird bei der Auswahl nach Wartezeit ein früherer Zeitpunkt des Erwerbs der Studienberechtigung zugrunde gelegt. Oder, anders gesprochen: Die Zahl der Wartezeitsemester wird entsprechend erhöht. Er nimmt also an der Auswahl mit einer Wartezeit teil, die er voraussichtlich ohne die Verzögerungen erreicht hätte. Dies ist z. B. der Fall, wenn er wegen einer längeren Krankheit oder mehrerer Krankheiten, die sich summieren, eine Klasse wiederholen musste. Allerdings: Erreicht er nicht die für die Zulassung erforderliche Wartezeit, hilft ihm der Antrag – zunächst – nichts. Aber er kann auf diese Weise testen, ob er ausreichend begründet ist und – sollte er dies nicht sein – beim nächsten Mal (wenn es vielleicht reicht) mit einer besseren Begründung den Wartezeit-Nachteilsausgleich erhalten.

Ist der Antrag einmal anerkannt, legt ihn *hochschulstart.de* grundsätzlich auch bei den Wiederbewerbungen als Verbesserung der Wartezeit zugrunde.

Auch hier gilt, wie bei der Verbesserung der Durchschnittsnote, dass der Nachweis des Verzögerungsgrundes – z. B. Krankheit – für eine Anerkennung des Antrages allein nicht ausreicht. Deshalb muss der Bewerber zusätzlich nachweisen, dass sich durch den belastenden Umstand der Erwerb der Studienberechtigung verzögert hat. Diesen Nachweis kann er durch eine Bescheinigung seiner Schule über Grund und Dauer der Verzögerung beim Erwerb der Studienberechtigung sowie sonstige zum Nachweis des Verzögerungsgrundes geeignete Belege führen.

Auch zu diesem Sonderantrag geben wir wieder Beispiele für begründete Anträge, die auf den Informationen von *hochschulstart.de* beruhen.

Folgende in der eigenen Person liegende, nicht selbst zu vertretende Gründe, die die Bewerberin oder den Bewerber daran gehindert haben, die Hochschulzugangsberechtigung zu einem früheren Zeitpunkt zu erwerben, können beispielhaft berücksichtigt werden; dabei sollte die Bescheinigung der Schule über Grund und Dauer der Verzögerung beim Erwerb der Studienberechtigung sowie sonstige zum Nachweis des Verzögerungsgrundes geeignete Belege vorgewiesen werden können.

1. Beispiele für begründete Anträge

a) Besondere soziale Umstände

aa) Besondere gesundheitliche Umstände

- **Längere krankheitsbedingte Abwesenheit** vom Unterricht (fachärztliches Gutachten)
- **Schwerbehinderung** von 50 oder mehr Prozent (Feststellungsbescheid des Versorgungsamtes)

- **Längere schwere Behinderung oder Krankheit**, soweit nicht vorstehend erfasst (fachärztliches Gutachten)
- **Sonstige vergleichbare besondere gesundheitliche Umstände** (fachärztliches Gutachten)
- **Schwangerschaft** der Bewerberin während der Schulzeit (ärztliche Bescheinigung oder Geburtsurkunde des Kindes)

bb) Besondere wirtschaftliche Umstände (zum Nachweis geeignete Unterlagen)

cc) Sonstige vergleichbare besondere soziale Umstände (zum Nachweis geeignete Unterlagen)

b) Besondere familiäre Umstände

- Versorgung eigener minderjähriger Kinder während der Schulzeit (Geburtsurkunden der Kinder)
- Versorgung pflegebedürftiger Verwandter in aufsteigender Linie oder von Geschwistern während der eigenen Schulzeit (Bescheinigung über die Einstufung in die Pflegestufe II oder III nach dem Sozialgesetzbuch XI oder ärztliche Bescheinigung über die Pflegebedürftigkeit)
- Betreuung unversorgter minderjähriger Geschwister, die mit der Bewerberin oder dem Bewerber in häuslicher Gemeinschaft lebten, während der eigenen Schulzeit (Geburtsurkunden der Geschwister)
- Verlust eines Elternteils oder Verlust beider Eltern vor Erwerb der Hochschulzugangsberechtigung, sofern die Bewerberin oder der Bewerber zu diesem Zeitpunkt ledig war und das 25. Lebensjahr noch nicht vollendet hatte (Sterbeurkunden der Eltern und Erklärung über den damaligen Familienstand)
- Mehrmaliger Schulwechsel wegen Umzugs der Eltern (Abgangszeugnisse sowie Meldebescheinigungen der Eltern)
- Sonstige vergleichbare besondere familiäre Umstände (zum Nachweis geeignete Unterlagen; in Betracht kommen z. B. folgende besondere familiäre Umstände: Bewerberin oder Bewerber hatte schon früher das gewünschte Studium angestrebt und

nachweislich darauf hingearbeitet. Die Ausbildung musste aber mit Rücksicht auf besondere familiäre Verpflichtungen zurückgestellt werden, beispielsweise weil eigene minderjährige Kinder zu betreuen waren oder weil Berufstätigkeit erforderlich war, um dadurch das Studium des Ehegatten ohne Inanspruchnahme staatlicher Unterstützung zu finanzieren)

c) Zugehörigkeit zum A-, B- oder C-Kader der Bundessportfachverbände …

… von mindestens einjähriger ununterbrochener Dauer während der letzten drei Jahre vor Erwerb der Hochschulzugangsberechtigung (Bescheinigung des zuständigen Bundessportfachverbandes).

d) Sonstige vergleichbare besondere Umstände

(zum Nachweis geeignete Unterlagen)

2. Beispiel für unbegründete Anträge

In dem folgenden Fall kann ein auszugleichender Nachteil grundsätzlich nicht bejaht werden:

- Teilnahme an einem Austauschprogram

6. Kapitel

Nach der Zulassung: Der Studienplatztausch

Wenn einem Studienbewerber der Studienort, die Hochschule, nicht gefällt, kann er versuchen einen Tauschpartner im gleichen Studiengang zu finden und mit ihm den Studienplatz zu tauschen. Hierbei muss der Tauschpartner grundsätzlich im selben Fachsemester eingeschrieben sein und die gleichen Scheine haben.

Nichts anderes gilt für einen Studienplatz in einem medizinischen Studiengang an einem bestimmten Studienort, den *hochschulstart.de* zugewiesen hat. *hochschulstart.de* kann am Studienort gemäß den Bestimmungen der Vergabeverordnung Stiftung nichts ändern und verweist an die zulassenden Hochschulen. Dies gilt selbst dann, wenn der Studienbewerber sich noch nicht eingeschrieben hat.

Weiter ist ein Studienplatztausch grundsätzlich nur mit Einwilligung der beiden beteiligten Hochschulen möglich. Informationen hierüber erhalten die Tauschpartner von den jeweiligen Hochschulen.

Es gibt keine gesetzliche Regelung für den Studienplatztausch. Dies bedeutet zwar nicht, dass die Universitäten bei Tauschproblemen nach Lust und Laune, im Endergebnis also willkürlich entscheiden dürften. Viele Hochschulen haben für diesen Fall eigene hochschulinterne Regelungen, sogenannte Satzungen, geschaffen.

An der Universität Ulm sind die Regelungen zum Tausch z. B. in der „Zulassungs- und Immatrikulationssatzung“ enthalten. Dort sind im Einzelnen die Voraussetzungen geregelt, bei deren Erfüllung ein

Anspruch auf Genehmigung des Tausches gegeben ist. So geben wir nachstehend die Informationen zum Studienplatztausch der Universität Ulm wieder, die zum WS 2014/2015 gelten.

Grundsätzlich ist Voraussetzung für die Genehmigung des Tauschs durch die beiden beteiligten Hochschulen, dass die Tauschpartner den gleichen Studienstand, d. h. gleiche Anzahl der Scheine, in manchen Fällen sogar die gleichen Scheine haben müssen. Maßgeblicher Grundsatz, von dem nur in Einzelfällen abgewichen wird ist also: Gleichwertigkeit des Studienplatzes, Semestergleichheit und Scheingleichheit, wie die Tauschbedingungen der Universität Ulm zeigen:

§ 11 Zulassungs- und Immatrikulationssatzung

(1) Ein Studienplatztausch kann für das erste und für höhere Fachsemester innerhalb der in § 6a Abs. 3 genannten Fristen mit dem dafür vorgesehenen Formular bei der Universität auf Antrag ausschließlich im Fall gemäß Absatz 2 und nach Zustimmung der Universität Ulm vorgenommen werden:

(2) Die Zustimmung der Universität zum Studienplatztausch setzt voraus:
- a) Es handelt sich um Personen gemäß § 7
- b) die vom Tausch betroffenen Hochschulen sind einverstanden,
- c) ein vergleichbarer Ausbildungsstand,
- d) derselbe Studiengang der Tauschpartner sowie
- e) kein Verlust des Prüfungsanspruchs oder kein endgültiges Nichtbestehen einer Studien- oder Prüfungsleistung im getauschten Studiengang liegt vor.

(3) Unbeschadet von Absatz 2 ist für die Studiengänge Human- und Zahnmedizin ein Studienplatztausch nur im höheren Fachsemester unter den Voraussetzungen von Absatz 2 b) – 3 möglich; die in Absatz 1 bestimmte Form und Frist gilt entsprechend.

In den medizinischen Studiengängen fehlt es an der „Gleichwertigkeit des Studienplatzes“ bereits dann, wenn z. B. einer der Tauschbewerber nicht endgültig, sondern nur vorläufig für das Studium zugelassen wurde, oder er nur über einen Teilstudienplatz verfügt. Ein Teilstudienplatz ist problematisch, da eine Zulassung lediglich für den ersten Teil des Studiengangs ohne Anspruch auf ein Weiterstudium nach Abschluss dieses Teils gewährt wurde, so dass die Fortsetzung des Studiums im zweiten klinischen Studienabschnitt nicht gewährleistet ist. An dieser fehlenden Gleichwertigkeit ändert auch nichts, wenn der Tauschpartner schriftlich sein Einverständnis mit der Übernahme des Risikos nach dem Bestehen der ärztlichen Vorprüfung erklärt.

Das Oberverwaltungsgericht Münster hat in einem – noch heute geltenden und daher wichtigen – Beschluss aus 1981 diese Rechtslage wie folgt kurz zusammengefasst:

> „Das Fehlen einer (gesetzlichen) Regelung hat indes weder zur Folge, dass Beschränkungen der freien Wahl des Hochschulorts im freien Belieben der vom Tausch betroffenen Hochschulen liegen, noch dass jede Studienplatzvergabe durch Tausch statthaft ist. (...) Das Gleichheitsgebot nach Art. 3 GG besagt, dass die vom Tausch betroffenen Studienplatzsituationen gleich sein müssen und aus dem Sozialstaatsprinzip folgt die Notwendigkeit, dass durch den Tausch keine studienverlaufsbedingten Nachteile für andere (...) Studienplatzinhaber eintreten dürfen. Insbesondere hat in zulassungsbeschränkten Studiengängen die jeweils vorhandene Ausbildungskapazität der am Tausch beteiligten Hochschulen nicht durch den Tausch zu leiden."

Wir haben bisher in zahlreichen Fällen, in denen Hochschulen zunächst trotz Semester- und Scheingleichheit den Studienplatztausch nicht genehmigen wollten entweder durch Überzeugungsarbeit oder gerichtliche Entscheidung diese überzeugt bzw. überzeugen lassen.

In Bayern ist jedoch der Studienplatztausch von und nach München durch eine Entscheidung des VGH München vom 10.07.2003 erschwert worden. Zwar scheiterte im konkreten Fall der Tauschwunsch bereits – nach der Rechtsprechung zu Recht – daran, dass einer der Bewerber nur teil-zugelassen war, es also an der Gleichwertigkeit des Studienplatzes fehlte. Obwohl es hierauf nicht mehr ankam, nahm jedoch der Bayerische Verwaltungsgerichtshof zur Frage Stellung, unter welchen Umständen die LMU München einen Studienplatztausch im 1. Fachsemester versagen könne. Zunächst lies es das Gericht dahingestellt, ob es – wie es die LMU München tut – zulässig ist, zur Verhinderung des „Tauschhandels mit Studienplätzen" generell ein Studienplatztausch für das 1. Fachsemester abzulehnen. Im konkreten Fall billigte das Gericht die Versagung der Tauschgenehmigung bereits deshalb, weil die Studentin, die nach

München tauschen wollte, zwar den Studienort München als erste Präferenz bei *hochschulstart.de*-Bewerbung angegeben hatte, jedoch keinen „Sonderantrag auf bevorzugte Berücksichtigung" gestellt hatte.

Nicht nur wir haben erhebliche Bedenken gegen diese Entscheidung, die u. a. wohl auch darauf beruht, dass nicht sorgfältig genug argumentiert worden ist. Ein grundsätzliches Verbot des Studienplatztauschs im 1. Fachsemester durch eine Immatrikulationssatzung einer Hochschule dürfte wohl im Ergebnis rechtlich keinen Bestand haben – hierüber hat auch der Bayerische Verwaltungsgerichtshof nicht entschieden. Ob allerdings tatsächlich für einen Studienplatztausch ein „Sonderantrag auf Berücksichtigung des ersten Studienortwunsches" erforderlich ist, erscheint uns zweifelhaft, da das Zulassungsverfahren über *hochschulstart.de* nichts mit der Frage des Studienplatztausches zu tun hat.

Letztlich ging es wohl im konkreten Fall der LMU München auch nur darum, durch einzelfallbezogene Argumentation das Studienplatztauschverbot im 1. Fachsemester durchzusetzen. Entsprechende Schwierigkeiten sind uns von anderen Hochschulen nicht bekannt.

Für die Suche nach einen Tauschpartner dürfen wir auf die Tauschzentralen oder die Inserate in den verschiedenen Zeitungen verweisen. Wir können beim Tausch nicht helfen, insbesondere vermitteln wir keine Tauschpartner. Eine der größten Tauschbörsen bietet der Verein zur Förderung studentischer Belange (VSB) e. V. (*www.studienplatztausch.de*) an. Umfangreiche Tauschbörsen haben auch *www.unicum.de* und der RCDS Bildungs- und Sozialwerks e. V. (*www.rcds.de*) und audimax (*www.audimax.de*) an. Die Adressen dieser und weiterer Tauschbörsen sind im Internet zu finden.

Findet sich kein Tauschpartner, so können sich Tauschwillige an den Hochschulen ihrer Wahl als Hochschul-Ortswechsler bewerben. Auch hier sind die Form und die Fristen der einzelnen Hochschulen für die Bewerbungen zu beachten. Die Formulare für den Ortswechsel können in der Regel bei den Hochschulen online abgerufen werden. Sie sind sorgfältig auszufüllen und mit einer Immatrikulationsbescheinigung und einer Kopie des Abiturzeugnisses, jeweils beglaubigt, innerhalb der vorgegeben Frist bei der Hochschule einzureichen.

Hinweis

Viele Einzelheiten können Sie bei den Hochschulen Ihrer Wahl in Erfahrung bringen. Die Studentensekretariate geben Ihnen im Regelfall gerne Auskunft über die Formalitäten, die praktisch an jeder Hochschule anders sind.

7. Kapitel

Studienmöglichkeiten im Ausland

Wer die – nach unserer Auffassung zwischenzeitlich verfassungswidrig – lange Wartezeit von derzeit 12 Semestern beispielsweise in den Studiengängen Humanmedizin und Zahnmedizin nicht absitzen, aber auch seinen Studienwunsch nicht aufgeben will, sucht nach Alternativen.

Wer an Numerus clausus und Medizinertest scheitert, kann es im Ausland versuchen – zum Beispiel Schweiz oder Österreich, Ungarn, Lettland, Litauen, Tschechien, Kroatien, Rumänien, Bulgarien oder der Slowakei. In der Regel ist aber der Umweg ziemlich teuer.

An eine Hochschule im Ausland auszuweichen, kann sich lohnen und gleichzeitig die Chancen auf einen Studienplatz im höheren Fachsemester mit anrechenbaren Studienleistungen verbessern. Dennoch sollte man bedenken, dass es durch die Beliebtheit des medizinischen Studienganges und durch die verschiedenen Auswahlkriterien auch im Ausland nicht mehr ohne Weiteres möglich ist, ein Medizinstudium zu beginnen. Fleiß, Ausdauer, Motivation und Neugier gehören dazu, auch wenn das Medizinstudium im Ausland in der Regel nicht vom Numerus clausus der Abiturnote abhängig ist.

I. Beispiele

1. Luxemburg

Die Universität Luxemburg bietet ein erstes Studienjahr in Medizin im Rahmen des akademischen Bachelors in Biowissenschaften an. Der Unterricht entspricht den Anforderungen eines ersten Jahres in Medizin an den medizinischen Fakultäten der Universitäten, mit denen die Universität Luxemburg über Äquivalenzabkommen verfügt. Die Weiterführung des Studiums ist, aufgrund von speziellen Vereinbarungen, in Frankreich, Belgien und Deutschland möglich (weitere Informationen im Web unter *www.uni.lu*). Die Studienplätze im ersten Studienjahr Medizin sind auf 100 Plätze begrenzt. Voraussetzung: Zweisprachigkeit (Französisch/Deutsch). Bitte beachten Sie, dass das Auswahlverfahren Anfang Juli eines jeden Jahres stattfindet. Mehr dazu finden Sie auf den Internetseiten der Universität.

2. Schweiz

In der Schweiz bewarben sich 2010 laut Schweizer Hochschulrektorenkonferenz rund vier Kandidaten um jeden Medizinstudienplatz. Die Universitäten in der Schweiz haben hohe Zugangshürden errichtet. Eine Bewerbung an Universitäten in der Schweiz hat nur Sinn, wenn Sie oder Ihre Eltern entweder Schweizer oder dort niedergelassen sind (näheres unter *www.crus.ch*).

3. Österreich

In Österreich darf in den Fächern Human-, Tier- und Zahnmedizin nur jeder fünfte Studienplatz an Bewerber aus einem anderen EU-Land vergeben werden. Die Bewerber müssen sich in einem Test beweisen. Der starke Mediziner-Zustrom aus Deutschland führte in Österreich zu geringen Chancen für Österreicher und daher zu der beschriebenen Beschränkung. Das gleiche Problem hat Belgien mit

Bewerbern aus Frankreich. So erlaubte es der EU-Gerichtshof Universitäten in Österreich (und Belgien), den Zugang zum Medizinstudium für Ausländer zu begrenzen und Quoten festzulegen.

4. Studieren in östlichen Nachbarländern

An den Universitäten in Prag/Tschechien, Split und Zagreb/Kroatien, Breslau und Kattowitz/Polen, Riga/Lettland, Vilnius und Kaunas/Litauen, Varna und Plovdiv/Bulgarien, Kosice und Bratislava/Slowakei, an fast allen Universitäten in Rumänien, Belgrad/Serbien im ungarischen Debrecen und in Martin in der Slowakei gibt es englischsprachige Medizinstudiengänge.

An der Riga Stradins University in Riga/Lettland kostet das 1. Fachsemester 8.000,00 Euro an Gebühren. Die Gebühren steigen entsprechend dem Studienfortschritt ab dem dritten Jahr auf bis zu 10.000,00 Euro.

Die Studiengebühren an der University of Zagreb – School of Medicine – in Kroatien liegen bei rund 7.000,00 Euro.

An der Comenius Universität – Jessenius Fakultät für Medizin in Martin in der Slowakei lag die Studiengebühr für das WS 2011/2012 bei rund 9.000,00 Euro.

a) Polen, Litauen und Lettland

In Polen, Kattowitz oder Breslau, betragen die Studiengebühren rund 7.000,00 Euro bis 10.000,00 Euro je Semester. Dem gegenüber standen zumindest bis vor einigen Jahren niedrige Lebenshaltungskosten und wegen der räumlichen Nähe als angrenzendes Nachbarland mag es für den ein oder anderen eine verlockende Alternative sein.

Die Universität in Vilnius in Litauen ist altehrwürdig. Das moderne englischsprachige Medizinstudium gibt es erst seit kurzem. Studiengebühren in Höhe von rund 9.000,00 Euro fallen pro Jahr an.

Die Studiengebühren in Kaunas liegen etwa gleichauf. Für deutsche Bewerber an dieser Universität fand bisher ein Auswahlverfahren in Deutschland statt.

Für die Riga Stradins University in Lettland gilt – wie für alle anderen hier aufgeführten Universitäten – dass die jeweiligen Universitäten mit gezielten Informationen im Internet um ausländische Studenten werben. Diese Informationen können hier nicht wiedergegeben werden. Wer an einem Studium im Ausland interessiert ist, ist daher gut beraten, die entsprechenden Internetinformationen zu sichten.

b) Tschechien

In unserem Nachbarland Tschechien kann man an drei Universitäten Humanmedizin auf Englisch oder Tschechisch studieren (Prag, Brno, Königgrätz). Der englischsprachige Studiengang Humanmedizin dauert sechs Jahre und wird mit dem Master (M.D. degree) abgeschlossen. Der Beginn eines Jahrganges erfolgt immer zum 1. Oktober eines Jahres. Die Kosten für das Medizinstudium in Tschechien belaufen sich auf um die 13.000,00 Euro pro Jahr, doch relativiert sich die Summe durch die deutlich günstigen Lebenshaltungskosten.

Ganz neu ist die Kooperation zwischen dem Klinikum Chemnitz und der Karls-Universität in Prag. So wurde ein neuer Studiengang ins Leben gerufen, der die theoretischen Einheiten in Prag und die praktischen in Chemnitz abhandelt. Dadurch ist das Studium mehr oder weniger deutschsprachig. Aufgrund von Startschwierigkeiten findet das Studium allerdings gegenwärtig hauptsächlich auf Englisch statt. Nähere Informationen finden Sie unter:

www.meduni.com/angebote/ausbildung/medizinstudium/ausland/tschechien.html

c) Ungarn

In Ungarn bieten die Universitäten

- Semmelweis-Universität in Budapest
- Szent-Györgyi-Universität in Szeged
- University of Pecs in Pecs

das Medizinstudium größtenteils sogar auf Deutsch und Englisch an. Allerdings müssen in höheren Semestern – und jedenfalls in der klinischen Ausbildung, dem Zweiten Studienabschnitt – Kenntnisse der ungarischen Sprache in einer Prüfung nachgewiesen werden.

Bewerber sollten sich genau nach den Modalitäten der Studienplatzvergabe erkundigen. Über unsere Darstellung hinausgehende Informationen sind auf den Internet-Auftritten der einzelnen Universitäten zu finden.

In Budapest beispielsweise entscheidet eine Kommission über die Aufnahme. Die Bewerbung erfolgt ausschließlich online. Die Semmelweis-Universität eröffnete 2008 sogar eine Dependance in Hamburg, um deutschen Medizinstudenten die Fortsetzung des in Ungarn begonnenen Studiums im klinischen Studienabschnitt zu ermöglichen. Die Bewerberzahlen an der Semmelweis-Universität sind allerdings ernüchternd: So standen schon in vergangener Zeit 1.200 Bewerbungen 150 Studienplätze gegenüber. Auswahlkriterien sind hier unter anderem Berufserfahrung im Gesundheitswesen, gute Noten in naturwissenschaftlichen Leistungskursen und eine Abiturnote/Numerus clausus von mindestens 2,5. Eine Aufnahmeprüfung gibt es nicht. Bevorzugt werden Bewerber unter dem 30. Lebensjahr. Da das Studium stark naturwissenschaftlich ausgerichtet ist, werden jene Bewerber bevorzugt, die – neben aufzuweisenden Abiturleistungen –

(1) naturwissenschaftliche Fächer (Physik, Chemie, Biologie oder Mathematik) als Leistungskurs absolviert haben;

(2) naturwissenschaftliche Fächer an einer Universität belegt haben;

(3) naturwissenschaftliche Fächer im Rahmen von Kursen zur Vorbereitung auf ein Medizinstudium absolviert haben;

(4) nach dem Gymnasium im Gesundheitswesen tätig waren oder dort ihren Zivildienst abgeleistet haben.

Das Humanmedizin-Studium in Ungarn dauert 12 Semester. Idealerweise sollte man das Studium in Ungarn im September eines Jahres beginnen, auch wenn ein Einstieg im Februar möglich ist, doch muss man das Verpasste schnell nachholen. Weiterhin gibt es auch fakultative Vorbereitungskurse in den naturwissenschaftlichen Fächern, welche von drei Wochen bis zwölf Monate dauern.

Die Kosten für ein Studienjahr der Medizin in Ungarn belaufen sich auf rund 6.500,00 Euro pro Semester für englisch- oder deutschsprachige Studiengänge. Die Lebenshaltungskosten sind allerdings günstiger als in Deutschland. Die Unterrichtssprache für das Medizinstudium ist Englisch, doch kann auch in den ersten drei Jahren in Deutsch studiert werden.

d) Slowakei

Auch an der Pavol Josef Safarik University in Kosice in der Slowakei werden die Studiengänge Humanmedizin und Zahnmedizin für Ausländer angeboten. Für die Bewerbung gibt es ein Onlineformular und es ist ein Zugangstest in Chemie und Biologie zu bestehen.

Die Universität veröffentlicht nur wenige Informationen. Auch die Gebühren und Kosten müssen per E-Mail abgefragt werden. Die Adresse der Homepage lautet: *www.upjs.sk*

Die Homepage der Comenius Universität in Bratislava findet sich unter: *http://uniba.sk/*

e) Rumänien

Das Medizinstudium ist in Rumänien an den Universitäten in Arad, Bukarest, Cluj-Napoca, Constanta, Craiova, Iasi, Neumarkt/Targu-Mures und Temeswar(Timisora) möglich.

Die Gregori T. Popa Universität im rumänischen Iasi bietet schon länger englischsprachigen Unterricht für Ausländer an.

Die alte Adresse der Homepage (oldwww.umfiasi.ro) der Universitatea de Medicine bietet noch recht übersichtlich die Informationen zum „studiyng in a foreign language“ an.

Auf der aktuellen Homepage *www.umfiasi.ro* werden generelle Informationen einer englisch- oder französischsprachigen Broschüre (zum Download) angeboten. Die für uns einsehbare Broschüre bezog sich aber noch auf das Wintersemester 2010/2011 und enthielt auf den Seiten 26 und 27 die Informationen zur Bewerbung und Studienkosten. Die Unterrichtskosten könnten je nach Herkunftsland und Unterrichtssprache unterschiedlich sein. Es gab von der Europäischen Kommission eine Ermahnung, alle Studenten aus der

EU gleich zu behandeln, die Gebühren statt vom Herkunftsland von der Unterrichtssprache abhängig zu machen.

Auch an der Medizinischen und Pharmazeutischen Universität Victor Babe in Temeswar wird das Medizinstudium (Humanmedizin und Zahnmedizin) in englischer und französischer Sprache angeboten. (*www.umft.ro*)

In der deutschen Presse kursierte das Gerücht, dass es bald einen deutschsprachigen Studiengang geben soll. Wir haben keine genaueren Informationen.

f) Bulgarien

An der Medical University Varna in Bulgarien werden ausländische Studenten auch in englischsprachige Studiengänge in Humanmedizin und Zahnmedizin aufgenommen. Die Universität hat eine Homepage, auf der alle Informationen abgerufen werden können: *http://mu-varna.bg/EN/AdmissionDE.* Sie bietet eine umfassende deutschsprachige Informationsbroschüre unter dem Stichwort: Infoblatt-Studienbewerber-Deutsch.

Das Onlinebewerbungsformular für 2015/2016 war zu erreichen, wenn man auf dem deutschsprachigen Bewerbungsportal über Bewerbung, Studienanfänger und Programme in Englisch zur Schaltfläche „Apply now (eu-ciztizens)“ geht.

g) Kroatien

Die medizinische Fakultät der Universität Split („University of Split School of Medicine – USSM“) ist eine noch sehr junge medizinische Fakultät an der Adriaküste Kroatiens. Gegründet im Jahre 1997, hat sie ihr englischsprachiges Studienprogramm im Jahr 2011 gestartet. Im Jahr 2012 haben dort 50 Erstsemester das englischsprachige Medizinstudium begonnen.

h) Serbien

Die Universität in Belgrad bildet mit ihrer medizinischen Fakultät bereits seit 1920 Medizinstudenten aus und hat eine sehr traditionsreiche Geschichte.

Die Internetadresse der Universität lautet: *http://www.bg.ac.rs*

5. Im Süden

Hier bietet beispielsweise die Universidad Cardenal Herrera in Valencia Spanien an ihrer humanmedizinischen Fakultät – gegründet 1999 – einen englisch- und spanischsprachigen Medizinstudiengang von 6 Jahren Dauer an. Die Fakultät liegt im internationalen Ranking angeblich im Oberfeld.

Die Internetadresse der Universität lautet: *http://www.uv.es*

II. Der Abschluss des Studiums im Ausland

Wer sein Studium komplett in einem EU-Land abschließt, hat in Deutschland keine Probleme:

Die Ausbildung wird aufgrund des EU-Rechts und des Gleichbehandlungsgebots quasi „automatisch" anerkannt. Wer beispielsweise in Ungarn weiterstudiert, erhält automatisch die dortige Approbation. Der Weg nach Deutschland führt dann über das Landesprüfungsamt für Heilberufe.

III. Wechsel in die Bundesrepublik nach teilweisem Auslandsstudium (Vorklinik)

Obwohl – europarechtlich gedacht – der Wechsel im gleichen Studiengang von einer Hochschule an eine andere (deutsche) innerhalb der EU ein „Ortswechsel" ist, spricht man bei dem Versuch, nach einem ausländischen Beginn sein Studium in der Bundesrepublik Deutschland fortzusetzen, immer noch vom „Quereinstieg": Es geht aber darum, das gleiche Studium – der Medizin – an einem anderen Studienort fortzusetzen.

Der „Quereinstieg" beginnt mit der Bewerbung an den Universitäten direkt in ein höheres Fachsemester. Während *hochschulstart.de* ausschließlich für die Vergabe von Studienplätzen im 1. Fachsemester zuständig ist, erfolgt die Vergabe von Studienplätzen in höheren Fachsemestern allein durch die Hochschulen selbst (4. Kapitel „Bewerbung um einen Studienplatz im Studiengang Humanmedizin, Zahnmedizin, Tiermedizin oder Pharmazie“ unter „II. Bewerbung für das höhere Fachsemester und die Klinik“).

1. Qualifikation des Bewerbers für ein höheres Fachsemester: Der Anrechnungsbescheid

Der Nachweis der Qualifikation für ein höheres Fachsemester erfolgt durch einen Anrechnungsbescheid, mit dem die Studienzeiten und Studienleistungen des Auslandsstudiums auf das Studienfach angerechnet werden.

2. Zuständigkeit für die Anrechnung von Studienleistungen

In den Fächern Humanmedizin, Zahnmedizin und Pharmazie sind für die Erteilung der Anrechnungsbescheide die Landesprüfungsämter der einzelnen Bundesländer zuständig. Die regionale Zuständigkeit richtet sich in der Humanmedizin nach dem Geburtsort des Bewerbers, in der Zahnmedizin und der Pharmazie nach dem ersten Wohnsitz.

Im Fach Tiermedizin entscheidet für jede Universität das jeweilige Prüfungsamt der Universität. Daher muss ein Bewerber, der sich ein Auslandstudium oder ein verwandtes Studium anrechnen lassen will, die Anrechnung bei allen 5 Prüfungsämtern der Studienorte beantragen. So ist eine Anrechnung z. B. aus Hannover auch nur in Hannover verbindlich, nicht jedoch in München oder Berlin oder Gießen oder Leipzig. Der Antrag auf Anrechnung erfolgt in der Tiermedizin in der Regel durch das Studierendensekretariat der ausländischen Universität; man muss sich vor Ort erkundigen.

Die Adressen der Landesprüfungsämter sind im Internet auf der Seite des IMPP (*www.impp.de*) unter „Nützliche Links“ zu finden.

8. Kapitel

Zum Wunschstudium ohne Abitur

Es spricht sich immer mehr herum, dass ein Studium auch ohne Abitur und Fachhochschulreife möglich ist. Derzeit nutzen nach statistischen Angaben über 40.000 Menschen diese Chance und die Zahl steigt laufend. Das sind so viele wie noch nie zuvor in Deutschland.

Doch immer noch ist es für beruflich Qualifizierte nicht leicht, den Weg an eine Universität oder Fachhochschule zu finden. Vor diesem Hintergrund wollen wir in einer Übersicht einige Informationen und auf weitergehende Informations- und Beratungsmöglichkeiten hinweisen.

I. Bisher keine Sonderquoten für besonders befähigte Berufstätige in den Studiengängen des zentralen Vergabeverfahrens

Für die Studienplätze in den medizinischen Studiengängen, die im zentralen Vergabeverfahren über *hochschulstart.de* vergeben werden, gibt es bisher für „Besonders befähigte Berufstätige" noch keine Sonderquote.

Eine Sonderquote muss erst ab 1 % der Gesamtzahl der Bewerber eingeführt werden. Die Zahl der beruflich qualifizierten Bewerber im zentralen Verfahren wird von *hochschulstart.de* kontinuierlich ermittelt. Sie liegt derzeit jedoch im Vergleich zur Gesamtzahl der Bewerber unter 1 % (Stand Wintersemester 2013/2014: 0,81 %), so dass kurzfristig keine Bildung einer eigenen Vorabquote vorgesehen ist.

II. Erhebliche landesrechtliche Unterschiede

Die Unterschiede zwischen den 16 Bundesländern beim Studium ohne Abitur und Fachhochschulreife sind zum Teil erheblich. Das betrifft nicht nur die Zugangsregelungen, sondern auch die Studien- und Serviceangebote der Hochschulen sowie die Entwicklung der Studienanfänger(innen)-, Studierenden- und Absolvent(inn)enzahlen. Über die Webseite *http://www.studieren-ohne-abitur.de/web* erhalten Bewerber mit einem Klick auf eine dort integrierte Landkarte detaillierte Informationen zum Bundesland ihrer Wahl.

Das Land Niedersachsen sieht in der Vergabeverordnung für örtlich zulassungsbeschränkte Studiengänge vor, dass bis zu 10 % der Plätze für Zugangsberechtigte aufgrund besonderer beruflicher Qualifikation (Berufsqualifiziertenquote) zur Verfügung stehen. Dabei ist diese Sonderquote entsprechend dem Anteil der Angehörigen der in § 18 Abs. 4 des Niedersächsischen Hochschulgesetzes (NHG) genannten Bewerbergruppe an der Gesamtzahl aller Bewerberinnen und Bewerber für den betreffenden Studiengang zu bilden.

III. Beispiel für Zulassungsmöglichkeit im Studiengang Humanmedizin in Sachsen-Anhalt

Die Universitäten in Sachsen-Anhalt geben für besonders befähigte Berufstätige ohne Abitur die Möglichkeit, an einer Feststellungsprüfung teilzunehmen. Zu dieser kann zugelassen werden, wer

- einen Realschulabschluss oder vergleichbaren Abschluss besitzt **und**

- eine Berufsausbildung in einem für das angestrebte Studium einschlägigen Fachgebiet mindestens mit der Note „gut" abgeschlossen **und**
- nach Abschluss der Berufsausbildung eine mindestens dreijährige berufliche Tätigkeit in diesem Fachgebiet ausgeübt hat, die nicht länger als drei Jahre zurückliegt.

Die Prüfungsfragen der Feststellungsprüfung orientieren sich am Zentralabitur des Landes Sachsen-Anhalt.

9. Kapitel

Die Studienplatzklage als alternativer Weg zum Wunschstudium

In jedem Semester werden aufgrund der zur Verfügung stehenden Studienplätze einerseits und der Bewerbungen andererseits die Werte nach Leistung, nach Wartezeit bzw. nach anderen Kriterien festgestellt, mit denen ein Bewerber (noch) zum Studium seiner Wahl zugelassen werden kann. Diese Werte können sich von Semester zu Semester ändern. Voraussagen für die Zulassungsgrenzwerte im zentralen Vergabeverfahren, bei den einzelnen Universitäten im Auswahlverfahren der Hochschulen und hinsichtlich der örtlich zulassungsbeschränkten Bachelor- und Masterstudiengänge sind daher nur generell, nicht jedoch speziell auf konkrete Studiengänge und konkrete Bewerbungssemester möglich.

Die Hoffnungen vieler Studienbewerber, mit mittleren und schlechteren Durchschnittsnoten, dass sich ihre Zulassungschancen aufgrund geänderter Vergabebedingungen verbessern werden, sind gravierend enttäuscht worden. Auch wenn die Vergabe der Plätze in zahlreichen Studiengängen nicht mehr allein nach Abiturnote und Wartezeit, sondern unter Hinzunahme sonstiger Kriterien erfolgt, hat sich nach unserer Einschätzung nicht viel geändert.

Bewerbern, die auf absehbare Zeit ohne Zulassungschance sind und auf einen Studienbeginn im Wunschstudiengang nicht bis zum „Sankt Nimmerleinstag" – in er Praxis also zwischen vier und sieben Jahren – warten möchten, bleiben nur folgende Möglichkeiten:

- Ein Studium im EU-Bereich, bei dem die Studienleistungen auf das Studium in der Bundesrepublik angerechnet werden (z. B.

ein – teures – Medizinstudium in Ungarn, Tschechien, Polen und vielen weiteren Ländern des östlichen EU-Auslands), oder der Versuch, einen Platz in Österreich zu erhalten.

- Der Quereinstieg, indem in einem verwandten Studiengang studiert wird, aus dem die Leistungen auf das Wunschstudium anrechenbar sind.
- Die Studienplatzklage, auch Kapazitätsklage oder NC-Prozess genannt.

Hierbei stellen sich für den potentiellen Studienplatzkläger folgende wichtige Fragen:

- Was kann ich mit der Studienplatzklage erreichen?
- Wie groß sind meine Chancen, einen Studienplatz in meinem Wunschstudienfach einzuklagen?
- Wie lange dauert das Verfahren?
- Was kostet die Studienplatzklage ungefähr?
- Kann ich ein solches Verfahren selbst betreiben oder empfiehlt es sich, einen Anwalt zu beauftragen? Wie finde ich den „richtigen" Anwalt?

I. Ziel des Studienplatzprozesses

Der Studienplatzprozess bzw. die Studienplatzklage, auch bekannt als NC-Prozess, Kapazitätsprozess oder Kapazitätsklage, ist die seit ca. 40 Jahren vom Bundesverfassungsgericht zugelassene und häufig erfolgversprechende Initiative, um den Versuch zu unternehmen, den Studienplatz im Wunschstudiengang ohne jahrelange Wartezeit durch gerichtliche Verfahren zu erhalten.

Allerdings ist die Durchführung eines solchen Verfahrens als „chancenergänzende Maßnahme" zu sehen: Sie ersetzt nicht die Studienplatzgarantie, die im Rahmen der Wartezeitquote allerdings nur durch eine sehr lange Wartezeit – derzeit (Stand: Wintersemester 2014/2015) zum Beispiel 12 Wartesemester in der Humanmedizin, 12 Wartesemester in der Zahnmedizin, 11 Wartesemester in der Tiermedizin, zwei Wartesemester in der Pharmazie, bis zu 36 Wartesemester im Studiengang Psychologie (Bachelor) (beispielsweise an der LMU München) und im Studiengang Soziale Arbeit zum Teil erheblich mehr als 10 Wartesemester und in vielen Hochschulstudiengängen – einlösen können.

Mit dem gerichtlichen Verfahren – in der Regel mit einem sogenannten Antrag auf Erlass einer Einstweiligen Anordnung (Eilverfahren) – streben die Bewerber eine Entscheidung des für die verklagte Hochschule zuständigen Verwaltungsgerichts an, durch die das Verwaltungsgericht feststellen soll, dass an der verklagten Hochschule noch über die festgesetzte Zulassungszahl hinaus weitere freie Studienplätze (ungenutzte bzw. verschwiegene Kapazitäten) vorhanden sind. Kommt das Verwaltungsgericht zu einer solchen Entscheidung (Beschluss), ordnet es zugleich ein durch die Hochschule durchzuführendes Vergabeverfahren – in der Regel ein Losverfahren – über zusätzliche Studienplätze an (zu Ausnahmen später) oder verlost die „gefundenen" Studienplätze in Ausnahmefällen auch selbst. An diesem Losverfahren werden gerichtlichen Antragsteller, wenn sie einen entsprechenden (form- und fristgerechten) Antrag gestellt haben und andere notwendige Voraussetzungen erfüllen, beteiligt.

Zu einer direkten Zuweisung eines Studienplatzes kann es in den Bachelor- oder Masterstudiengängen mit Ausnahme der Psychologie, also den Studiengängen in denen nur wenige Bewerber klagen, kommen. In den medizinischen Fächern kommt es selten zu einer direkten Zuweisung eines Studienplatzes aufgrund der hohen Klägerzahl. Dies ist nur an den Universitäten möglich, bei denen die Gerichte eventuelle freie Studienplätze zum Beispiel nach Abiturnote oder nach dem Rang der Kriterien des Auswahlverfahrens der Hochschulen verteilen. Gelegentlich kommt es zur direkten Zuteilung auch in Beschwerdeverfahren oder in Hauptsacheverfahren, in denen nur noch wenige gerichtliche Antragsteller vertreten sind.

Die Studienplatzprozesse richten sich ausschließlich gegen konkrete Universitäten und Hochschulen und damit auch in den von *hochschulstart.de*, der Stiftung für Hochschulzulassung, verwalteten Studiengängen nicht gegen *hochschulstart.de.*

Mit dem Antrag auf Erlass einer einstweiligen Anordnung bzw. der Klage behaupten die Bewerber, dass die jeweilige Universität oder

Hochschule ihre Ausbildungskapazität mit der festgesetzten Zulassungszahl nicht „kapazitätserschöpfend" genutzt hat, dass also weitere freie Kapazitäten vorhanden sind. Maßgeblich ist also die Ausbildungskapazität der konkreten Hochschule, die auf der Basis einer in den Bundesländern weitgehend übereinstimmenden Verordnung, der Kapazitätsverordnung (KapVO), errechnet wird.

Die Ausbildungskapazität einer Hochschule ist kein messbarer, empirisch feststellbarer Faktor. So spielt die konkrete Belegung von Laborarbeitsplätzen und Praktikaräumen fast nie eine bestimmende Rolle, weil die Hochschulen nach der Rechtsprechung des Bundesverfassungsgerichts zur ganztägigen und ganzjährigen Nutzung der vorhandenen Räume verpflichtet sind (Stichwort: „Räume haben keinen Urlaub"). Allerdings gibt es in vielen Studiengängen begrenzende Faktoren. Beispiele: Im Studiengang Zahnmedizin sind an einzelnen Hochschulen die Zahl der Behandlungsstühle für die Patientenbehandlung in den klinischen Fachsemestern ein begrenzender Faktor; im Studiengang Humanmedizin sind es – fast bundesweit und wegen des Bettenabbaus in den Universitäts-Kliniken sich verstärkend – die Patienten in der Klinik.

Die Kapazitätsverordnung sieht für die Berechnung der Kapazität ein Bilanzierungsmodell vor. Vereinfacht gesprochen: Lehrangebot geteilt durch Lehrnachfrage = Kapazität. Zur Berechnung des Lehrangebots kommt es darauf an, wie viele Stunden das Lehrpersonal (Professoren, Assistenten oder Wissenschaftliche Mitarbeiter „auf Dauer" oder „auf Zeit") zu unterrichten hat. Dies ergibt das sog. Lehrangebot. Aber auch Probleme der Studienplan-Gestaltung (z. B. die Zuordnung der Seminare zur Vorklinik oder zur Klinik), die sogenannten „patientenbezogenen Einflussfaktoren", die „Engpassbetrachtung" und vieles andere mehr, beeinflussen die rechnerisch in dem geltenden Bilanzierungsmodell festzustellende Ausbildungskapazität.

Zu derselben Rechtsfrage gibt es in dieser sehr differenzierten und heftig umstrittenen Materie oft unterschiedliche Entscheidungen der Oberverwaltungsgerichte. Das Bundesverwaltungsgericht hatte in den letzten Jahren mangels entsprechender Berufungsentscheidungen keine Möglichkeit, ein Revisionsverfahren zu entscheiden.

Es liegt daher auf der Hand, dass bei einer so zersplitterten Rechtsprechung oft zusätzliche Studienplätze eingeklagt werden können.

Bei der Studienplatzklage besteht allerdings das Risiko, dass das Verwaltungsgericht entweder keinen freien Studienplatz findet, dass die freien Studienplätze durch eine „Überbuchung" besetzt sind oder dass Bewerber trotz der gerichtlichen Feststellung, dass freie Kapazitäten vorhanden sind, wegen der Bewerberkonkurrenz nicht ausgewählt werden. Dann ist trotz eines erheblichen finanziellen Aufwands die Studienplatzklage nicht erfolgreich. Dieses Risiko kann Ihnen keiner abnehmen – auch kein Anwalt kann Erfolgsgarantien geben. Es gibt aber Erfahrungswerte, über die wir im Laufe unserer Ausführungen berichten. Das Risiko, den Platz im Wunschstudiengang trotz Einleitung eines verwaltungsgerichtlichen Verfahrens nicht zu erhalten, steigt bzw. sinkt natürlich mit der Zahl der Kläger im Wunschstudiengang: Je mehr Bewerber pro Studienfach, um so mehr abgelehnte Bewerber klagen auf einen Studienplatz und um so geringer wird die Chance des Erfolgs für den Einzelnen. Die Bewerberzahlen für die wichtigsten Studiengänge und deren Entwicklung teilen wir später mit.

Wie bereits erwähnt, klagen an vielen (in den medizinischen Studiengängen: an fast allen) Hochschulen erheblich mehr Studienbewerber um „außerkapazitäre" Studienplätze, als dort vom Gericht freie Plätze festgestellt werden. Eine Ausnahme bilden in der Regel die Master-Studiengänge.

Die Auswahl, wer einen der begehrten Plätze bekommt, erfolgt in der Regel durch ein gerichtlich angeordnetes Losverfahren. Dabei wird ohne jede Einflussmöglichkeit jeder Kläger individuell an dem Losverfahren beteiligt, das nach gerichtlicher Auflage in der Regel von der Hochschule durchgeführt wird. Nicht eine Anwaltskanzlei, sondern der Studienbewerber erhält den Studienplatz zugeteilt. Anwälte haben daher auf die Verteilung der Studienplätze unter ihren Mandanten keinen Einfluss, sondern nur darauf, dass möglichst viele Studienplätze verteilt werden. Ausnahmen vom Losverfahren bei der Vergabe „verschwiegener Studienplätze" gibt es bei den Universitäten Mainz und Hamburg, sowie in Schleswig-Holstein. Hier entscheiden die zuständigen Gerichte in erster Linie nach einem „Zulassungsnähequotienten“, für den die persönlichen Rangpositionen des einzelnen Bewerbers in den verschiedenen Vergabequoten nach den *hochschulstart.de*- bzw. AdH-Bescheiden des konkreten Klagesemesters ausschlaggebend sind. Kurzformel: Je näher der Bewerber am Grenzrang steht, umso größer ist seine Chance, wenn das Gericht freie Studienplätze „findet“ (so in Hamburg). In Schleswig-Holstein ist derzeit die Abitur-Note oder die Dauer der Wartezeit maßgebend.

Die Situation bei Semesterbeginn, dass viel mehr Bewerber klagen als Plätze vorhanden sind, relativiert sich mit der Dauer der Verfahren und mit jedem Studienplatz, den ein Gericht „ausurteilt“. Alle klagenden Konkurrenten, die im Nachrückverfahren der Hochschulen oder über *hochschulstart.de* und durch gerichtliche Entscheidung an einer anderen Universität einen Platz erhalten, fallen bei der Vergabe an weiteren Universitäten aus der Bewerberkonkurrenz heraus. Sie können die von den Gerichten verlangte eidesstattliche Versicherung („Ich versichere, dass ich an keiner anderen Hochschule vorläufig oder endgültig zugelassen bin“) dann nicht mehr abgeben. Dies bedeutet allerdings auch: Der Studienplatzkläger muss den ersten ihm zugewiesenen Studienplatz annehmen. Damit wird zwar die Zahl der verbliebenen Kläger ohne Studienplatz mit der Verfahrensdauer geringer. Allerdings kann nicht jeder Kläger einen Platz auf diesem Wege erhalten.

Die Studienplatzklage sollte daher unter dem Aspekt der Chancenergänzung und Chancenerweiterung sehen. Sie dient im Erfolgsfall nach dem derzeitigen Vergabesystem vor allem zur Verkürzung der hohen Wartezeit. Wir sind der Auffassung, dass sich eine Studienplatzklage schon dann gelohnt hat, wenn der Studienplatzkläger auch nur ein Semester oder ein Jahr früher zum Wunschstudium zugelassen wird. Je eher der Bewerber das Studium nach der Schule beginnen kann, umso größer ist die Chance des Studienerfolgs, wie die Statistiken beweisen. Und: Je früher der Bewerber in den angestrebten Beruf eintritt, umso früher beginnt er in seinem Beruf, Geld zu verdienen.

Wird dem Studienbewerber im einstweiligen Anordnungsverfahren (Eilverfahren) eine vorläufige Zulassung zugeteilt – mehr kann dieses nur „vorläufige“ Verfahren nicht bieten –, stellt sich natürlich die Frage, wie es weiter geht. Einzelne Hochschulen akzeptieren diese Entscheidung des Gerichts im vorläufigen Rechtsschutzverfahren und lassen die vorläufig zugelassenen Studienplatzbewerber auch endgültig zu. Dann hat dieser einen endgültigen Studienplatz und das gewünschte Ziel erreicht. In anderen Fällen ist es notwendig, mit der Hochschule darüber zu verhandeln, ob diese im Wege eines Vergleichs bereit ist, die vorläufige Zulassung in eine endgültige Zulassung umzuwandeln. Falls die Hochschule hierzu nicht bereit ist, muss in der Regel die Klage, das sog. Hauptsacheverfahren, eingeleitet und durchgeführt werden.

II. Chancen der Studienplatzklage

Die Erfolgsaussichten der Studienplatzklage sind differenziert zu beurteilen. Zum einen hängt es vom konkreten Studiengang ab, zum anderen ist die Bewerbersituation zu beurteilen. Auch können sich durch Sonderentwicklungen, durch Berechnungsfehler der Hochschulen und sonstige Entwicklungen wie Sonderprogramme oder sog. freiwillige oder unfreiwillige Überbuchungen Chancen an Hochschulen ergeben, oder solche wegfallen, an denen es im Studienjahr oder Semester zuvor noch völlig anders aussah.

In großem Umfang werden Studienplätze an den Universitäten nur in den medizinischen Studiengängen und der Psychologie, allerdings zunehmend auch in rechts- und wirtschaftswissenschaftlichen Studiengängen und in den Lehramtsfächern eingeklagt. An den Fachhochschulen gibt es Klagen ebenfalls in erster Linie in den wirtschaftlich, rechtlich und sozial orientierten Studiengängen, aber auch in zahlreichen Medienstudiengängen.

Für Studienbewerber selbst ist es völlig bzw. nahezu unmöglich, die Chancen einzuschätzen; dies ist ein Stochern mit der Stange im Nebel zu vergleichen. Aber auch für uns Profis ist es manchmal schwierig, eine einigermaßen genaue Prognose zu geben. Daher schildern wir nachfolgend die Chancen durchaus zurückhaltend.

Die Chancen der Studienplatzklage sind also zunächst abhängig vom Wunschstudiengang. In erheblichem Umfang – wenn auch nicht mehr so häufig wie in früheren Studienjahren werden – Studienplätze nach wie vor in der Humanmedizin und der Zahnmedizin – kaum mehr aber in der Tiermedizin oder im Studiengang Pharmazie – eingeklagt. Eine Spezialentwicklung gibt es bei den Studienplatzverfahren des Studiengangs Humanmedizin für den Zweiten Studienabschnitt – sog. „Klinik-Klagen". Hier hat sich die Zahl der Kläger aufgrund der hohen Zahl von deutschen Studierenden in den EU-Ostländern um ein mehrfaches erhöht. Hiernach folgen – in erheblich geringerem Umfang – Klagen im Bachelor-Studiengang Psychologie, den wirtschafts- und rechtswissenschaftlichen Studiengängen und in den Lehramtsfächern.

In den übrigen Bachelor-Studiengängen sind Klageverfahren eher selten, obwohl gerade in diesen Studiengängen die Klagen sehr erfolgreich sein können. Gleiches gilt für die Klagen in den Masterstudiengängen, sofern die Bewerber die gerade in den wirtschaftswissenschaftlichen Fächern – oft in einer Notengrenze – bestehenden Zulassungsvoraussetzungen erfüllen.

1. Klagechancen in den Bachelor-Studiengängen

Hinweis

Die Studienplatzklage im Bachelor-Wunschstudiengang lohnt sich. Die Erfolgsquote ist hoch und Sie sparen viele Semester Wartezeit.

Es gibt zahlreiche Studiengänge, die von den Hochschulen – sei es direkt, sei es im sogenannten Dialogorientierten Serviceverfahren (DoSV) über *hochschulstart.de* – vergeben werden, und in denen wir und unsere Kolleginnen und Kollegen bereits Studienplätze eingeklagt haben. Auf die einzelnen Studiengänge bezogene spezielle Aussagen lassen sich daher an dieser Stelle nicht machen. Generell können wir jedoch berichten, dass regelmäßig in diesen Studiengängen nur wenige Studienbewerber Klageverfahren durchführen und dann die Hochschulen bei wenigen Klägern oft die Mühe scheuen, ihre Kapazitätsberechnung vorzulegen und sich in einem gerichtlichen Verfahren „zu verteidigen". Daher stehen in diesen Studiengängen die Chancen recht gut, einen endgültigen Studienplatz durch einen gerichtlichen Vergleich oder durch einen außergerichtlichen Vergleich direkt mit der Hochschule im Klagewege zu erhalten.

Verlangen Studiengänge für die Zulassung die Feststellung einer besonderen Eignung, können wir allerdings nur dann mit Aussicht auf Erfolg klagen, wenn die besondere Eignung im Aufnahmeverfahren bescheinigt worden ist. Sollte die Hochschule diese besondere Eignung verneint haben, ist – in der Regel – weder die „Eignung" einklagbar noch ein Kapazitätsüberprüfungsverfahren möglich, weil die Gerichte grundsätzlich davon ausgehen, dass in diesen Studiengängen eine Überprüfung der vorhandenen Ausbildungskapazität die Feststellung dieser Eignung voraussetzt und sich das Gericht bei der Eignungsfeststellung nicht an die Stelle der Prüfer setzen darf. Dass jedoch nicht in allen Studiengängen, in denen die Hochschulen die Zulassung von einer besonderen Eignung abhängig gemacht haben, dieses auch rechtmäßig ist, haben wir oben bereits dargelegt.

2. Speziell: Klagechancen im Fach Psychologie (Bachelor)

Achtung

Um alle Klagechancen im Fach Psychologie (Bachelor) zu wahren, wird die eigene Bewerbung immer wichtiger oder ist bereits Voraussetzung.

In den Gerichtsverfahren seit dem Wintersemester 2001/2002, also auch im Wintersemester 2013/2014, ist es uns stets gelungen, allen Mandanten, die sich nicht nur auf einzelne Universitäten beschränkt hatten, im Bachelor-Studium der Psychologie zu einem Studienplatz zu verhelfen. Wir gehen auch für das zum Zeitpunkt der Ablieferung des Manuskripts dieses Buches noch laufenden Verfahren des Wintersemesters 2014/2015 von einer sehr guten Zulassungschance im Studiengang Psychologie (Bachelor) aus.

Dies gilt auch für die Zukunft, wenn die Bewerber mindestens zehn Universitäten verklagen. Hierbei ist es bei immer mehr Verfahren von entscheidender Bedeutung, dass sie sich auch selbst für die jeweiligen Universitäten – sei es im Dialogorientierten Serviceverfahren (DoSV) über *hochschulstart.de*, sei es im Wege der Direktbewerbung rechtzeitig und mit ihren vollständigen Unterlagen beworben haben.

Dies beruht darauf, dass immer mehr Bundesländern in den jeweiligen Studienplatzvergabeverordnungen den Nachweis des ernsthaften Interesses, das sie durch eine solche Bewerbung dokumentieren, verlangen. Wenn die Bewerber sich in einem dieser Bundesländer für ihre konkrete Wunschuniversität – aus welchen Gründen auch immer – nicht beworben haben, scheidet diese Hochschule von vorn herein als dem „Klageprogramm“ aus.

3. Klagechancen in den Masterstudiengängen

Nach wie vor gut sind auch die Chancen in den Masterstudiengängen, wenn die Zugangsvoraussetzungen, zum Beispiel eine bestimmte Bachelornote erfüllt wird. Nachstehend haben wir einige Beispiele aus der Rechtsprechung für rechtmäßige Voraussetzungen aufgeführt:

- der Hochschulabschluss im vorausgehenden Studiengang muss einen Mindestanteil von wirtschaftswissenschaftlichen Fachinhalten von 70 ECTS-Leistungspunkten aufweisen,
- der erste berufsqualifizierende Hochschulabschluss muss im Fach Politikwissenschaften oder einen Studiengang mit politikwissenschaftlichen Schwerpunkten erreicht worden sein,
- im Master-Studiengang „Medizin-Management für Wirtschaftswissenschaftler“ müssen für den Abschluss des Erststudiums 50 bis 80 Notenpunkte und in einem Auswahlgespräch 60 Notenpunkte erreicht werden,
- 20 ECTS-Leistungspunkte aus dem Bereich der Volkswirtschaftslehre in einem wirtschaftswissenschaftlichen Studiengang,
- Erst-Studienabschluss mit 2,3 oder besser für die Zulassung zum Masterstudiengang „International Economics“,
- für den Masterstudiengang „Medien und politische Kommunikation“ in Berlin ein Hochschulabschluss mit einem Anteil von

mindestens 60 ECTS-Leistungspunkten in Publizistik-, Kommunikations- und Medienwissenschaft oder Journalistik, davon mindestens zehn ECTS-Punkte in sozialwissenschaftlichen Forschungsmethoden,

- für den Masterstudiengang „Pflegewissenschaft" ein Hochschulabschluss im Bachelor Gesundheitswissenschaften oder einem „als gleichwertig anerkannten Studiengang" mit Studienleistungen in einem Umfang von mindestens 180 ECTS-Punkten oder adäquate Leistungen,
- Durchschnittsnote 2,0 für die Zulassung zum Master-Studiengang „Verhandeln und Gestalten von Verträgen",
- Abschluss des Bachelorstudiums mit der ECTS-Note „C" für den Zugang zum Masterstudiengang „Betriebswissenschaftslehre",
- Grenznote 2,5 für den Masterstudiengang „Umweltethik",
- Abschluss des vorangegangenen Studiums mit mindestens der Note 2,5 (bei einem Studium der Rechtswissenschaften 7,5 Punkte) und bestehen eines Englischtests (TOEIC-Tests) mit mindestens 750 Punkten,
- für den Zugang „Master of Education" erziehungswissenschaftliche Grundlagen im Umfang mindestens 9 CP oder gleichwertige Leistungen,
- Durchschnittsnoten von 2,5, 2,6 oder 2,9 beim Zugang zu einem wirtschaftswissenschaftlichen Master und
- ein einem Hochschulabschluss im Fach „Theologische Studien" gleichwertiger oder vergleichbar qualifizierter Abschluss (verneint bei einer Diplom-Biologin).

4. Klagechancen in den medizinischen Studiengängen und Pharmazie

a) Bewerberzahlen bei hochschulstart.de (früher ZVS) in Humanmedizin und Zahnmedizin

Nachdem zur Zeit der 1. Auflage dieses Ratgebers die Zahl der Bewerbungen in Humanmedizin und in Zahnmedizin noch deutlich gestiegen ist, haben sich die Bewerberzahlen trotz der Doppelabiturjahrgänge auf hohem Niveau stabilisiert. Dies zeigen die nachfolgenden Tabellen:

Entwicklung der Zahl der Bewerbungen und Studienplätze im Studiengang Humanmedizin (1. Fachsemester) vom Wintersemester 1995/1996 bis einschließlich Wintersemester 2014/2015			
Semester	Bewerberzahl	Zulassungszahl	Verhältnis: Plätze/Bewerber
WS 1995/1996	15.179	7.514	1:2,02
WS 1996/1997	15.515	7.521	1:2,06
WS 1997/1998	16.608	7.290	1:2,28
WS 1998/1999	21.406	7.398	1:2,90
WS 1999/2000	20.640	7.608	1:2,73
WS 2000/2001	19.868	7.782	1:2,55
WS 2001/2002	19.709	8.126	1:2,43
WS 2002/2003	23.651	8.311	1:2,84
WS 2003/2004	28.663	8.320	1:3,44
WS 2004/2005	33.921	8.444	1:4,01
WS 2005/2006	37.366	8.413	1:4,44
WS 2006/2007	33.570	8.492	1:3,05
WS 2007/2008	35.033	8.377	1:4,18
WS 2008/2009	35.393	8.452	1:4,19
WS 2009/2010	37.377	8.512	1:4,39
WS 2010/2011	40.387	8.629	1:4,68
WS 2011/2012	44.053	8.753	1:5,03
WS 2012/2013	42.726	8.989	1:4,75
WS 2013/2014	44.334	9.068	1:4,9
WS 2014/2015	43.002	8.999	1:4,8

Entwicklung der Zahl der Bewerbungen und Studienplätze im Studiengang Zahnmedizin (1. Fachsemester) vom Wintersemester 1995/1996 bis einschließlich Wintersemester 2014/2015

Semester	Bewerberzahl	Zulassungszahl	Verhältnis: Plätze/Bewerber
WS 1995/1996	2.518	1.314	1:1,92
WS 1996/1997	2.604	1.269	1:2,05
WS 1997/1998	2.728	1.254	1:2,18
WS 1998/1999	3.757	1.245	1:3,02
WS 1999/2000	3.542	1.273	1:2,78
WS 2000/2001	3.370	1.299	1:2,62
WS 2001/2002	3.240	1.366	1:2,37
WS 2002/2003	3.493	1.396	1:2,50
WS 2003/2004	4.507	1.398	1:3,22
WS 2004/2005	5.764	1.515	1:3,80
WS 2005/2006	5.813	1.536	1:3,78
WS 2006/2007	5.568	1.483	1:3,75
WS 2007/2008	5.343	1.508	1:3,54
WS 2008/2009	5.480	1.495	1:3,67
WS 2009/2010	5.899	1.500	1:3,93
WS 2010/2011	6.303	1.497	1:4,21
WS 2011/2012	7.115	1.502	1:4,74
WS 2012/2013	7.082	1.525	1:4,64
WS 2013/2014	6.943	1.494	1:4,6
WS 2014/2015	6.369	1.516	1:4,2

Zu dieser deutlichen Verschärfung der Konkurrenzsituation tragen die deutlich verbesserten beruflichen Aussichten in den medizinischen Berufen (Stichwort: Ärztemangel), andererseits die nur vorübergehend gestoppten Mittelkürzungen und schließlich in der Humanmedizin die Einführung von sog. Modellstudiengängen bei. Jede dieser Maßnahmen hat für sich zu einer Herabsetzung der früher vorhandenen Ausbildungskapazitäten geführt und wird dazu auch in Zukunft weiter führen.

Die Zunahme der Zulassungszahlen ab dem Wintersemester 1998/1999 bis zum Wintersemester 2011/2012 in den vorstehenden Tabellen geben insoweit ein falsches Bild. Diese Zunahme beruht darauf, dass in diesen Jahren immer mehr Hochschulen vom Semesterbetrieb (Zulassung im Sommersemester und im Wintersemester) auf die Jahreszulassung (Zulassung nur im Wintersemester) umgestiegen sind und – bis auf 9 Universitäten in der Humanmedizin und 14 Universitäten in der Zahnmedizin – die gesamten Studienplätze nur im Wintersemester vergeben.

In den vergangenen Jahren hat zum Beispiel das Land Berlin in einem kontinuierlichen Prozess – u. a. durch die Zusammenlegung der Hochschulmedizin an der Charité der Humboldt-Universität Berlin – die Zahl der Human- und Zahnmedizinstudienplätze auf weniger als die Hälfte reduziert. Auch in anderen Bundesländern setzt sich der Abbau der Studienplatzkapazitäten in den Studiengängen Humanmedizin und Zahnmedizin – dies sind die „teuersten Studienplätze“ – aufgrund der Haushaltslage dramatisch fort, so in Hessen, Niedersachsen, Hamburg und einigen Universitäten in den „neuen“ Bundesländern, wie zum Beispiel in Leipzig und Dresden.

b) Klagechancen im Fach Humanmedizin – Vorklinik

Im Studiengang Humanmedizin wurden bis zum Wintersemester 2002/2003 fast alle klagenden Studienbewerber nach spätestens einem Jahr auf dem Gerichtswege zugelassen, sofern sie sich für ein „Rundschlagverfahren“ (ca. 12 bis 15 Verfahren) gegen alle erfolgversprechenden Universitäten entschlossen hatten. In den folgenden Studienjahren ist die Erfolgsquote – auch weil damals viele Studienbewerber auf Kosten der Rechtsschutzversicherungen klagen konnten – deutlich gesunken.

Seit dem Wintersemester 2010/2011 ist sukzessive auch ein deutlicher Rückgang der Anzahl der Studienplatzkläger sowohl im 1. als auch in den höheren Semestern zu verzeichnen.

Wir führen diesen Rückgang auf folgende Faktoren zurück:

- Viele Universitäten – 19 im Studiengang Humanmedizin – lassen sich durch einen eigenen Anwalt vertreten. Das macht die gerichtlichen Verfahren – insbesondere in Baden-Württemberg und Berlin – richtig teuer, ohne dass dies wesentlichen Einfluss auf die Erfolgsaussichten hat.

- Bis 2010 haben viele Rechtschutzversicherungen die Studienplatzklagen gedeckt und bezahlt. Seit 2011 haben die meisten Rechtsschutzversicherer im Bereich des Verwaltungsrechts die Studienplatzklagen aus ihrem Versicherungsumfang herausgenommen, so dass in der Regel nur noch „Altverträge" die Studienplatzklagen umfassen.
- Die Doppelabiturjahrgänge und der Wegfall der Wehrpflicht haben in der jüngsten Vergangenheit viele potentielle Studienplatzkläger abgeschreckt, da sie dachten, dass viele Bewerber klagen werden und es sich deshalb erst gar nicht lohnt, es zu versuchen.
- Immer mehr europäische Hochschulen bieten das Studium der Humanmedizin und Zahnmedizin gegen hohe Studiengebühren an und die Studienplatzbewerber ziehen ein Auslandsstudium der Wartezeit in Deutschland oder der flankierenden Studienplatzklage vor.

Weitere Informationen hierzu haben wir im 7. Kapitel „Studienmöglichkeiten im Ausland" dargestellt.

- Die Einführung von Modellstudiengängen: Gerade bei den Modellstudiengängen haben sich die Klagechancen als erheblich geringer erwiesen. Zum Einen sind dort die Hochschulen bei der Kapazitätsberechnung freier, zum Anderen sind die Studiengänge zwischenzeitlich so speziell organisiert, dass insbesondere ein Quereinstieg dort nicht mehr möglich ist.

Aufgrund unserer – was die Autoren Dr. Brehm und Dr. Zimmerling betrifft – fast 40-jährigen Erfahrung sind wir der festen Überzeugung, dass es auch im Wintersemester 2015/2016 und in den Folgesemestern bzw. Folgejahren für klagende Studienbewerber eine Reihe von Studienplätzen über die Verwaltungsgerichte in den Klageverfahren geben wird. Die Studienplatzkläger müssen sich jedoch auf eine längere Verfahrensdauer bei der Vergabe von Studienplätzen einstellen. Dies gilt bereits für die Eilverfahren I. Instanz (Antrag auf Erlass einer einstweiligen Anordnung) und – im Falle der Durchführung – für Eilverfahren II. Instanz (Beschwerdeverfahren).

Da jedoch nach unserer Einschätzung nicht alle tatsächlich vorhandenen Kapazitäten bereits in den Eilverfahren vergeben werden, hat es sich bei einigen Universitäten als sinnvoll herausgestellt, nach Abschluss der Eilverfahren auch die Hauptsacheverfahren (Klageverfahren) einzuleiten und durchzuführen. Dort hat es in der Vergangenheit noch eine Reihe von Studienplätzen bei geringer Klägerzahl gegeben. Diese Hauptsacheverfahren dauern derzeit in der I. Instanz vor den Verwaltungsgerichten jedoch zwei bis drei Jahre. Deshalb brauchen die Bewerber – außer den erforderlichen finanziellen Möglichkeiten – auch Geduld, Geduld, Geduld!

Wie bereits erwähnt, hat maßgeblichen Einfluss auf die Erfolgsaussichten und auf die Dauer der Zulassungsverfahren auch die Anzahl der Studienplatzkläger. Diese haben sich vom Wintersemester 2010/2011 bis zum WS 2014/2015 teilweise auf nur noch 30 % reduziert.

Als Beispiel wollen wir Ihnen die Zahlen der Humanmedizin-Verfahren gegen die Universitäten Göttingen und Dresden im 1. Fachsemester nennen. In Göttingen klagten im Wintersemester 2010/2011 ca. 692, im Wintersemester 2011/2012 ca. 323, im Wintersemester 2012/2013 ca. 534, im Wintersemester 2013/2014 ca. 423 und im Wintersemester 2014/2015 ca. 244 Medizinbewerber. In Dresden waren es im Wintersemester 2010/2011 ca. 1.000, im Wintersemester 2011/2012 ca. 466, im Wintersemester 2012/2013 ca. 229 und im Wintersemester 2013/2014 ca. 368 Bewerber im Studienplatz Humanmedizin.

Entsprechend ist die Entwicklung an den anderen Universitäten, insbesondere dann, wenn diese sich – wie inzwischen 19 Universitäten, darunter auch Göttingen und Dresden – anwaltlich vertreten lassen.

Auch wenn die von uns vertreten Studienplatzkläger in der Vergangenheit eine gute Erfolgsquote aufweisen konnten, halten wir es für unseriös, die künftigen Erfolgschancen prozentual zu beziffern, zumal diese auch von der Qualität der anwaltlichen Vertretung beeinflusst werden. Auch wäre jede Angabe relativ: Für einen Bewerber ist eine Zulassungswahrscheinlichkeit von bis zu 50 % und mehr bei einer Verfahrensdauer von zwei bis drei Jahren angesichts der sonst drohenden mehrjährigen Wartezeit eine akzeptable Chance. Demgegenüber sieht ein anderer Bewerber diese Chance angesichts der Kosten als unzureichend an und entscheidet sich deshalb gegen solche Verfahren.

Hinweis

Nur Sie selbst können auf der Basis Ihrer Informationen entscheiden, ob Ihnen die Chance, mit Ihrem Studium möglicherweise mehrere Jahre früher zu beginnen, den finanziellen Aufwand, die Studienplatzklagen mit sich bringen, wert ist. Wir sind nach wie vor der Auffassung, dass der Studienplatzprozess in der Form des Kapazitäts-Klageverfahrens für Bewerber, die nach Leistung und Wartezeit über *hochschulstart.de* in absehbarer Zeit keine Zulassungschance haben, eine sinnvolle Alternative – neben der Bewerbung im europäischen Ausland – darstellt.

Trotz der Verlängerung der Verfahrensdauer, der gesunkenen Chancen und der gestiegenen Kosten sehen wir im Hinblick auf weiter steigende Wartezeiten bei *hochschulstart.de* – neben einem Auslandsstudium im europäischen Ausland oder in Österreich – realistisch keine andere Alternative als den Studienplatzprozess. Dies gilt um so mehr, als – wie nachfolgend ausgeführt – die Studienplatzbewerber mit angerechneten Studienleistungen und Studienzeiten aus dem Ausland in Zukunft erhebliche Probleme haben werden, einen Studienplatz im Zweiten Studienabschnitt (der Klinik) zu erhalten.

Wir empfehlen daher auch dann, wenn ein Studium im Ausland aufgenommen wird, sich über die Möglichkeiten, die Erfolgsaussichten und die Sinnhaftigkeit einer Studienplatzklage im höheren Fachsemester anwaltlich beraten zu lassen. Zwar hat für das Studium in der Bundesrepublik Deutschland die letzte Aktualisierung der ärztlichen Ausbildungsordnung (ÄAppO) die Aufnahme des Studiums zum Beispiel im zweiten Fachsemester weiter erheblich erschwert und zum Beispiel bei den Jahresuniversitäten muss mit einer Verzögerung der Studienaufnahme um ein Jahr gerechnet werden.

Hinweis

Sollten Sie über anrechenbare Studienleistungen aus dem Ausland oder aus anderen Studienfächern verfügen, sollten Sie sich diese auf das beabsichtigte Studium der Humanmedizin von den zuständigen Landesprüfungsämtern für Heilberufe anrechnen lassen und dann für ein höheres Fachsemester klagen.

Wer aufgrund eines Auslandsstudiums oder aufgrund eines Quereinstiegsstudiums in der Bundesrepublik ein oder gar zwei Semester auf das beabsichtigte Studium der Human- oder der Zahnmedizin angerechnet bekommen hat, hat gegenüber Studienanfängern in allen Studiengängen erhöhte Chancen. Außerdem steigt während dieser Zeit die Wartezeit nicht an; die Bewerber bleiben auf ihrer Wartezeit „sitzen“. Derjenige, für den es keine Alternative zu seinem Wunschstudiengang gibt und der auch bereit ist, zu warten, sollte daher den Quereinstieg bleiben lassen.

Eine Quereinstiegsmöglichkeit haben in dem jeweils anderen medizinischen Studiengang allerdings die Bewerber, die eine Prüfung endgültig nicht bestanden haben, denn die Scheine laufen ja weitgehend parallel und sind daher auf den anderen Studiengang anrechenbar, also z. B. medizinische Scheine in Anatomie, Physiologie und Biochemie.

c) Klagechancen im Fach Humanmedizin – Klinik

Im Zweiten Studienabschnitt (Klinik) wird die Zahl der Studenten pro Krankenbett im Rahmen des sog. bed-side-teaching verringert. Damit schlägt der an den meisten Universitäten bestehende Engpass der sog. „patientenbezogenen Kapazität“ voll auf die Kapazität der Klinik als korrigierender Faktor durch. Dies hat in den letzten Jahren in stark steigendem Maß dazu geführt, dass Studierende mit bestandenem Ersten Abschnitt der Ärztlichen Prüfung bzw. im Umfang des Ersten Abschnitts anerkannten Studien- und Prüfungsleistungen aus dem EU-Ausland mit einem Zulassungsantrag für die Klinik mit allen ihren eigenen Bewerbungen abgelehnt wurden und einen Studienplatz im klinischen Ausbildungsabschnitt einklagen mussten und müssen.

In den nächsten Jahren rechnen wir wegen der großen Zahl der Auslandsstudenten (zum Beispiel in Ungarn, Polen, Lettland, Litauen, Slowakei, Tschechei, Kroatien, Bulgarien, Rumänien und Russland) mit der Zunahme dieser Zulassungsverfahren zur klinischen Ausbildung. Bereits jetzt können wir sagen, dass nicht alle Bewerber mit abgeschlossenem Ersten Abschnitt der Ärztlichen Prüfung beim ersten Versuch eine Zulassung für die Klinik – sei es aufgrund eigener Bewerbung, sei es aufgrund von Gerichtsverfahren – erhalten werden.

Daher ist es für diese Bewerber auch wichtig – neben ihrer Bewerbung für ein höheres Fachsemester oder die Klinik – bei ihrer *hochschulstart.de*-Bewerbung für das 1. Fachsemester eine sinnvolle Strategie zu fahren, die im Falle einer Erstsemesterzulassung eine „Durchstufung" in die Klinik ermöglicht. Dies bedarf natürlich einer konkreten und verlässlichen Einschätzung der Durchstufungschancen und damit einer konkreten Kenntnis und Übersicht über die klinischen Kapazitäten an allen 35 medizinischen Universitäten.

In keinem der medizinischen Studiengänge können wir die Bewerber- und Klägerzahl für die kommenden Semester einschätzen. Grundsätzlich gilt – dies wollen wir noch einmal wiederholen: Je weniger Bewerber, umso weniger Kläger; je weniger Kläger, umso größer die Chance – gleiches gilt natürlich auch umgekehrt.

d) Klagechancen im Fach Zahnmedizin

Auch im Studiengang Zahnmedizin sind die Chancen gesunken, obwohl die Klägerzahlen auch hier deutlich zurückgegangen sind. Die Chancen liegen – anders als früher – teilweise erheblich unter den Chancen im Studiengang Humanmedizin. Die Unsicherheit unserer Erfolgsprognose beruht darauf, dass bisher aufgrund der bislang nicht ganz so hohen Anforderungen (Zulassung bei einer zwischen 0,1 und 0,3 höheren Abiturnote günstiger als im Studiengang Humanmedizin) bei einer *hochschulstart.de*-Bewerbung viele potentielle Humanmedizinstudenten den Umweg über die Zahnmedizin, die Erbringung von Studienleistungen und deren Anrechnung auf das beabsichtigte Medizinstudium in die Humanmedizin suchen.

Wir raten daher nach wie vor auch zu der Einklagung eines Zahnmedizinplatzes, allerdings nur an ausgewählten Universitäten und an nicht mehr als derzeit voraussichtlich 10 bis 12 Universitäten im Wintersemester und fünf bis sechs Universitäten im Sommersemester.

e) Klagechancen im Fach Tiermedizin

Im Studiengang Tiermedizin sind die Chancen am geringsten von allen medizinischen Studiengängen. Eine Klage ist – mit Ausnahme einer Klage auf Zulassung in ein höheres Fachsemester aufgrund anrechenbarer Studienleistungen aus einem Park- oder Auslandsstudium – regelmäßig nur im Wintersemester möglich. Hier können wir auch zu einem Auslandsstudium in Ungarn raten.

Zusammenfassend: Die Zahl der Kläger – aber auch die Chancen – sind gering.

f) Klagechancen im Fach Pharmazie

Im Studiengang Pharmazie ist die Nachfrage gering und die Chancen daher groß. Wir gehen davon aus, dass es für eine Zulassung ausreicht, wenn nur einige – etwa fünf bis sechs – Hochschulen verklagt werden, um den Wunschstudienplatz zu erhalten.

III. Dauer der Studienplatzklagen

Die Frage nach der Dauer lässt sich nicht mit einem Satz beantworten. Jedoch muss sich der Studienplatzkläger über eines klar sein:

In der Regel ist kein Studienbeginn in dem Semester möglich, in dem bzw. für das geklagt wird. Wer also einen Platz für das Wintersemester 2015/2016 einklagen will, kann – jedenfalls in den oben aufgeführten Studiengängen – mit einem Studienbeginn erst im Sommersemester 2016 oder gar im Wintersemester 2016/2017 rechnen. Es ist wegen der Dauer der Gerichtsverfahren in der Regel nicht möglich bereits im Klagesemester – also zum Beispiel dem Wintersemester 2015/2016 – mit dem Studium zu beginnen.

Denn: Nur wenige Gerichte entscheiden die sogenannten Eilverfahren so zeitnah zum Semesterbeginn, dass noch „regelmäßig" und „mit Erfolg" an den Lehrveranstaltungen des Semesters teilgenommen werden kann. Die meisten Studien- und Praktikumsordnungen sehen vor, dass ein „regelmäßiges" Studium nicht mehr möglich ist, wenn ein Student 10 % oder 15 % der Lehrveranstaltungen des Semesters versäumt hat. Der größte Teil der Verwaltungsgerichte entscheidet jedoch erst im Verlaufe des konkreten Semesters, einige Verwaltungsgerichte erst gegen Ende des Klagesemesters und einige sogar erst in den anschließenden „Semesterferien" oder dem Folgesemester.

Wenn Bewerber nach erfolglosen Eilverfahren I. Instanz und positiver Prüfung der Erfolgsaussichten ein Beschwerdeverfahren (Eilverfahren II. Instanz) durchführen – hierzu besteht Anwaltszwang –, so dauern die „Eilverfahren" insgesamt bis zu einem Jahr. Daher sollten sich die Bewerber von vornherein auf eine Verfahrensdauer von (mindestens) 6 Monaten und damit auf den „Verlust" von mindestens einem Semester – wenn nicht sogar mehr – einstellen. Bei unseren statistischen Erhebungen zum Klageerfolg gehen wir von einer Dauer von einem Jahr in den medizinischen Studiengängen aus. Nach einem Jahr hoffen wir, einen erheblichen Teil unserer Mandanten untergebracht zu haben.

Hiervon ausgenommen sind die meisten Bachelor- oder Master-Studiengänge. Wenn nur wenige Bewerber klagen, lassen sich einige Hochschulen auf einen Vergleich – Zulassung gegen Rücknahme des Antrags bei Gericht – ein, um dem Bewerber/den Bewerbern den rechtzeitigen Studienstart zu ermöglichen.

Die lange Verfahrensdauer beruht u. a. darauf, dass die tatsächlichen und rechtlichen Schwierigkeiten der Verfahren deutlich gestiegen sind und dass die Gerichte den in der Verfassung festgelegten Grundsatz des rechtlichen Gehörs beachten müssen. Dies bedeutet, dass die Gerichte beiden Prozessparteien – dem Studienbewerber und der Hochschule – genügend Zeit zur Stellungnahme geben müssen. Auch reichen manche Hochschulen ihre Datensätze, also die Kapazitätsberechnungsunterlagen, erst mit Verzögerung und nach mehrmaliger Aufforderung bei Gericht ein.

Viele Verfahren ziehen sich in das nächste Semester hin. Dies ist rechtlich möglich: Die konkreten zum Beispiel auf das Wintersemester 2015/2016 bezogenen Studienplatzverfahren enden nicht mit dem Ende dieses Semesters oder auch des konkreten Studienjahres. Diese Verfahren werden vielmehr „nach den Rechtsverhältnissen des Bewerbungssemesters" geführt: Nur auf die aktuellen Verhältnisse dieses konkreten Semesters kommt es an, gleich wie lange das gerichtliche Verfahren dauert bzw. wann ein Verwaltungsgericht entscheidet. So ist es ohne weiteres möglich, dass im Frühjahr 2016 oder im Herbst 2016 ein Gericht eine Hochschule verpflichtet, einen Bewerber als Studienplatzkläger im ersten Fachsemester nach den Rechtsverhältnissen des WS 2015/2016 zuzulassen. Wer – wie regelmäßig – erst lange nach Beginn des Semesters eine Zulassung erhält, kann in diesem längst vergangenen Semester – und bei Jahres-Universitäten oft auch im darauf folgenden Sommersemester – natürlich in der Regel nicht mehr studieren. Daher muss der Bewerber damit rechnen, dass er das Studium erst zum darauf folgenden Semester bzw. beim Jahresbetrieb erst zum Beginn des nächsten Wintersemesters sinnvoll aufnehmen kann.

IV. Der gewünschte Studienort bei der Studienplatzklage

Auch hier hängt wieder alles vom Studienfach ab. In den „weichen" Numerus clausus-Fächern, den Bachelor-Studiengängen (Ausnahme Psychologie), mit sehr diversifizierten Studienmöglichkeiten und geringen Klägerzahlen ist der gewünschte Studienort oft realisierbar. In diesen Studiengängen und den Fächern, in denen nur wenige Bewerber klagen, gibt es mit Glück die Möglichkeit, am Heimatort zu bleiben.

In den medizinischen Fächern und der Psychologie (Bachelor) dagegen fast nie. Beinahe alle Studienplatzkläger in diesen Fächern müssen den „elterlichen Haushalt" verlassen. Dies beruht auf der Zahl der Verfahren in diesen Studiengängen, in denen es aufgrund der Verlosung der freien Kapazitäten dem Zufall überlassen bleibt, wo der Bewerber ausgelost wird und damit eine Zulassung erhält.

V. Notwendigkeit der eigenen Bewerbung vor der Studienplatzklage

Bis 2010 konnten Studienplatzverfahren in der Regel auch geführt werden, wenn sich der Studienplatzkläger entweder gar nicht oder nicht in seinem Wunschfach bei den Hochschulen oder *hochschulstart.de* beworben hatte. Seinerzeit waren lediglich zum Beispiel bei der Durchführung von Prozessen gegen die Universitäten Hamburg, Kiel, Lübeck und Mainz die Vorlage eines Ablehnungsbescheides erforderlich, da dort eventuelle freie Plätze unter anderem nach den Rangziffern der Bewerbung vergeben wurden. Diese Hochschulen schieden dann im Klageprogramm aus, wenn keine eigene Bewerbung nachgewiesen werden konnte.

Heute ist die eigene Bewerbung für seinen Wunsch-Bachelor- oder Masterstudiengang zum Teil dringend erforderlich bzw. empfehlenswert. In den medizinischen Studiengängen ist eine eigene Bewerbung in bestimmten Bundesländern ebenfalls dringend erforderlich bzw. Voraussetzung für die Studienplatzverfahren. Die Rechtslage und Rechtsprechung sieht – derzeit – vor, dass die Möglichkeiten der Studienplatzverfahren in den Bundesländern Baden-Württemberg (Heidelberg, Heidelberg/Mannheim, Freiburg, Ulm und Tübingen), Hessen (Frankfurt, Gießen und Marburg), Mecklenburg-Vorpommern (Rostock und Greifswald), Thüringen (Jena), Nordrhein-Westfalen (Aachen, Bochum, Bonn, Duisburg-Essen, Düsseldorf, Köln und Münster) und Hamburg davon abhängig ist, ob der Studienplatzkläger sich für die betreffenden Universitäten bei *hochschulstart.de* beworben hat. Dies betrifft somit 19 Hochschulen, während zum Beispiel im Auswahlverfahren der Hochschulen nur 6 Hochschulen angegeben werden können. Wer sich nicht selbst für einen Studienplatz in diesen Bundesländern beworben hat, wird von den Verwaltungsgerichten wegen Fehlens eigener Bewerbung abgewiesen und nicht in die Vergabe etwaiger außerkapazitärer Studienplätze einbezogen.

Wir empfehlen unseren Mandanten sich auf jeden Fall bei *hochschulstart.de* in allen drei Quoten zu bewerben. Auch wenn sie über Anrechnungen für ein höheres Fachsemester verfügen, empfehlen wir ihnen sich neben ihrer Bewerbung für das höhere Fachsemester bei den Hochschulen direkt, auch bei *hochschulstart.de* für das 1. Fachsemester zu bewerben.

Studienplatzkläger für einen medizinischen Studienplatz sollten bei ihrer Bewerbung bei *hochschulstart.de* für das 1. Fachsemester ihre Chancen einen Studienplatz aufgrund ihrer Abiturnote und gegebenenfalls weiterer Kriterien im Auswahlverfahren der Hochschulen (AdH-Verfahren) zu erhalten, realistisch und sorgsam abwägen.

Hinweis

Wenn eine Zulassung aufgrund Ihrer eigenen Bewerbung bei *hochschulstart.de* unrealistisch ist, sollten Sie Ihre Bewerbung in allen drei Quoten (Abiturbestenquote, Wartezeitquote und Auswahlverfahren der Hochschulen) gemeinsam mit Ihrem Anwalt auf die gerichtlichen Studienplatzverfahren abstimmen bzw. optimieren.

Wichtig

Ihr Anwalt sollte Ihnen raten können, für welche Hochschulen Sie sich in welcher Quote bewerben müssen.

Wenn die Bewerbungsfrist bei *hochschulstart.de* – gleich aus welchen Gründen – versäumt wurde, so scheiden Studienplatzverfahren in der Regel in den genannten Bundesländern aus. Jedoch gibt es auch hier bei Verwaltungsgerichten der Länder unterschiedliche Rechtsprechung, die es zu beachten gilt.

VI. Zeitpunkt der Einleitung der Verfahren

Die Verfahren sollten möglichst früh, aber nicht zu früh, eingeleitet werden.

Viele Bewerber denken daran, sich bei den Universitäten auf einen ungenutzten („verschwiegenen" oder sog. außerkapazitären) Studienplatz erst dann zu bewerben, nachdem sie den Ablehnungsbescheid von der Hochschule oder von *hochschulstart.de* erhalten haben, denn – so die Vorstellung – erst dann wissen sie ja definitiv, dass sie keinen Studienplatz in ihrem Wunschstudium erhalten haben. Aber das ist naiv gedacht: In fast allen Verfahren müssen Fristen eingehalten werden und zwar sowohl für die außergerichtliche (außerkapazitäre) Bewerbung bei der Hochschule, als auch für die Einleitung der Eilverfahren bei den Verwaltungsgerichten.

Grundsätzlich sind zwei Verfahrensschritte unterscheiden:

1. Außergerichtliche Bewerbung an die Hochschulen

Voraussetzungen für die Durchführung gerichtlicher Studienplatzverfahren/Studienplatzklagen sind frist- und formgerechte außergerichtliche Bewerbungen an die Hochschulen um einen außerkapazitären Studienplatz. Für diese Anträge bei den Universitäten gibt es Fristen in den verschiedenen Bundesländern, so zum Beispiel der 15. Juli, 1. September, 1. Oktober und 15. Oktober für ein Wintersemester und der 15. Januar, 1. März, 1. April oder 15. April für ein Sommersemester. Bei manchen Universitäten muss der Antrag bis zum ersten Vorlesungstag, bei manchen bis zum letzten Vorlesungstag gestellt werden. Von dieser Rechtszersplitterung können die Studienbewerber natürlich nicht wissen.

In vielen Fällen sehen diese Normen auch zwingend die Beifügung von bestimmten Unterlagen wie (beglaubigtes) Hochschulreife-Zeugnis oder Vollmacht für diesen Antrag vor, oder es wird verlangt, dass bestimmte Erklärungen abgegeben werden, zum Beispiel darüber, dass der Bewerber noch nirgendwo eingeschrieben ist oder wo er bisher studiert hat. Wenn die Bewerber die länderspezifischen außergerichtlichen Bewerbungsfristen versäumen oder die – unterschiedlichen – vorgeschriebenen Formen nicht beachten, wird das Verwaltungsgericht den gerichtlichen Antrag bereits mit der kurzen Begründung abweisen, sie hätten die durch die konkrete Vergabeverordnung gesetzte Frist versäumt oder die vorgeschriebene Form für den notwendigen Bewerbungsantrag, der Voraussetzung für den Gerichtsantrag ist, nicht beachtet. Zu einer Kapazitätsprüfung kommt es dann schon nicht mehr.

Hiervon zu unterscheiden sind die eigenen Bewerbungen auf einen sog. innerkapazitären Studienplatz, die wir vorstehend im 2. Kapitel „Bewerbung um einen Studienplatz in einem Bachelor-Studiengang (örtliches Vergabeverfahren)“, 3. Kapitel „Bewerbung um einen Studienplatz in einem Master-Studiengang (örtliches Vergabeverfahren)“ und 4. Kapitel „Bewerbung um einen Studienplatz im Studiengang Humanmedizin, Zahnmedizin, Tiermedizin oder Pharmazie“ eingehend beschrieben haben.

An dieser Stelle dürfen wir auch noch einmal auf die mittlerweile häufig notwendige eigene (sog. innerkapazitäre) Bewerbung auch für die gerichtlichen Studienplatzverfahren (9. Kapitel „Die Studienplatzklage als alternativer Weg zum Wunschstudium“ unter „V. Notwendigkeit der eigenen Bewerbung vor der Studienplatzklage“) hinweisen.

2. Gerichtliche Verfahren vor den Verwaltungsgerichten

Mit diesem – notwendigen, rechtzeitigen und unter Beachtung der Formvorschriften zu stellenden – „Antrag auf Zulassung außerhalb der festgesetzten Kapazitäten“ müssen die Bewerber gegenüber der Hochschule die Studienplatzklage ankündigen. Juristisch ausgedrückt: Sie müssen ein „streitiges Rechtsverhältnis“ zwischen sich und der Hochschule herstellen. Hierbei ergibt sich aus den verschiedenen außergerichtlichen Fristen und den von den Gerichten gesetzten Fristen für die Einreichung der gerichtlichen Anträge zwangsläufig, dass sie die gerichtlichen Studienplatzverfahren nicht zeitlich gestaffelt führen können. Es ist daher nicht möglich, zunächst die Hochschulen zu verklagen, bei denen die Bewerber am liebsten eine Zulassung erhalten möchten und erst dann die anderen Verfahren einzuleiten.

Besonders in den medizinischen Fächern ist es unbedingt notwendig, zahlreiche Hochschulen gleichzeitig zu verklagen und auf eine Zulassung – wo auch immer – zu hoffen.

Im Übrigen gilt auch für die gerichtlichen Verfahren der Grundsatz: „Was weg ist, ist weg!“ Hat das Gericht nämlich bereits entschieden und die vorhandenen ungenutzten Studienplätze bereits zu einem Zeitpunkt verteilt, zu dem sie den Antrag beim Gericht einreichen, wird dieser Antrag bereits mit der Begründung abgewiesen werden, die Studienplätze seien bereits verteilt und weitere stünden nicht zur Verfügung.

Wenn ein Bewerber eine Zulassung an einem Studienort erhalten, den er sich nicht freiwillig ausgesucht hätte, hat er selbst die Möglichkeit, sich zum darauf folgenden Semester bei allen Hochschulen um eine Zulassung im 2. Fachsemester zu bewerben. Je mehr Scheine er hat bzw. Fachsemester er studiert hat, umso höher ist die Chance, aufgrund eigener Bewerbung zu wechseln.

Soweit es um einen konkreten Studienortwunsch geht, ist dieser jedenfalls in den medizinischen Fächern in der Regel nicht realisierbar. Nur wenige Studienbewerber haben das Glück, den Studienplatz im Wunschstudium an ihrer Wunsch-Universität zu erhalten. Außerdem: Durch die Beschränkung auf die Wunsch-Universität (en) schränken die Bewerber ihre Zulassungschance ein. Ebenso wenig macht es Sinn, wenn sie sich die Hochschulen, an denen sie studieren wollen, nach irgendwelchen Universitäts-Rankings aussuchen, wenn es dort mit einiger Sicherheit keine Studienplätze gibt. Allerdings macht es auch keinen Sinn, einen Studienplatz an einem Studienort einzuklagen, an dem der Bewerber unter keinen denkbaren Umständen studieren will.

Zusammenfassend weisen wir auf die Notwendigkeit hin, bei der Einleitung der Verfahren die speziellen Fristen, Formen und beizufügenden Anlagen zu beachten, die oft von Bundesland zu Bundesland verschieden sind. Nach unseren Erfahrungen scheitern Studienbewerber, die nicht (oder schlecht) anwaltlich vertreten sind, häufig an den Fristen und anderen Formalien. Die Vordrucke für das Einklagen von Studienplätzen, die im Internet zu finden sind, gelten in der Regel nur für wenige Hochschulen. Die Besonderheiten in vielen Bundesländern werden entweder übersehen und/oder sind den Verfassern dieser Vordrucke nicht bekannt. So ist die Gefahr für einen nicht anwaltlich vertretenen Kläger, zu viel Gerichtskosten oder Kosten für den Universitätsanwalt zu investieren, erheblich höher. Gleiches gilt für die Gefahr, einen gerichtlich zugewiesenen Studienplatz wieder zu verlieren, weil die notwendigen Maßnahmen nicht oder nicht rechtzeitig ergriffen werden.

VII. Kosten der Studienplatzklage

1. Übersicht über die Kostenfaktoren

Bei der Studienplatzklage gibt es verschiedene Kostenfaktoren, die einkalkuliert werden müssen:

- die Vergütung des eigenen Anwalts,
- die außergerichtlichen Verwaltungskosten (Widerspruchsverfahren),
- die Gerichtskosten,
- die Auslagen der Hochschulen und
- bei einer Reihe von Hochschulen die Gebühren von Universitätsanwälten.

Die Höhe der insgesamt entstehenden Kosten ist abhängig von der Anzahl der Hochschulen, die verklagt werden und ob zum Beispiel nur ein Eilverfahren I. Instanz (Antrag auf Erlass einer einstweiligen Anordnung) notwendig oder sinnvoll ist. Teilweise muss ein Hauptsacheverfahren neben dem Eilverfahren eingeleitet werden, wenn die Hochschule gegen die im Eilverfahren geklagt wird während des laufenden Eilverfahrens einen Ablehnungsbescheid verschickt und dieser nicht bestandskräftig werden darf. Auch ist nach einer Entscheidung im Eilverfahren I. Instanz die Erfolgsaussicht der Einlegung einer Beschwerde (Eilverfahren II. Instanz) zu prüfen und gegebenenfalls zu führen.

Die Gerichtskosten, die Auslagen der Hochschulen und die Vergütung des eigenen Anwalts hängen von der Zahl der verklagten Hochschulen ab. Rechtsanwälte von Studienplatzbewerbern vereinbaren meistens im Rahmen einer Vergütungsvereinbarung eine nach der Zahl der verklagten Hochschulen gestaffelte Pauschalvergütung. Gebühren von Gegenanwälten entstehen bei allen anwaltlich vertretenen Hochschulen. Die Vergütung dieser Anwälte wird jeweils auf der Basis der gesetzlichen Regelung, dem Rechtsanwaltsvergütungsgesetz (RVG), gerichtlich festgesetzt.

Im Folgenden stellen wir im wesentlichen die Kosten der Eilverfahren I. Instanz (Antrag auf Erlass einer einstweiligen Anordnung) beispielhaft dar.

2. Vergütung des eigenen Rechtsanwalts

Damit die Studienbewerber ihren finanziellen Aufwand, zumindest was die Vergütung des eigenen Anwalts anbelangt, in Ansätzen kalkulieren können, pauschalieren in der Regel die Anwälte, die Studienplatzbewerber vertreten, ihre Vergütung nach der Anzahl der durchzuführenden Klagen; die hierbei in Rechnung gestellte Umsatzsteuer ist ein durchlaufender Posten des Anwalts. Häufig sind in dieser vereinbarten Pauschalvergütung sowohl die Anwaltsvergütung als auch die nach dem Gesetz zusätzlich zu berechnenden Sätze für Reisekosten, Porti und Telefon erfasst und werden nicht gesondert berechnet.

Rechnen Anwälte – als alternative Möglichkeit – entsprechend dem Verfahrensablauf jeden einzelnen Verfahrensabschnitt gesondert ab, ginge für den Mandanten jegliche Transparenz verloren. Vor allem würde die Vergütung im Laufe des Verfahrens durch die Einlegung von Rechtsmitteln ständig steigen. Dies ist jedoch für den einzelnen Mandanten ungerecht, da weder die klagenden Mandanten noch die sie vertretenden Anwälte überhaupt Einfluss auf die Vergabe der Studienplätze haben. Daher wird die Vergütung in der Regel in gleicher Höhe vereinbart, unabhängig davon, ob der Bewerber nach wenigen Wochen, erst nach einem Jahr, den Studienplatz über das Gericht erhält oder ob er Pech hat und keinen Platz erhält.

Die langjährige Erfahrung zeigt, dass die Studienplatzbewerber (bzw. die Eltern, die in der Regel für die Gebühren aufkommen) mit einer gemittelten Pauschalvergütung am besten umgehen können, weil sie damit ziemlich exakt kalkulieren können. Sie wissen nämlich wenigstens, wie hoch die Vergütung ihres Rechtsanwaltes sein wird.

3. Verwaltungsgebühren, Gerichtskosten und Auslagen der Hochschulen

a) Verwaltungsgebühren (außergerichtlich)

Bei einigen Hochschulen erhalten Bewerber auf die außergerichtliche außerkapazitäre Bewerbung einen Ablehnungsbescheid gegen den während des laufenden Eilverfahrens fristwahrend ein Hauptsacheverfahren eingeleitet werden muss, damit dieser Ablehnungsbescheid nicht bestandskräftig wird (Ablehnungsbescheid mit dem Rechtsmittel der Klage). Dies sind zum Beispiel Berlin, Frankfurt, Göttingen, Hannover, Oldenburg und die baden-württembergischen Universitäten.

Bei den Universitäten Hamburg, in Schleswig-Holstein und im Saarland ist zunächst ein Widerspruchsverfahren vorgeschrieben, das in einem Widerspruchsbescheid endet (Ablehnungsbescheid mit dem Rechtsmittel des Widerspruchs, dann folgt ein Widerspruchsbescheid mit dem Rechtsmittel der Klage). Die Hochschulen berechnen für das Widerspruchsverfahren Verwaltungsgebühren für die Bearbeitung des Widerspruchs gegen einen Ablehnungsbescheid.

b) Gerichtskosten

Gerichtskosten entstehen in den einstweiligen Anordnungsverfahren bereits mit der Einreichung des Antrags. Sie fallen auch nicht weg, wenn der Bewerber an einer anderen Hochschule einen Studienplatz erhält und das Verfahren durch Rücknahme des Antrags endet. In diesem Fall reduzieren sich die Gerichtskosten auf ein Drittel. Die gerichtlichen Antragsteller müssen daher bei jeder Universität, die sie verklagen, grundsätzlich mit einer Rechnung über angefallene Gerichtskosten rechnen. Die Gerichtskosten für die I. Instanz betragen nach dem seit dem 1. August 2013 geltenden Satz bei einem Streitwert von (in der Regel und höchstens) 5.000,00 € pro Verfahren 219,00 € und für die Beschwerde (Eilverfahren II. Instanz) 292,00 €. Dies sind allerdings die Maximalbeträge.

c) Auslagen der Hochschulen

Auch können die – nicht anwaltlich vertretenen – Hochschulen in den Gerichtsverfahren in jeder Instanz eine Kostenpauschale von 20,00 € pro Verfahren verlangen. Daher sollten die Bewerber pro verklagter Hochschule im Durchschnitt je Universität – auch im Hinblick auf mögliche Beschwerdeverfahren – 30,00 € für diese Kosten zurückstellen.

4. Die Kosten der die Hochschulen vertretenden Rechtsanwälte

Leider haben in den letzten Jahren immer mehr Universitäten in den Studiengängen Humanmedizin und Zahnmedizin und auch teilweise im Bachelor-Studiengang Psychologie einen Rechtsanwalt mit der Wahrnehmung ihrer Interessen beauftragt.

Zwar mindert die anwaltliche Vertretung einer Hochschule nicht die Chancen, erhöht aber erheblich die Kosten.

Aktuell sind dies im Studiengang Humanmedizin die Baden-Württembergischen Universitäten Freiburg, Ulm, Tübingen, Heidelberg und Heidelberg/Mannheim, die Universität Mainz, die Charité-Universitätsmedizin Berlin sowie die Universitäten Dresden, Leipzig, Rostock, Greifswald, Halle-Wittenberg, Hamburg, Lübeck, Göttingen, Hannover, Frankfurt, Duisburg-Essen und Oldenburg, somit insgesamt 19 von 35 Universitäten. Im Studiengang Zahnmedizin werden 15 von insgesamt 29 Universitäten anwaltlich vertreten: die

Baden-Württembergischen Universitäten Freiburg, Ulm, Tübingen und Heidelberg, die Universität Mainz, die Charité-Universitätsmedizin Berlin sowie die Universitäten Dresden, Leipzig, Rostock, Greifswald, Halle-Wittenberg, Hamburg, Göttingen, Hannover und Frankfurt. In der Psychologie (Bachelor) haben zum Beispiel die Hochschulen Freiburg, Heidelberg, Mannheim, Halle-Wittenberg, Leipzig und Mainz einen Anwalt. Allerdings ist nicht auszuschließen, dass sich noch weitere Hochschulen diesem Beispiel anschließen. Hierdurch verteuern sich die Verfahren weiter. In der Regel können die Bewerber diese Anwalts-Universitäten trotz des dadurch erheblich höheren Kostenrisikos nicht (alle) aus dem Klageprogramm nehmen, da oft gerade an solchen Universitäten erhebliche zusätzliche Kapazitäten bestehen. Hinzu kommt, dass – in der Regel – aus Kostengründen die Zahl der Studienplatzkläger an diesen Universitäten geringer ist als an den Universitäten, an denen eine solche Kostenbelastung nicht besteht, denn nicht alle können es sich finanziell leisten, auch noch ein solches Kostenrisiko einzugehen.

Ob es sinnvoll ist, auch eine anwaltlich vertretene Hochschule zu verklagen, können die Bewerber natürlich nicht selbst wissen. Sie brauchen hierzu den konkreten Rat eines Spezialisten, der sie hinsichtlich jeder anwaltlich vertretenen Hochschule über die Chancen und die Kosten informiert und dem Bewerber die Möglichkeit geben sollte, anwaltlich vertretene Universitäten aus dem Klageprogramm auszuschließen, auch wenn sich dadurch seine Zulassungschance verringert.

Die Kosten der Hochschulanwälte lassen sich ebenfalls nicht konkret im vornherein bestimmen. Sie belaufen sich zum Beispiel im Eilverfahren I. Instanz (Antrag auf Erlass einer einstweiligen Anordnung) im Studiengang Humanmedizin in der Vorklinik von 334,75 € (zum Beispiel Dresden und Göttingen) über 492,54 € (zum Beispiel Hannover und Rostock) bis zu 985,08 € (zum Beispiel Heidelberg und Ulm). Dort müssen regelmäßig neben dem Eilverfahren auch noch ein Hauptsacheverfahren eingeleitet werden, so dass der Universitäts-Anwalt in beiden Verfahren liquidieren kann. Weitere Einzelheiten würden an dieser Stelle zu weit gehen.

VIII. Studienplatzprozess und Rechtsschutzversicherung

Sollten der Studienplatzbewerber oder seine Eltern eine Rechtsschutzversicherung haben, ist zu prüfen, ob und in welchem Umfang die Rechtsschutzversicherung für die Kosten der Studienplatzverfahren eintreten müsste. Viele Versicherungen hatten in den Jahren 2000 bis 2010 diese Leistung in ihren Versicherungspaketen integriert, allerdings mit unterschiedlichen Voraussetzungen.

Die meisten Rechtsschutzversicherungen haben die Kostendeckung für Studienplatzverfahren seit ca. 2011 aus ihren Versicherungsbedingungen genommen, so dass bei den meisten Neuverträgen die Studienplatzverfahren nicht mehr im Versicherungsumfang enthalten sind.

Es gibt nur noch wenige Rechtsschutzversicherungen, die in – geringem Umfang – die Kostenübernahme von verwaltungsgerichtlichen Verfahren zur Erlangung eines Studienplatzes anbieten.

1. Die vertragliche Wartezeit bis zum Eintritt der Versicherung

Bei Neuabschluss einer Rechtsschutzversicherung hat man die Wartezeit zu beachten. Früher haben die Rechtsschutzversicherungen grundsätzlich eine Wartezeit von drei Monaten zugrunde gelegt. Derzeit vereinbaren einige Rechtsschutzversicherungen eine Wartezeit von bis zu drei Jahren. Daher sollte man sich vor Abschluss eines Versicherungsvertrages über die Wartezeit informieren. Diese beginnt in der Regel mit dem Vertragsabschluss, wenn die Prämie innerhalb von 14 Tagen gezahlt wird, sonst ab Eingang der Prämie. Die Wartefrist muss bei Eintritt des Versicherungsfalls – dazu sogleich – abgelaufen sein, sonst wird die Deckung bereits wegen Nicht-Einhaltung der Wartefrist verweigert.

2. Der Versicherungsfall

Streitig bei den Auseinandersetzungen mit den Rechtsschutzversicherungen ist stets die Frage des Versicherungsfalls. Liegt überhaupt ein Versicherungsfall vor, und wann ist dieser Versicherungsfall eingetreten? Teilweise wird die Auffassung vertreten, dass der Versicherungsfall mit der Bewerbung bei der Hochschule oder *hochschulstart.de* (oder mit deren Ablehnung) eingetreten ist. In der Regel gehen die Rechtsschutzversicherungen jedoch von der Verkündung der Zulassungszahlenverordnung im jeweiligen Gesetzblatt eines Bundeslandes aus, da sich unsere Mandanten in den Verfahren ja darauf berufen, dass diese Zulassungszahlen zu niedrig festgesetzt sind und damit die Kapazität nicht ausgeschöpft wird. Insoweit müssen wir vielfach mit den Rechtsschutzversicherungen außergerichtlich und gerichtlich streiten. Aus diesen Gründen können sich die Bewerber nicht mit absoluter Sicherheit darauf verlassen, dass ihre Rechtsschutzversicherung Rechtsschutz gewährt, selbst wenn ein entsprechender Versicherungsvertrag mit Deckung für Verwaltungsrecht besteht.

3. Probleme bei der Deckungsbewilligung

Allerdings bereiten auch dann, wenn das Verwaltungsrecht mitversichert ist, viele Rechtsschutzversicherungen ihren Versicherten (und uns, die wir unseren versicherten Mandanten helfen wollen,) bis zur Deckungsbestätigung erhebliche Schwierigkeiten. Dies gilt jedenfalls in den Fällen, in denen viele Hochschulen, zum Beispiel in den Studiengängen Humanmedizin und Zahnmedizin, verklagt werden sollen. Vielen Sachbearbeitern der Rechtsschutzversicherungen muss man erst erklären, warum es aus Chancengründen notwendig ist, gleichzeitig zahlreiche Zulassungsverfahren gegen verschiedene Universitäten zu führen. Üblicherweise wendet sich ein Versicherungsnehmer an die Rechtsschutzversicherung, weil er einen einzigen Prozess durchfechten will. Dass ein Versicherungsnehmer gleichzeitig mehrere Hochschulen verklagen will, bedarf daher einer eingehenden Darstellung, auch der Chancen an den einzelnen Universitäten.

4. Wann sollte man sich um Deckungsschutz bemühen?

Nach unseren langjährigen Erfahrungen ist es in der Regel wenig erfolgreich, wenn die Bewerber selbst um Deckungsschutz bitten, denn ein Laie auf dem Gebiet des Studienplatzprozesses ist aufgrund der oben geschilderten „Verständnis" – Probleme nicht in der Lage, der Rechtsschutzversicherung zu erklären, warum es notwendig ist, eine bestimmte Anzahl von Hochschulen zu verklagen und insbesondere welche Hochschulen sinnvoll verklagt werden können. Die Rechtsschutzversicherungen wollen in der Regel wissen, aus welchem Grunde wir bestimmte Hochschulen auswählen und andere nicht. Allerdings können die Bewerber dann, wenn die Rechtsschutzversicherung aufgrund ihres eigenen Antrags ablehnt, einen Anwalt beauftragen, die Frage des Deckungsschutzes zu klären. Auch wenn die Rechtsschutzversicherung für die außergerichtliche Korrespondenz mit den Universitäten keine Deckung gewährt, sondern erst für die Gerichtsverfahren, sollten die Bewerber diese möglichst früh anschreiben (lassen), damit eine Deckungsentscheidung möglichst bereits vor der Einreichung der Verfahren vorliegt. In der Regel müssen die Studienplatzverfahren jedoch eingeleitet werden, bevor eine abschließende Entscheidung bzw. Deckungszusage der Rechtsschutzversicherung vorliegt.

5. Abschluss einer Rechtsschutzversicherung

In Betracht kommt der Abschluss einer Rechtsschutzversicherung zum Beispiel, wenn ein Studienplatzbewerber beabsichtigt, sich für einen zulassungsbeschränkten Studienplatz zu bewerben, jedoch mit jahrelanger Wartezeit rechnen muss, bevor er von der Hochschule oder über *hochschulstart.de* eine Studienplatz erhalten wird, oder wenn er ein Bachelor-Studium begonnen hat oder beginnen wird und er Schwierigkeiten beim Erhalt eines Studienplatzes in einem Masterstudiengang erwartet und deshalb klagen möchte.

In jedem Fall gilt ein eingeschränkter Leistungsumfang, sodass aller Voraussicht nach nur ein Teil der entstehenden Kosten der Studienplatzverfahren gedeckt werden. Im Wesentlichen hängt dieses auch von der Anzahl der notwendigen Verfahren ab.

Oft schließen die Versicherungen Verträge auch mit einer sog. „Selbstbeteiligung" für jeden Rechtsschutzfall (das heißt für jedes der eingeleiteten Studienplatzverfahren) ab. Dieses senkt zwar den Versicherungsbeitrag. Die Selbstbeteiligung sollte aber nicht zu hoch gewählt werden (max. 250,00 € je Schadenfall), damit nicht zu viel eigenes zusätzliches Geld in versicherte Studienplatzverfahren investiert werden muss.

6. Die Vertragskündigung der Versicherer

Wenn ein Bewerber einmal eine Rechtsschutzversicherung wegen der Studienplatzverfahren in Anspruch genommen hat, erfolgt in der Regel die Kündigung des Versicherungsvertrages zum nächstmöglichen Zeitpunkt durch den Versicherer. Er stellt dann nämlich ein zu hohes Vertragsrisiko dar; insbesondere wenn er im ersten Durchgang den Studienplatz nicht erhalten hat, will natürlich die Versicherung möglichst nicht Gefahr laufen, einen weiteren „Rundschlag" finanzieren zu müssen.

IX. Prozesskostenhilfe und die Studienplatzklage

Prozesskostenhilfe wird bewilligt, wenn eine Prozesspartei nach ihren persönlichen und wirtschaftlichen Verhältnissen die Kosten der Prozessführung nicht, nur zum Teil oder nur in Raten aufbringen kann, wenn die beabsichtigte Rechtsverfolgung oder Rechtsverteidigung hinreichende Aussicht auf Erfolg bietet und nicht mutwillig erscheint.

1. Zu den persönlichen und wirtschaftlichen Verhältnissen

Prozesskostenhilfe (PKH) wird von den Gerichten grundsätzlich nur gewährt, wenn sowohl der Studienplatzbewerber/Antragsteller selbst als auch seine Eltern **wirtschaftlich bedürftig** sind. Es genügt also nicht, dass der Bewerber „arm" im Sinne des Gesetzes ist. Seine Eltern haben im Rahmen ihrer Unterhaltspflicht grundsätzlich die Verpflichtung, auch lebenswichtige Prozesse, zu denen angesichts der langen Wartezeit einen Studienplatz zu erhalten auch Studienplatzprozesse gehören, im Rahmen des Unterhaltsbedarfs zu finanzieren. Da bei der Prozesskostenhilfe staatliche Gelder vergeben werden, prüfen die Verwaltungsgerichte die wirtschaftlichen Voraussetzungen genau. Grundsätzlich werden die geforderten persönlichen und wirtschaftlichen Verhältnisse beim Bezug von öffentlichen Sozialleistungen und BAföG und in der Regel auch bei Arbeitslosenhilfe, erfüllt. Ist bei dem Bewerber oder seinen Eltern Grundvermögen, z. B. ein Haus, vorhanden, scheidet in aller Regel die Bewilligung von Prozesskostenhilfe aus.

2. Zur notwendigen Erfolgsaussicht

Weiterhin erforderlich ist eine – nach summarischer Prüfung durch das Gericht – zu bejahende Erfolgsaussicht. Zahlreiche Gerichte haben entschieden – auch das Bundesverfassungsgericht – dass die Wahrscheinlichkeit, dass ein Studienplatz vorhanden ist, für die Erfolgsaussicht ausreichen muss, denn die Frage, ob freie Studienplätze vorhanden sind, wird oft erst nach intensiver Aufklärung entschieden. Gibt es voraussichtlich Studienplätze, so darf aus heutiger Sicht die Erfolgsaussicht nicht verneint werden. Es gibt jedoch weiterhin zahlreiche Gerichte, die unzulässigerweise bei der Prozesskostenhilfe-Bewilligung auch die Erfolgsaussichten (Los-Chance) berücksichtigen.

Bewerber sollten sich deshalb realistischerweise darauf einstellen, dass die Verwaltungsgerichte nicht in allen gerichtlichen Verfahren

Prozesskostenhilfe bewilligen werden. In den Studiengängen Human- und Zahnmedizin sollten sie vorsorglich nicht damit rechnen, dass die Gerichte für mehr als fünf Hochschulen Prozesskostenhilfe bewilligen. Etwas anderes gilt in der Regel für die Bachelor-Studiengänge. Üblicherweise klagen in den Bachelor-Studiengängen nur einige wenige Studienplatzbewerber auf Zulassung zu dem konkreten Studiengang. Dass bei mehreren tausend Bachelor-Studiengängen an allen deutschen Hochschulen sich die Anzahl der Studienplatzkläger auf verschiedene Hochschulen und Studiengänge verteilt, ist ohne weiteres nachvollziehbar. Wenn außer dem konkreten Bewerber nur wenige andere Studienplatzbewerber in dem gleichen Studiengang gegen die gleiche Hochschule klagen, sind die Aussichten auf Bewilligung von Prozesskostenhilfe beachtlich.

3. Aus zeitlichen Gründen müssen PKH-Antrag und Gerichtsantrag gleichzeitig gestellt werden

Anders als bei anderen gerichtlichen Verfahren – zum Beispiel im Familienrecht – ist es in den Studienplatzverfahren grundsätzlich jedenfalls im Eilverfahren der I. Instanz meistens nicht möglich, zunächst einen Antrag auf Prozesskostenhilfe beim Verwaltungsgericht einzureichen und auf dessen Bescheidung zu warten, bevor der Antrag auf Erlass einer einstweiligen Anordnung (Eilantrag) eingereicht wird, da die Verwaltungsgerichte im Regelfall keine gesonderte Entscheidung über die Prozesskostenhilfe „vorab" treffen, sondern über diese zusammen mit den übrigen Anträgen auf Zulassung entscheiden. Liegt dann zum entscheidenden Zeitpunkt nur ein Prozesskostenhilfe-Antrag und kein Eilantrag vor, scheidet die Studienplatzklägerin/der Studienplatzkläger mangels Vorliegen eines wirksamen Eilantrags aus dem Bewerberkreis für die Vergabe von Studienplätzen aus.

Aus diesem Grund ist es notwendig, in der Regel parallel sowohl einen Antrag auf Prozesskostenhilfe als auch einen Antrag auf Erlass einer einstweiligen Anordnung zu stellen mit der Folge, dass damit bereits die Anwalts- und Gerichtskosten nach den gesetzlichen Gebühren anfallen.

Wenn ein Bewerber einen Anwalt mit einem oder mehrere Studienplatzverfahren beauftragt und ihm keine Prozesskostenhilfe in diesen Verfahren gewährt wird, schulden der Bewerber für jedes Studienplatzverfahren, in dem keine Prozesskostenhilfe gewährt wird, die vollen gesetzlichen Gerichtskosten und Anwaltsgebühren.

Zusätzlich sollte der Bewerber berücksichtigen, dass sich in den medizinischen Studiengängen ca. die Hälfte aller Hochschulen anwaltlich vertreten lassen. Nach der Kostenrechtsprechung der Verwaltungsgerichte werden aufgrund der Vielzahl der Studienplatzkläger die Kosten des Rechtsstreites in aller Regel den Studienplatzklägern auferlegt. Dies bedeutet, dass er in jedem Fall die Kosten der Anwälte der Hochschulen zu tragen hat. Auf diese Kosten erstreckt sich eine etwaige Bewilligung von Prozesskostenhilfe grundsätzlich nicht. Dies bedeutet, dass er in aller Regel – selbst wenn ihm Prozesskostenhilfe bewilligt wurde – die Kosten des Anwalts der Hochschule in jedem Verfahren, das sich gegen eine anwaltlich vertretene Hochschule richtet, bezahlen muss. Von daher ist in diesen Fällen das Prozesskostenrisiko erheblich. Etwas anders gilt in den meisten Bachelor-Studiengängen, da eine anwaltliche Vertretung eher selten ist. Ausgenommen hiervon ist jedoch der Studiengang Psychologie (Bachelor), da auch hier einige Hochschulen Rechtsanwälte mit ihrer Vertretung beauftragt haben.

4. Die Pflicht zur Rückzahlung

Das Rechtsinstitut der Gewährung von Prozesskostenhilfe dient nur der vorläufigen Befreiung von Gerichts- und Anwaltskosten (nur des eigenen Rechtsanwalts). Nach der Gewährung von Prozesskostenhilfe (ohne Ratenzahlung) besteht vier Jahre lang die Verpflichtung zur Rückzahlung der vom Staat verauslagten Kosten, sofern der Bewerber zwischenzeitlich einen Beruf ergriffen hat und zahlungskräftig ist. Die Gerichte fragen jährlich nach den aktuellen Einkommensverhältnissen. Dies ist gerade bei der Gewährung von Prozesskostenhilfe für einen Bachelor-Studiengang misslich. In aller Regel wird ein Bachelor-Studiengang vor Ablauf von vier Jahren abgeschlossen. Wenn der Bewerber dann sofort eine Anstellung erhält, ist er zur Zurückzahlung der vom Staat verauslagten Kosten verpflichtet. Nach Ablauf von vier Jahren entfällt jegliche Rückzahlungspflicht.

5. Fazit

Studienplatzverfahren sind mit einem erheblichen finanziellen Risiko verbunden. Durch die Beantragung bzw. die Gewährung von Prozesskostenhilfe kann dieses finanzielle Risiko nur teilweise abgedeckt werden. Dies sollten Studienplatzbewerber auf jeden Fall berücksichtigen, bevor sie einen Studienplatzprozess in die Wege leiten.

X. Das Risiko, einen eingeklagten Studienplatz wieder zu verlieren

Das Risiko, den Studienplatz durch eine Entscheidung einer höheren Gerichtsinstanz wieder zu verlieren, besteht und verwirklicht sich auch gelegentlich. So haben einige Mandanten zum Beispiel in Dresden im Studiengang Humanmedizin den Studienplatz durch eine obergerichtliche Entscheidung verloren. Allerdings haben bislang alle von uns vertretenen Mandanten in der Folgezeit eine anderweitige Zulassung erhalten. Dies erfolgte aufgrund der Weiterbewerbung bei *hochschulstart.de*, aufgrund eigener Zulassungsanträge für ein höheres Fachsemester, durch noch laufende Studienplatzverfahren oder durch erneute Studienplatzklagen für das höhere Fachsemester, da diese Mandanten während ihrer ein bis zwei Semester dauernden Zulassung wichtige Scheine erwerben konnten. Auch zählt die Studienzeit in der Regel selbst ohne Scheine für die Bewerbung für ein höheres Fachsemester.

XI. Kein Beginn des Studiums vor der gerichtlichen Zulassung

Ein Studium vor der gerichtlichen Zulassung im Studienfach, für das man sich einklagen will, ist nicht möglich. Denn: Erst die Zulassung durch die Hochschule und die dann folgende Immatrikulation vermitteln die Studienberechtigung im konkreten Fach. Diese Zulassung darf nur erfolgen, wenn sämtliche Zulassungsvoraussetzungen vorliegen. Damit erwirbt man die Berechtigung erst ab dem Zeitpunkt der Einschreibung. Alle Scheine, die Bewerber ohne Einschreibung machen, beruhen auf einem sogenannten „Schwarzstudium". Diese Scheine werden bei der Meldung zur Prüfung von Seiten des Landesprüfungsamtes nicht akzeptiert, weil parallel zu dem Vorliegen des Scheines geprüft wird, ob der Bewerber auch im konkreten Zeitpunkt und an der konkreten Hochschule eingeschrieben war.

XII. Keine „Abtretung" eines Studienplatzes

Die „Abtretung" eines Studienplatzes ist nicht möglich. Sowohl ein Studienplatz über eigene Bewerbung bei den Hochschulen oder *hochschulstart.de* als auch ein gerichtlich erstrittener Studienplatz „gehört" nur dem, der ihn erhalten oder erstritten hat. Der frei werdende Studienplatz wird im Nachrückverfahren der Hochschulen an den rangnächsten Bewerber vergeben. Danach geht der freie Platz in den „Schwund" der Kapazitätsberechnung ein. Erfolgt die Exmatrikulation in einem höheren Fachsemester, wird ein Ortswechsler oder ein Quereinsteiger, der über anrechenbare Studienleistungen verfügt, von der Hochschule zum Studium zugelassen.

XIII. Auswahlkriterien für die Beauftragung eines Rechtsanwalts

Bei der Studienplatzklage geht es um eine wichtige persönliche Angelegenheit. Deshalb sollten sich die Bewerber Zeit für die Auswahl eines Rechtsanwalts nehmen und einige Anforderungen beachten.

Dies gilt umso mehr als auch viele Anwälte mit der Durchführung von Studienplatzprozessen werben, die auf diesem Gebiet wenig Erfahrung haben. Eine der ersten Fragen ist daher die nach der Dauer der Erfahrung auf dem Gebiet der Studienplatzklagen. Ein Hinweis kann auch geben, ob der Anwalt auf diesem speziellen Rechtsgebiet in Fachzeitschriften oder Büchern oder sonstigen Medien publiziert hat. Grundsätzlich empfehlen wir auch, bei der Auswahl unter den zahlreichen Anwälten, die solche Verfahren anbieten, vor einer Mandatserteilung auch danach zu fragen, ob er die Gerichtstermine persönlich wahrnimmt. Wenn Zweifel an der Kompetenz des Rechtsanwalts bestehen, dessen Werbeanzeige die Bewerber zum Beispiel im Internet oder in einer Fachzeitschrift besonders angesprochen hat, können sie sich bei der Rechtsabteilung einer Universität oder bei einem Verwaltungsgericht erkundigen. Weiter ist unabdingbar, dass der zukünftige Mandant vor einer Mandatserteilung eine verlässliche und transparente Information über die bei dem Anwalt entstehende Vergütung hat. Dies sollte durch eine schriftliche Vergütungsvereinbarung und Mandatsvereinbarung sichergestellt werden. Bewerber sollten insbesondere dann äußerst vorsichtig sein, wenn ihnen ein Anwalt hinsichtlich seiner eigenen Gebühren nur ca.-Zahlen nennt und ihnen zur Vergütung nichts Schriftliches gibt. Hier haben viele Studienbewerber schon bitterböse Überraschungen erlebt.

Ein wichtiges Entscheidungskriterium sollte auch die „Informationspolitik“ der Anwälte im Rahmen des Mandats sein und Bewerber sollten vor Mandatserteilung den Anwalt auch dazu konkret fragen. Hierzu ist die Webseite des Anwalts eine gute Informationsquelle. In diesem Zusammenhang sollten Bewerber auch bei dem

Anwalt ihrer Wahl nachfragen, ob sie auch nach einer Mandatserteilung noch persönlich Kontakt zu ihm haben werden, da uns Mandanten immer wieder darüber berichtet haben, dass es Anwälte gibt, die nur bis zu einer Mandatserteilung persönlich „zu sprechen“ waren. Nach der Mandatserteilung konnten diese Mandanten die Informationen nur noch über die Homepage der Anwälte, zu eng begrenzten kaum realisierbaren „Sprechstunden“ oder nur von den Mitarbeitern der Anwälte erhalten.

10. Kapitel

Rechtsgrundlagen

I. Auszug aus dem Hochschulrahmengesetz (HRG)

in der Fassung der Bekanntmachung vom 19. Januar 1999 (BGBl. I. S. 18), das zuletzt durch Artikel 2 des Gesetzes vom 12. April 2007 (BGBl. I. S. 506) geändert worden ist

2. Kapitel

Zulassung zum Studium

§ 27 Allgemeine Voraussetzungen

(1) Jeder Deutsche im Sinne des Artikels 116 des Grundgesetzes ist zu dem von ihm gewählten Hochschulstudium berechtigt, wenn er die für das Studium erforderliche Qualifikation nachweist. Staatsangehörige eines anderen Mitgliedstaats der Europäischen Union sind Deutschen gleichgestellt, wenn die für das Studium erforderlichen Sprachkenntnisse nachgewiesen werden. Zugangshindernisse, die in der Person des Studienbewerbers liegen, ohne sich auf die Qualifikation zu beziehen, regelt das Landesrecht.

(2) Der Nachweis nach Absatz 1 Satz 1 wird für den Zugang zu einem Studium, das zu dem ersten berufsqualifizierenden Abschluß führt, grundsätzlich durch den erfolgreichen Abschluß einer auf das Studium vorbereitenden Schulbildung erbracht. In der beruflichen Bildung Qualifizierte können den Nachweis nach näherer Bestimmung des Landesrechts auch auf andere Weise erbringen.

(3) Rechtsvorschriften, nach denen weitere Personen Deutschen nach Absatz 1 gleichgestellt sind, bleiben unberührt.

§ 28 (weggefallen)

§ 29 Maßstäbe der Ausbildungskapazität

(1) Im Zusammenwirken von Hochschulen und zuständigen staatlichen Stellen sind einheitliche Grundsätze für die Ermittlung und Festsetzung der Ausbildungskapazitäten der Hochschulen zu entwickeln. Der Berechnung ist grundsätzlich die für den jeweiligen Studiengang festgesetzte Regelstudienzeit zugrunde zu legen.

(2) Ist nach der Feststellung der Zentralstelle (§ 31) zu erwarten, daß an den Hochschulen im Geltungsbereich dieses Gesetzes nicht alle Bewerber eines Studiengangs zugelassen werden können, so darf für diesen Studiengang die Zahl der von der einzelnen Hochschule höchstens aufzunehmenden Studenten (Zulassungszahl) nicht niedriger festgesetzt werden, als dies unter Berücksichtigung der personellen, räumlichen, sächlichen und fachspezifischen Gegebenheiten zur Aufrechterhaltung einer geordneten Wahrnehmung der Aufgaben der Hochschule in Forschung, Lehre und Studium sowie in der Krankenversorgung unbedingt erforderlich ist. Der Festsetzung geht die Überprüfung voraus, ob im Rahmen der verfügbaren Mittel die Möglichkeiten zur Nutzung der vorhandenen Ausbildungskapazität ausgeschöpft worden sind.

§ 30 Festsetzung von Zulassungszahlen

(1) Zulassungszahlen werden durch Landesrecht festgesetzt. Sie sind für jede Hochschule festzusetzen, wenn ein Studiengang in das Verfahren der Zentralstelle nach § 31 Abs. 1 einbezogen wird.

(2) Zulassungszahlen werden nur für einzelne Studiengänge und für einen bestimmten Zeitraum, höchstens für die Dauer eines Jahres, festgesetzt.

(3) Vor der Festsetzung ist die Hochschule von der zuständigen Landesbehörde aufzufordern, ihre Vorstellungen über die Zahl der aufzunehmenden Studenten mitzuteilen. In dem Bericht der Hochschule ist anzugeben, wie die Ausbildungskapazität berechnet worden ist; die einheitlichen Grundsätze nach § 29 Abs. 1 sind anzuwenden. Im Falle des § 29 Abs. 2 ist das Ergebnis der Überprüfung, ob im Rahmen der verfügbaren Mittel die Möglichkeiten der Nutzung der vorhandenen Ausbildungskapazität ausgeschöpft worden sind, anzugeben.

§ 31 Zentrale Vergabe von Studienplätzen

(1) In Studiengängen, für die für mehrere Hochschulen Zulassungszahlen festgesetzt sind, können die Studienplätze von der von den Ländern er-

richteten Zentralstelle vergeben werden. In das Verfahren der Zentralstelle ist ein Studiengang zum frühestmöglichen Zeitpunkt einzubeziehen, wenn für ihn nach der Feststellung der Zentralstelle Zulassungszahlen für alle staatlichen Hochschulen festgesetzt sind und zu erwarten ist, daß die Zahl der Bewerber die Gesamtzahl der zur Verfügung stehenden Plätze übersteigt, soweit nicht wegen der Art der Zugangsvoraussetzungen oder der Auswahlmaßstäbe den Hochschulen die Entscheidung vorbehalten wird. In das Verfahren der Zentralstelle soll ein Studiengang einbezogen werden, wenn für ihn nach der Feststellung der Zentralstelle Zulassungszahlen für die Mehrzahl der staatlichen Hochschulen festgesetzt sind.

(2) Reicht in einem nach Absatz 1 einbezogenen Studiengang die Gesamtzahl der an allen Hochschulen zur Verfügung stehenden Studienplätze zur Zulassung aller Bewerber aus, so werden die an den einzelnen Hochschulen vorhandenen Studienplätze von der Zentralstelle möglichst nach den Ortswünschen der Bewerber und, soweit notwendig, bis zu einem Viertel der Studienplätze nach dem Grad der gemäß § 27 nachgewiesenen Qualifikation für das gewählte Studium, im übrigen vor allem nach den für die Ortswahl maßgebenden sozialen, insbesondere familiären und wirtschaftlichen Gründen vergeben (Verteilungsverfahren).

(3) Reicht in einem nach Absatz 1 einbezogenen Studiengang die Gesamtzahl der Studienplätze nicht zur Zulassung aller Bewerberinnen und Bewerber aus, so findet unter den Bewerberinnen und Bewerbern eine Auswahl nach Maßgabe der §§ 32 bis 35 statt (Auswahlverfahren); die danach ausgewählten Bewerberinnen und Bewerber werden in den Fällen des § 32 Abs. 3 Nr. 3 von der Hochschule zugelassen. Im Übrigen werden sie den einzelnen Hochschulen möglichst nach ihren Ortswünschen und, soweit notwendig, in den Fällen des § 32 Abs. 3 Nr. 1 vor allem nach dem Grad der gemäß § 27 nachgewiesenen Qualifikation für das gewählte Studium, in allen anderen Fällen vor allem nach den für die Ortswahl maßgebenden sozialen, insbesondere familiären und wirtschaftlichen Gründen zugewiesen.

(4) Besteht an einer Hochschule für den ersten Teil eines Studiengangs eine höhere Ausbildungskapazität als für spätere Teile dieses Studiengangs, kann eine auf den ersten Teil des Studiengangs beschränkte Zuweisung und Einschreibung erfolgen, wenn gewährleistet ist, daß der Student sein Studium an anderen Hochschulen im Geltungsbereich dieses Gesetzes fortsetzen kann.

§ 32 Auswahlverfahren

(1) Im Falle des § 31 Abs. 3 werden die für Studienanfänger verfügbaren Studienplätze unter Beachtung der von den Bewerbern angegebenen Rangfolge ihrer Studienwünsche nach den Maßstäben der Absätze 2 und 3 vergeben. Bei den Bewerbungen für diese Studienplätze dürfen nach näherer Maßgabe des Landesrechts mindestens sechs Ortswünsche in einer Rangliste angegeben werden.

(2) Bis zu drei Zehntel der Studienplätze sind vorzubehalten für

1. Bewerber, für die die Versagung der Zulassung eine außergewöhnliche, insbesondere soziale Härte bedeuten würde;
2. Bewerber, die sich auf Grund entsprechender Vorschriften verpflichtet haben, ihren Beruf in Bereichen besonderen öffentlichen Bedarfs auszuüben;
3. ausländische und staatenlose Bewerber; Verpflichtungen auf Grund zwischenstaatlicher Vereinbarungen sind zu berücksichtigen;
4. Bewerber, die in einem anderen noch nicht abgeschlossenen Studiengang oder sonstigen gleichwertigen Ausbildungsgängen nach Landesrecht die Qualifikation für das gewählte Studium (§ 27) erworben haben; ihre Auswahl erfolgt nach dem Grad der Qualifikation (§ 27). Diese Bewerber können im Verfahren nach Absatz 3 nicht zugelassen werden;
5. Bewerber, die bereits ein Studium in einem anderen Studiengang abgeschlossen haben (Zweitstudienbewerber). Die Auswahl erfolgt nach den Prüfungsergebnissen des Erststudiums und nach den für die Bewerbung für ein weiteres Studium maßgeblichen Gründen. Diese Bewerber können im Verfahren nach Absatz 3 nicht zugelassen werden. Das Landesrecht kann vorsehen, daß innerhalb der Quote nach Satz 1 Studienplätze für in der beruflichen Bildung qualifizierte Bewerber (§ 27 Abs. 2 Satz 2) vorbehalten werden; diese Bewerber werden im Verfahren nach Absatz 3 nicht zugelassen. Nicht in Anspruch genommene Studienplätze werden den Studienplätzen nach Absatz 3 zugeschlagen.

(3) Die verbleibenden Studienplätze werden vergeben

1. zu einem Fünftel der Studienplätze an jeder Hochschule durch die Zentralstelle nach dem Grad der gemäß § 27 nachgewiesenen Qualifikation für das gewählte Studium. Qualifikationsgrade, die nur geringfügig voneinander abweichen, können als ranggleich behandelt werden. Die Länder tragen dafür Sorge, dass die Nachweise innerhalb eines Landes und im Verhältnis der Länder untereinander hinsichtlich der jeweiligen Anforderungen und Bewertungen vergleich-

bar sind. Solange die Vergleichbarkeit im Verhältnis der Länder untereinander nicht gewährleistet ist, werden für die Auswahl der Studienbewerberinnen und -bewerber Landesquoten gebildet. Die Quote eines Landes bemisst sich zu einem Drittel nach seinem Anteil an der Gesamtzahl der Bewerberinnen und Bewerber für den betreffenden Studiengang (Bewerberanteil) und zu zwei Dritteln nach seinem Anteil an der Gesamtzahl der Achtzehn- bis unter Einundzwanzigjährigen (Bevölkerungsanteil); für die Länder Berlin, Bremen und Hamburg werden die sich danach ergebenden Quoten um drei Zehntel erhöht. Bei der Berechnung des Bewerberanteils werden nur Personen berücksichtigt, die eine Hochschulzugangsberechtigung besitzen, die von allen Ländern gegenseitig anerkannt ist;
2. zu einem Fünftel der Studienplätze nach der Dauer der Zeit seit dem Erwerb der Qualifikation für den gewählten Studiengang nach § 27 (Wartezeit). Zeiten eines Studiums an einer Hochschule werden auf die Wartezeit nicht angerechnet; dies gilt erstmals für Studienzeiten nach Inkrafttreten dieses Gesetzes;
3. im Übrigen von den Hochschulen nach dem Ergebnis eines Auswahlverfahrens. Die jeweilige Hochschule vergibt die Studienplätze in diesem Verfahren nach Maßgabe des jeweiligen Landesrechts insbesondere
   a) nach dem Grad der Qualifikation nach § 27,
   b) nach gewichteten Einzelnoten der Qualifikation nach § 27, die über die fachspezifische Eignung Auskunft geben,
   c) nach dem Ergebnis eines fachspezifischen Studierfähigkeitstests,
   d) nach der Art einer Berufsausbildung oder Berufstätigkeit,
   e) nach dem Ergebnis eines von der Hochschule durchzuführenden Gesprächs mit den Bewerberinnen und Bewerbern, das Aufschluss über die Motivation der Bewerberin oder des Bewerbers und über die Identifikation mit dem gewählten Studium und dem angestrebten Beruf geben sowie zur Vermeidung von Fehlvorstellungen über die Anforderungen des Studiums dienen soll,
   f) auf Grund einer Verbindung von Maßstäben nach den Buchstaben a bis e. Bei der Auswahlentscheidung muss dem Grad der Qualifikation nach § 27 ein maßgeblicher Einfluss gegeben werden. Die Zahl der Teilnehmerinnen und Teilnehmer am Auswahlverfahren kann begrenzt werden. In diesem Fall entscheidet die Hochschule über die Teilnahme nach einem der in Satz 2 Buchstabe a bis d genannten Maßstäbe, nach dem Grad der Ortspräferenz oder nach einer Verbindung dieser Maßstäbe. Bewerberin-

nen und Bewerber, die nach Nummer 1 oder 2 ausgewählt wurden, nehmen am Auswahlverfahren nicht teil.

(4) Für die Entscheidung in Fällen von Ranggleichheit der Bewerber kann eine Verbindung der Maßstäbe nach Absatz 3 Nr. 1 und 2 oder, unbeschadet des § 34 Satz 2, die Auswahl durch das Los vorgesehen werden.

§ 33 (weggefallen)

§ 33a (weggefallen)

§ 34 Benachteiligungsverbot

Den Bewerbern dürfen keine Nachteile entstehen

1. aus der Erfüllung von Dienstpflichten nach Artikel 12a des Grundgesetzes und der Übernahme solcher Dienstpflichten und entsprechender Dienstleistungen auf Zeit bis zur Dauer von drei Jahren,
2. aus dem Dienst als Entwicklungshelfer nach dem Entwicklungshelfergesetz vom 18. Juni 1969 (BGBl. I S. 549), zuletzt geändert durch Artikel 15 des Gesetzes vom 21. Juni 2002 (BGBl. I S. 2167),
3. aus der Ableistung eines freiwilligen sozialen Jahres nach dem Gesetz zur Förderung eines freiwilligen sozialen Jahres vom 17. August 1964 (BGBl. I S. 640) in der Fassung der Bekanntmachung vom 15. Juli 2002 (BGBl. I S. 2596) oder eines freiwilligen ökologischen Jahres nach dem Gesetz zur Förderung eines freiwilligen ökologischen Jahres vom 17. Dezember 1993 (BGBl. I S. 2118) in der Fassung der Bekanntmachung vom 15. Juli 2002 (BGBl. I S. 2600) oder im Rahmen eines von der Bundesregierung geförderten Modellprojektes oder
4. aus der Betreuung oder Pflege eines Kindes unter 18 Jahren oder eines pflegebedürftigen sonstigen Angehörigen bis zur Dauer von drei Jahren.

Bei gleichem Rang nach § 32 Abs. 2 und 3 haben die Bewerber nach Satz 1 den Vorrang.

§ 35 Unabhängigkeit der Zulassung von der Landeszugehörigkeit

Die Zulassung eines Studienbewerbers, der Deutscher im Sinne des Artikels 116 des Grundgesetzes ist, darf nicht davon abhängig gemacht werden, in welchem Land der Bundesrepublik Deutschland der Geburtsort oder der Wohnsitz des Studienbewerbers oder seiner Angehörigen liegt oder in welchem Land der Bundesrepublik Deutschland der Studienbewerber die Qualifikation für das Hochschulstudium erworben hat; § 32 Abs. 3 Nr. 1

Satz 4 bis 6 bleibt unberührt.

II. Auszug aus dem Staatsvertrag über die Errichtung einer gemeinsamen Einrichtung für Hochschulzulassung (vom 5. Juni 2008)

Abschnitt 3

Zentrales Vergabeverfahren (Abschnitt 1, Artikel 2, Nr. 2)

Artikel 5

Aufgaben im zentralen Vergabeverfahren

(1) Im zentralen Vergabeverfahren hat die Stiftung die Aufgabe
1. Studienplätze für das erste Fachsemester an staatlichen Hochschulen in Auswahlverfahren zu vergeben,
2. die Hochschulen bei der Durchführung des Auswahlverfahrens nach Art. 10 Abs. 1 Nr. 3 zu unterstützen,
3. für einheitliche Maßstäbe zur Festsetzung von Zulassungszahlen zu sorgen.

(2) Die Vergabe der Studienplätze erfolgt für Deutsche sowie für ausländische Staatsangehörige und Staatenlose, die Deutschen gleichgestellt sind. Deutschen gleichgestellt sind Staatsangehörige eines anderen Mitgliedstaats der Europäischen Union sowie sonstige ausländische Staatsangehörige und Staatenlose, die eine deutsche Hochschulzugangsberechtigung besitzen. Verpflichtungen zur Gleichstellung weiterer Personen mit Deutschen auf Grund zwischenstaatlicher Vereinbarungen sind zu berücksichtigen.

Artikel 6

Kapazitätsermittlung und Festsetzung von Zulassungszahlen

(1) Für die Vergabe von Studienplätzen in Studiengängen, die in das zentrale Vergabeverfahren einbezogen sind, sind Zulassungszahlen nach Artikel 12 Abs. 1 Nr. 8 und nach Maßgabe des Landesrechts festzusetzen. Zulassungszahl ist die Zahl der von der einzelnen Hochschule höchstens aufzunehmenden Bewerberinnen und Bewerber in einem Studiengang. Sie wird auf der Grundlage der jährlichen Aufnahmekapazität festgesetzt. Zulassungszahlen dürfen nur für einen bestimmten Zeitraum, höchstens für die Dauer eines Jahres, festgesetzt werden.

(2) Die Zulassungszahlen sind so festzusetzen, dass nach Maßgabe der haushaltsrechtlichen Vorgaben und unter Berücksichtigung der räum-

lichen und fachspezifischen Gegebenheiten eine erschöpfende Nutzung der Ausbildungskapazität erreicht wird; die Qualität in Forschung und Lehre, die geordnete Wahrnehmung der Aufgaben der Hochschule, insbesondere in Forschung, Lehre und Studium sowie in der Krankenversorgung, sind zu gewährleisten. Bei der Erprobung neuer Studiengänge und -methoden, bei der Neuordnung von Studiengängen und Fachbereichen und beim Aus- oder Aufbau der Hochschulen können Zulassungszahlen abweichend von Satz 1 festgesetzt werden.

(3) Die jährliche Aufnahmekapazität wird auf der Grundlage des Lehrangebots, des Ausbildungsaufwands und weiterer kapazitätsbestimmender Kriterien ermittelt. Dem Lehrangebot liegen die Stellen für das hauptamtlich tätige wissenschaftliche Personal, soweit ihm Lehraufgaben übertragen sind, die Lehraufträge und die dienstrechtlichen Lehrverpflichtungen zugrunde unter Berücksichtigung festgelegter Reduzierungen, insbesondere im medizinischen Bereich für Krankenversorgung und diagnostische Leistungen. Der Ausbildungsaufwand ist durch studiengangspezifische Normwerte festzusetzen, die den Aufwand festlegen, der für die ordnungsgemäße Ausbildung einer oder eines Studierenden in dem jeweiligen Studiengang erforderlich ist. Bei der Festsetzung von Normwerten sind ausbildungsrechtliche Vorschriften sowie der Ausbildungsaufwand in gleichartigen und vergleichbaren Studiengängen zu beachten. Die Normwerte haben eine gleichmäßige und erschöpfende Auslastung der Hochschulen zu gewährleisten; in diesem Rahmen sind die Hochschulen bei der Gestaltung von Lehre und Studium frei. Die Normwerte werden durch Rechtsverordnung festgesetzt. Weitere kapazitätsbestimmende Kriterien sind insbesondere die räumlichen und sächlichen Gegebenheiten, zusätzliche Belastungen auf Grund der bisherigen Entwicklung der Studienanfängerzahl und der Zahl der Studierenden, die Ausstattung mit nichtwissenschaftlichem Personal, das Verbleibeverhalten der Studierenden (Schwund) und die besonderen Gegebenheiten in den medizinischen Studiengängen, insbesondere eine ausreichende Zahl von für die Lehre geeigneten Patientinnen und Patienten.

(4) Vor der Festsetzung von Zulassungszahlen legt die Hochschule der zuständigen Landesbehörde einen Bericht mit ihren Kapazitätsberechnungen vor.

(5) Bei der Feststellung der Aufnahmekapazität gemäß Absatz 3 bleiben Maßnahmen zum Ausgleich zusätzlicher Belastungen auf Grund der bisherigen Entwicklung der Studienanfängerzahl und der Zahl der Studierenden unberücksichtigt; sie sind gesondert auszuweisen.

Artikel 7
Einbeziehung von Studiengängen

(1) In das zentrale Vergabeverfahren ist ein Studiengang zum frühestmöglichen Zeitpunkt einzubeziehen, wenn für ihn für alle staatlichen Hochschulen Zulassungszahlen festgesetzt sind und zu erwarten ist, dass die Bewerberzahl die Gesamtzahl der zur Verfügung stehenden Studienplätze übersteigt, soweit nicht wegen der Art der Zugangsvoraussetzungen oder der Auswahlmaßstäbe den Hochschulen die Entscheidung vorbehalten wird. Das Gleiche gilt, wenn aus anderen Gründen eine zentrale Vergabe der Studienplätze sinnvoll ist.

(2) Bei der Einbeziehung eines Studiengangs in das zentrale Vergabeverfahren ist insbesondere festzulegen,
1. für welchen Bewerberkreis die Einbeziehung gilt,
2. für welche Fälle den Hochschulen die Entscheidung vorbehalten bleibt.

(3) In den einbezogenen Studiengängen findet ein Auswahlverfahren nach Artikel 8 bis 10 statt.

(4) Die Einbeziehung eines Studiengangs in das zentrale Vergabeverfahren kann befristet werden. Die Einbeziehung ist aufzuheben, wenn die Voraussetzungen dafür entfallen sind oder ein Bedürfnis für eine zentrale Vergabe der Studienplätze nicht mehr besteht.

Artikel 8
Auswahlverfahren

(1) In einem Auswahlverfahren werden die Bewerberinnen und Bewerber nach den Artikeln 9 und 10 sowie nach Absatz 4 ausgewählt. Bei den Bewerbungen für diese Studienplätze dürfen sechs Ortswünsche in einer Rangliste angegeben werden. Die ausgewählten Bewerberinnen und Bewerber werden in den Fällen des Artikels 10 Abs. 1 Nr. 3 von der Hochschule zugelassen. Im Übrigen werden sie den einzelnen Hochschulen möglichst nach ihren Ortswünschen und, soweit notwendig, in den Fällen des Artikels 10 Abs. 1 Nr. 1 vor allem nach dem Grad der nachgewiesenen Qualifikation für das gewählte Studium, in allen anderen Fällen vor allem nach den für die Ortswahl maßgebenden sozialen, insbesondere familiären und wirtschaftlichen Gründen zugewiesen. Ist danach im Einzelfall keine Zulassung möglich, rückt die rangnächste Bewerberin oder der rangnächste Bewerber der jeweiligen Gruppe nach, sofern sie oder er sich für eine Hochschule beworben hat, an der noch Studienplätze frei sind.

(2) Den Bewerberinnen und Bewerbern dürfen keine Nachteile entstehen

1. aus der Erfüllung von Dienstpflichten nach Artikel 12a des Grundgesetzes und der Übernahme solcher Dienstpflichten und entsprechender Dienstleistungen auf Zeit bis zur Dauer von drei Jahren,
2. aus dem Entwicklungsdienst nach dem Entwicklungshelfergesetz vom 18. Juni 1969 (BGBl. I S. 549) in der jeweils geltenden Fassung,
3. aus der Ableistung eines freiwilligen sozialen Jahres nach dem Gesetz zur Förderung eines freiwilligen sozialen Jahres vom 17. August 1964 (BGBl. I S. 640) in der jeweils geltenden Fassung oder aus der Ableistung eines freiwilligen ökologischen Jahres nach dem Gesetz zur Förderung eines freiwilligen ökologischen Jahres vom 17. Dezember 1993 (BGBl. I S. 2118) in der jeweils geltenden Fassung oder im Rahmen eines von der Bundesregierung geförderten Modellprojektes,
4. aus der Betreuung oder Pflege eines Kindes unter 18 Jahren oder einer pflegebedürftigen Person aus dem Kreis der sonstigen Angehörigen bis zur Dauer von drei Jahren.

(3) Wer zum Bewerbungsstichtag das 55. Lebensjahr vollendet hat, wird an einem Auswahlverfahren nur beteiligt, wenn für das beabsichtigte Studium unter Berücksichtigung der persönlichen Situation schwerwiegende wissenschaftliche oder berufliche Gründe sprechen.

(4) Studienplätze nach Artikel 11 Abs. 3, bei denen die Zulassung auf den ersten Teil des Studiengangs beschränkt ist, weil das Weiterstudium an einer deutschen Hochschule nicht gewährleistet ist, können auch durch das Los vergeben werden.

Artikel 9
Vorabquoten

(1) In einem Auswahlverfahren sind bis zu zwei Zehntel der zur Verfügung stehenden Studienplätze vorzubehalten für:
1. Bewerberinnen und Bewerber, für die die Ablehnung des Zulassungsantrages eine außergewöhnliche Härte bedeuten würde,
2. Bewerberinnen und Bewerber, die sich auf Grund entsprechender Vorschriften verpflichtet haben, ihren Beruf in Bereichen besonderen öffentlichen Bedarfs auszuüben,
3. ausländische Staatsangehörige und Staatenlose, soweit sie nicht Deutschen gleichgestellt sind,
4. Bewerberinnen und Bewerber, die in einem noch nicht abgeschlossenen Studiengang die Qualifikation für das gewählte Studium erworben haben,
5. Bewerberinnen und Bewerber, die bereits ein Studium in einem anderen Studiengang abgeschlossen haben (Bewerberinnen und Bewerber für ein Zweitstudium),

6. in der beruflichen Bildung Qualifizierte, die über keine sonstige Studienberechtigung verfügen.

Die Quote nach Satz 1 Nr. 6 soll nur gebildet werden, wenn zu erwarten ist, dass der Anteil der ihr unterfallenden Bewerberinnen und Bewerber an der Bewerbergesamtzahl mindestens eins vom Hundert beträgt; wird die Quote nicht gebildet, erfolgt eine Beteiligung am Verfahren nach Artikel 10.

(2) Die Quoten nach Absatz 1 Satz 1 können für die Studienplätze je Studienort oder für die Gesamtzahl aller Studienplätze gebildet werden. Daneben kann bestimmt werden, dass der Anteil der Studienplätze für die Bewerbergruppen nach Absatz 1 Satz 1 Nr. 4 bis 6 an der Gesamtzahl der Studienplätze je Bewerbergruppe nicht größer sein darf als der Anteil der jeweiligen Bewerbergruppe an der Bewerbergesamtzahl. Nicht in Anspruch genommene Studienplätze aus der Quote nach Absatz 1 Nr. 3 werden nach Artikel 10 Abs. 1 Nr. 3 vergeben. Nicht in Anspruch genommene Studienplätze aus den Quoten nach Absatz 1 Nr. 1, 2, 4, 5 und 6 werden nach Artikel 10 Abs. 1 Nr. 2 vergeben.

(3) Eine außergewöhnliche Härte liegt vor, wenn besondere, vor allem soziale und familiäre Gründe in der Person der Bewerberin oder des Bewerbers die sofortige Aufnahme des Studiums zwingend erfordern. Wer geltend macht, aus nicht selbst zu vertretenden Umständen daran gehindert gewesen zu sein, einen für die Berücksichtigung bei der Auswahl nach Artikel 10 Abs. 1 Nr. 1 und 2 besseren Wert zu erreichen, wird mit dem nachgewiesenen Wert an der Vergabe der Studienplätze in diesen Quoten beteiligt.

(4) Bewerberinnen und Bewerber nach Absatz 1 Satz 1 Nr. 4 werden nach dem Grad der Qualifikation ausgewählt.

(5) Bewerberinnen und Bewerber nach Absatz 1 Satz 1 Nr. 5 werden nach den Prüfungsergebnissen des Erststudiums und nach den für die Bewerbung für ein weiteres Studium maßgeblichen Gründen ausgewählt.

(6) Bewerberinnen und Bewerber nach Absatz 1 Satz 1 Nr. 6 werden in erster Linie unter Qualifikationsgesichtspunkten ausgewählt.

(7) Wer den Quoten nach Absatz 1 Satz 1 Nr. 2 bis 6 unterfällt, kann nicht im Verfahren nach Artikel 10 zugelassen werden; Absatz 1 Satz 2 Halbsatz 2 bleibt unberührt.

Artikel 10

Hauptquoten

(1) Im Auswahlverfahren werden die nach Abzug der Studienplätze nach Artikel 9 verbleibenden Studienplätze nach folgenden Grundsätzen vergeben:

1. zu einem Fünftel der Studienplätze an jeder Hochschule durch die Stiftung nach dem Grad der Qualifikation für das gewählte Studium. Qualifikationsgrade, die nur geringfügig voneinander abweichen, können als ranggleich behandelt werden. Die Länder tragen dafür Sorge, dass die Nachweise innerhalb eines Landes und im Verhältnis der Länder untereinander hinsichtlich der jeweiligen Anforderungen und Bewertungen vergleichbar sind. Solange die Vergleichbarkeit im Verhältnis der Länder untereinander nicht gewährleistet ist, werden für die Auswahl der Studienbewerberinnen und -bewerber Landesquoten gebildet. Die Quote eines Landes bemisst sich zu einem Drittel nach seinem Anteil an der Gesamtzahl der Bewerberinnen und Bewerber für den betreffenden Studiengang (Bewerberanteil) und zu zwei Dritteln nach seinem Anteil an der Gesamtzahl der Achtzehn- bis unter Einundzwanzigjährigen (Bevölkerungsanteil); für die Länder Berlin, Bremen und Hamburg werden die sich danach ergebenden Quoten um drei Zehntel erhöht. Bei der Berechnung des Bewerberanteils werden nur Personen berücksichtigt, die eine Hochschulzugangsberechtigung besitzen, die von allen Ländern gegenseitig anerkannt ist;
2. zu einem Fünftel der Studienplätze nach der Dauer der Zeit seit dem Erwerb der Qualifikation für den gewählten Studiengang (Wartezeit). Zeiten eines Studiums an einer deutschen Hochschule werden auf die Wartezeit nicht angerechnet;
3. im Übrigen von den Hochschulen nach dem Ergebnis eines Auswahlverfahrens. Die jeweilige Hochschule vergibt die Studienplätze in diesem Verfahren nach Maßgabe des jeweiligen Landesrechts insbesondere
   a) nach dem Grad der Qualifikation,
   b) nach den gewichteten Einzelnoten der Qualifikation für das gewählte Studium, die über die fachspezifische Eignung Auskunft geben,
   c) nach dem Ergebnis eines fachspezifischen Studierfähigkeitstests,
   d) nach der Art einer Berufsausbildung oder Berufstätigkeit,
   e) nach dem Ergebnis eines von der Hochschule durchzuführenden Gesprächs mit den Bewerberinnen und Bewerbern, das Aufschluss über die Motivation der Bewerberin oder des Bewerbers und über die Identifikation mit dem gewählten Studium und dem angestrebten Beruf geben sowie zur Vermeidung von Fehlvorstellungen über die Anforderungen des Studiums dienen soll,
   f) auf Grund einer Verbindung von Maßstäben nach den Buchstaben a bis e. Bei der Auswahlentscheidung muss dem Grad der

Qualifikation ein maßgeblicher Einfluss gegeben werden. Die Zahl der Teilnehmerinnen und Teilnehmer am Auswahlverfahren kann begrenzt werden. In diesem Fall entscheidet die Hochschule über die Teilnahme nach einem der in Satz 1 Ziffer 3 Buchstabe a bis d genannten Maßstäbe, nach dem Grad der Ortspräferenz oder nach einer Verbindung dieser Maßstäbe. Bewerberinnen und Bewerber, die nach Nummer 1 oder 2 ausgewählt wurden, nehmen am Auswahlverfahren nicht teil.

(2) In den Fällen des Absatzes 1 Nr. 1 und 2 kann bei Ranggleichheit eine Verbindung der Maßstäbe nach Absatz 1 Nr. 1 und 2 vorgesehen werden.

(3) Besteht in den Fällen des Absatzes 1 Nr. 1 und 2 nach Anwendung der Absätze 1 und 2 Ranggleichheit, wird vorrangig ausgewählt, wer dem Personenkreis nach Artikel 8 Abs. 2 angehört. Besteht danach noch Ranggleichheit, kann eine Entscheidung durch das Los vorgesehen werden.

(4) Aus den Quoten nach Absatz 1 Nr. 1 und Nr. 2 nicht in Anspruch genommene Studienplätze werden nach Absatz 1 Nr. 3 vergeben.

Artikel 11
Verfahrensvorschriften

(1) Wer nach Artikel 10 Abs. 1 Nr. 3 von einer Hochschule ausgewählt worden ist, wird von der Hochschule zugelassen. Wer nicht ausgewählt worden ist, erhält von der Hochschule einen auf die Auswahl in ihrem Verfahren beschränkten Ablehnungsbescheid. Ein Widerspruchsverfahren gegen Bescheide der Hochschulen findet nicht statt.

(2) Die Stiftung ermittelt in den Quoten nach Artikel 9 Abs. 1 Nr. 1, 2, 4, 5 und 6, Artikel 10 Abs. 1 Nr. 1 und 2 sowie Artikel 8 Abs. 4 auf Grund der Bewerbungsunterlagen nach den jeweiligen Zulassungsbestimmungen, an welcher Hochschule eine Zulassung erfolgen kann und erlässt den Zulassungsbescheid.

(3) Soweit an einer Hochschule für den ersten Teil eines Studiengangs eine höhere Ausbildungskapazität als für spätere Teile dieses Studiengangs besteht, wird die Zulassung auf den ersten Teil des Studiengangs beschränkt.

(4) Die Hochschule ist verpflichtet, die von der Stiftung Zugelassenen einzuschreiben, wenn die übrigen Einschreibvoraussetzungen vorliegen.

(5) Ein Widerspruchsverfahren gegen Bescheide der Stiftung über die Zulassungsanträge findet nicht statt.

(6) Beruht die Zulassung durch die Hochschule oder die Stiftung auf falschen Angaben im Zulassungsantrag, wird sie zurückgenommen; ist die

Zulassung sonst fehlerhaft, kann sie zurückgenommen werden. Nach Ablauf eines Jahres ist die Rücknahme der Zulassung durch die Stiftung ausgeschlossen.

(7) Die Stiftung ist nach Maßgabe der Rechtsverordnungen nach Artikel 12 berechtigt, Versicherungen an Eides statt zu verlangen und abzunehmen.

III. Auszug aus der Verordnung über die zentrale Vergabe von Studienplätzen durch die Stiftung für Hochschulzulassung (VergabeVO Stiftung = hochschulstart.de/ Stand: Wintersemester 2014/2015)

I. Allgemeines

§ 1

Umfang der zentralen Studienplatzvergabe

Die Stiftung für Hochschulzulassung (Stiftung) vergibt die Studienplätze des ersten Fachsemesters der in das zentrale Vergabeverfahren einbezogenen Studiengänge, soweit sie nicht von den Hochschulen vergeben werden. Die in das zentrale Vergabeverfahren einbezogenen Studiengänge sind in Anlage 1 aufgeführt.

§ 2

Einbezogener Personenkreis

Die Studienplätze werden an Deutsche sowie an ausländische Staatsangehörige oder Staatenlose, die im Sinne dieser Verordnung Deutschen gleichgestellt sind, vergeben. Deutschen gleichgestellt sind hiernach:

1. Staatsangehörige eines anderen Mitgliedsstaates der Europäischen Union oder eines anderen Vertragsstaates des Abkommens über den Europäischen Wirtschaftsraum,
2. in der Bundesrepublik Deutschland wohnende Kinder von Staatsangehörigen eines anderen Mitgliedsstaates der Europäischen Union oder von Vertragsstaaten des Abkommens über den Europäischen Wirtschaftsraum, sofern diese Staatsangehörigen in der Bundesrepublik Deutschland beschäftigt sind oder gewesen sind,

3. in der Bundesrepublik Deutschland wohnende andere Familienangehörige im Sinne des Art. 2 Nr. 2 der Richtlinie 2004/38/EG des Europäischen Parlaments und des Rates vom 29. April 2004 (ABl. EG Nr. L 229 S. 35) von Staatsangehörigen eines anderen Mitgliedsstaates der Europäischen Union oder von Vertragsstaaten des Abkommens über den Europäischen Wirtschaftsraum, sofern diese Staatsangehörigen in der Bundesrepublik Deutschland beschäftigt sind, sowie
4. sonstige ausländische Staatsangehörige oder Staatenlose, die eine in der Bundesrepublik Deutschland oder an einer deutschen Auslandsschule erworbene Hochschulzugangsberechtigung, die nicht ausschließlich nach ausländischem Recht erworben wurde (deutsche Hochschulzugangsberechtigung), besitzen.

Wer nach Satz 2 Deutschen gleichgestellt ist, wird nach den für Deutsche geltenden Bestimmungen am Vergabeverfahren beteiligt.

II. Antragstellung

§ 3

Frist und Form der Anträge, Ausschluss vom Verfahren

(1) Zulassungsanträge richten sich zugleich auf die Teilnahme am zentralen Vergabeverfahren und auf die Teilnahme an den Auswahlverfahren der Hochschulen.

(2) Der Zulassungsantrag muss
1. für das Sommersemester bis zum 15. Januar,
2. für das Wintersemester, wenn die Hochschulzugangsberechtigung vor dem 16. Januar erworben wurde, bis zum 31. Mai, andernfalls bis zum 15. Juli

bei der Stiftung eingegangen sein (Ausschlussfristen). Bei Bewerbungen für ein Zweitstudium gilt der Zeitpunkt des Abschlusses des Erststudiums als Zeitpunkt des Erwerbs der Hochschulzugangsberechtigung nach Satz 1.

(3) Im Zulassungsantrag ist ein Studiengang zu wählen. Für die Vergabe der Studienplätze in der Abiturbestenquote können bis zu sechs Studienorte in einer Reihenfolge gewählt werden. Für die Vergabe der Studienplätze in den weiteren durch die Stiftung vergebenen Quoten sind gewünschte Studienorte in einer Reihenfolge zu wählen. Für das Auswahlverfahren der Hochschulen können bis zu sechs Studienorte in einer Reihenfolge gewählt werden. Studiengangwunsch und Ortswünsche können nach Ablauf der Fristen nach Absatz 2 Satz 1 nicht mehr geändert werden.

(4) Im Zulassungsantrag hat die Bewerberin oder der Bewerber anzugeben, ob sie oder er
1. für den gewählten Studiengang im Zeitpunkt der Antragstellung an einer deutschen Hochschule als Studentin oder Student eingeschrieben ist,
2. bereits an einer deutschen Hochschule ein Studium abgeschlossen hat oder als Studentin oder Student eingeschrieben war, gegebenenfalls für welche Zeit.

(5) Stellt eine Bewerberin oder ein Bewerber mehrere Zulassungsanträge, wird nur über den letzten fristgerecht eingegangenen entschieden. Anträge, die nach dieser Verordnung ergänzend zum Zulassungsantrag gestellt werden können, sind mit dem Zulassungsantrag zu stellen, es sei denn, der Antrag stützt sich auf einen zum Wintersemester vor dem 16. Juli nach Ablauf der Bewerbungsfrist eingetretenen Sachverhalt.

(6) Die Stiftung bestimmt die Form des Zulassungsantrags und der Anträge nach Absatz 5 Satz 2. Sie bestimmt auch die Unterlagen, die den Anträgen mindestens beizufügen sind, sowie deren Form. Sie ist nicht verpflichtet, den Sachverhalt von Amts wegen zu ermitteln. Der Zulassungsantrag ist der Stiftung in Form des elektronisch ausgefüllten Antragsformulars vor Ablauf der in Absatz 2 Satz 1 genannten Fristen elektronisch zu übermitteln; das ausgedruckte und unterschriebene Antragsformular muss der Stiftung samt den erforderlichen Unterlagen vor Ablauf der in Absatz 7 Satz 2 genannten Fristen zugegangen sein. Bei der elektronischen Übermittlung hat die Stiftung unter Anwendung von Verschlüsselungsverfahren dem jeweiligen Stand der Technik entsprechende Maßnahmen zu treffen, die die Vertraulichkeit und Unversehrtheit der Daten gewährleisten. Bewerberinnen und Bewerbern, die glaubhaft machen, dass ihnen die elektronische Antragstellung nicht zumutbar ist, wird gestattet, den Zulassungsantrag schriftlich zu stellen; Absatz 2 Satz 1 bleibt unberührt. Die Bewerberinnen und Bewerber übersenden den nach Absatz 3 Satz 4 gewählten Hochschulen die jeweils für deren Auswahlverfahren benötigten Unterlagen; das Nähere regeln die Hochschulen durch Satzung.

(7) Wer die Bewerbungsfristen nach Absatz 2 Satz 1 versäumt, ist vom Vergabeverfahren ausgeschlossen. Ist der Zulassungsantrag fristgerecht gestellt worden, können nachträglich eingereichte Unterlagen
1. für das Sommersemester bis zum 31. Januar,
2. für das Wintersemester, wenn die Hochschulzugangsberechtigung vor dem 16. Januar erworben wurde, bis zum 15. Juni, andernfalls bis zum 31. Juli

berücksichtigt werden (Ausschlussfristen). Entspricht der Zulassungsantrag nicht den rechtlichen Mindestanforderungen oder fehlen bei Ablauf der Fristen nach Satz 2 notwendige Unterlagen oder nach Absatz 4 erforderliche Angaben, gilt Satz 1 entsprechend.

(8) Fällt das Ende einer Ausschlussfrist auf einen Sonntag, gesetzlichen Feiertag oder Sonnabend, so endet die Frist mit dem Ablauf des entsprechenden Tags und verlängert sich nicht bis zum Ablauf des nächstfolgenden Werktags.

§ 4
Beteiligung am Verfahren

(1) Am Vergabeverfahren wird nur beteiligt, wer bei der Bewerbung für das Sommersemester bis zum 15. Januar, bei der Bewerbung für das Wintersemester bis zum 15. Juli die Hochschulzugangsberechtigung für den gewählten Studiengang erworben hat. Werden mehrere einschlägige Hochschulzugangsberechtigungen vorgelegt, wird dem Zulassungsantrag die zuerst erworbene zugrunde gelegt. Die Feststellung der Hochschulzugangsberechtigung von Bewerberinnen und Bewerbern mit ausländischen Vorbildungsnachweisen erfolgt, wenn keine Anerkennungsentscheidung der Zeugnisanerkennungsstelle eines Landes vorliegt, für den angestrebten Studiengang durch die Stiftung auf der Grundlage der Bewertungsvorschläge der Zentralstelle für ausländisches Bildungswesen.

(2) Wer bei der Bewerbung für das Sommersemester bis zum 15. Januar, bei der Bewerbung für das Wintersemester bis zum 15. Juli das 55. Lebensjahr vollendet hat, wird am Vergabeverfahren nur beteiligt, wenn für das beabsichtigte Studium unter Berücksichtigung der persönlichen Situation der Bewerberin oder des Bewerbers schwerwiegende wissenschaftliche oder berufliche Gründe sprechen.

(3) Vom Vergabeverfahren ist ausgeschlossen, wer für den gewählten Studiengang im Zeitpunkt der Antragstellung an einer in der Bundesrepublik Deutschland gelegenen Hochschule (deutsche Hochschule) als Studentin oder Student eingeschrieben ist; dies gilt nicht im Fall der Einschreibung für einen Teilstudienplatz oder bei Nachweis von Gründen für einen Studienortwechsel nach § 15 Satz 2. Wer in dem gewählten Studiengang bereits an einer deutschen Hochschule eingeschrieben war, kann seine Zulassung in diesem Studiengang sowohl im Verfahren der Stiftung für einen Studienplatz des ersten Fachsemesters als auch nach Maßgabe der Vorschriften für die Zulassung zu höheren Fachsemestern beantragen.

§ 5
Besonderer öffentlicher Bedarf

Das Bundesministerium der Verteidigung teilt der Stiftung für das Sommersemester bis zum 15. Januar, für das Wintersemester bis zum 15. Juli (Ausschlussfristen) unter Angabe einer Reihenfolge mit, wen es für die Studienplätze benennt, die dem Sanitätsoffizierdienst der Bundeswehr vorbehalten sind. Wer einen Studienplatz aus dieser Quote erhält, kann nicht nach anderen Bestimmungen dieser Verordnung zugelassen werden.

III. Quotierung und Verfahrensablauf
§ 6
Quotierung

(1) Von den festgesetzten Zulassungszahlen sind je Studienort vorweg abzuziehen:

1. für die Zulassung von ausländischen Staatsangehörigen oder Staatenlosen, die nicht nach § 2 Satz 2 Deutschen gleichgestellt sind, bis zu 5 vom Hundert,
2. für die Zulassung im Sanitätsoffizierdienst der Bundeswehr
   a) 2,2 vom Hundert im Studiengang Medizin,
   b) 0,5 vom Hundert im Studiengang Pharmazie,
   c) 0,1 vom Hundert im Studiengang Tiermedizin,
   d) 1,4 vom Hundert im Studiengang Zahnmedizin.

   Die von der jährlichen Aufnahmekapazität auf die Quote nach Satz 1 Nr. 1 entfallenden Studienplätze können nach Maßgabe des Landesrechts zu einem Zulassungstermin (Wintersemester oder Sommersemester) vergeben werden; § 7 Abs. 1 bleibt unberührt. Für die Quoten nach Satz 1 Nr. 2 gelten zusammen für ein Wintersemester und das darauf folgende Sommersemester bundesweit folgende Obergrenzen:
   a) im Studiengang Medizin: 220 Studienplätze,
   b) im Studiengang Pharmazie: 12 Studienplätze,
   c) im Studiengang Tiermedizin: 2 Studienplätze,
   d) im Studiengang Zahnmedizin: 30 Studienplätze.

(2) Darüber hinaus sind von der Gesamtzahl der festgesetzten Zulassungszahlen vorweg abzuziehen:

1. 2 vom Hundert für Fälle außergewöhnlicher Härte,
2. 0,2 vom Hundert für die Auswahl der Bewerberinnen und Bewerber mit besonderer Hochschulzugangsberechtigung,
3. 3 vom Hundert für die Auswahl für ein Zweitstudium.

Der Anteil der für Bewerberinnen und Bewerber mit besonderer Hochschulzugangsberechtigung bei der Verfahrensdurchführung zur Verfügung stehenden Studienplätze an der Gesamtzahl der Studienplätze darf nicht größer sein als ihr Anteil an der Bewerbergesamtzahl. Für jede Quote nach Satz 1 muss mindestens ein Studienplatz zur Verfügung gestellt werden.

(3) Die Zahl der in der Abiturbestenquote zu vergebenden Studienplätze beträgt je Studienort 20 vom Hundert der Zahl der nach Abzug der Quoten nach Absatz 1 und 2 verbleibenden Studienplätze.

(4) Die Zahl der durch das Auswahlverfahren der Hochschulen zu vergebenden Studienplätze beträgt je Studienort 60 vom Hundert der Zahl der nach Abzug der Quoten nach Absatz 1 und 2 verbleibenden Studienplätze.

(5) Die verbleibenden Studienplätze, vermindert um die Zahl der nach einem Dienst aufgrund früheren Zulassungsanspruchs Auszuwählenden, die nicht in der Abiturbestenquote oder im Auswahlverfahren der Hochschulen zugelassen worden waren, werden nach Wartezeit vergeben.

(6) In den Quoten nach Absatz 1 Satz 1 Nr. 2 und Absatz 2 verfügbar gebliebene Studienplätze werden der Quote nach Absatz 5 hinzugerechnet. In den Quoten nach Absatz 1 Satz 1 Nr. 1, Absatz 3 und 5 verfügbar gebliebene Studienplätze werden der Quote nach Absatz 4 hinzugerechnet.

§ 7
Ablauf des zentralen Vergabeverfahrens

(1) Ein Vergabeverfahren umfasst jeweils die auf einen Zulassungstermin (Sommersemester oder Wintersemester) bezogene Vergabe von Studienplätzen.

(2) Nach der Zulassung der nach § 5 Satz 1 Benannten trifft die Stiftung die Auswahl in der Abiturbestenquote nach § 11 und lässt die ausgewählten Bewerberinnen und Bewerber nach § 20 zu.

(3) Danach vergibt die Stiftung die Studienplätze der Quoten nach § 6 Abs. 2 Satz 1 und Abs. 5. An der Vergabe der Studienplätze dieser Quoten wird nicht beteiligt, wer in der Abiturbestenquote zugelassen worden ist. Wer in einer oder mehreren dieser Quoten zu berücksichtigen ist, wird auf allen entsprechenden Ranglisten geführt. Bei der Auswahl werden die Ranglisten in folgender Reihenfolge berücksichtigt:
   1. Auswahl nach einem Dienst aufgrund früheren Zulassungsanspruchs nach § 19, sofern die frühere Zulassung weder in der Abiturbestenquote noch im Auswahlverfahren der Hochschulen erfolgt ist,

2. Auswahl der Bewerberinnen und Bewerber mit besonderer Hochschulzugangsberechtigung nach § 16 und Auswahl für ein Zweitstudium nach § 17,
3. Auswahl nach Wartezeit nach § 14,
4. Auswahl nach Härtegesichtspunkten nach § 15.

Die ausgewählten Bewerberinnen und Bewerber lässt die Stiftung nach § 21 zu. Bei der Auswahl und Verteilung kann die Stiftung durch Überbuchung der Zulassungszahlen berücksichtigen, dass Studienplätze voraussichtlich nicht angenommen werden.

(4) Wer an der Vergabe der Studienplätze nach Absatz 2 oder 3 beteiligt, aber nicht zugelassen worden ist, erhält von der Stiftung einen Ablehnungsbescheid.

§ 8

Zulassungsbescheid

Im Zulassungsbescheid teilt die Stiftung mit, bis wann sich die oder der Zugelassene bei der im Zulassungsbescheid genannten Hochschule einzuschreiben hat. Ist die Einschreibung bis zu diesem Termin nicht beantragt worden oder lehnt die Hochschule eine Einschreibung ab, weil sonstige Einschreibvoraussetzungen nicht vorliegen, wird der Zulassungsbescheid unwirksam; auf diese Rechtsfolge ist im Bescheid hinzuweisen. Satz 1 und 2 gelten entsprechend, wenn der Zulassungsbescheid von der Hochschule erlassen wird.

§ 9

Abschluss des zentralen Vergabeverfahrens

Mit der Vergabe der Studienplätze nach § 7 Abs. 3 ist das zentrale Vergabeverfahren abgeschlossen. Studienplätze in den von der Stiftung vergebenen Quoten, die nach Abschluss des zentralen Vergabeverfahrens noch verfügbar sind oder wieder verfügbar werden, werden im Auswahlverfahren der Hochschulen vergeben.

§ 10

Auswahlverfahren der Hochschulen

(1) Das Auswahlverfahren der Hochschulen wird [auf der Grundlage des Landes- und Satzungsrechts] von den einzelnen Hochschulen durchgeführt. [Die Hochschulen sind in diesem Verfahren nicht verpflichtet, den Sachverhalt von Amts wegen zu ermitteln.] Hochschulen können die Stiftung damit beauftragen, Zulassungs- sowie Ablehnungsbescheide zu erstellen und im Namen und Auftrag der Hochschule zu versenden. Hochschulen können bei der Durchführung ihrer Auswahlverfahren

durch Überbuchung der Zulassungszahlen berücksichtigen, dass Studienplätze voraussichtlich nicht besetzt werden.

(2) Am Auswahlverfahren der Hochschulen wird nicht beteiligt, wer
1. unter die Quoten nach § 6 Abs. 1 Satz 1 oder Abs. 2 Satz 1 Nr. 2 und 3 fällt oder
2. im Zulassungsantrag keinen gültigen Studienortwunsch für dieses Verfahren genannt hat oder
3. nach § 7 Abs. 2 oder Abs. 3 Satz 5 von der Stiftung zugelassen worden ist.

Liegen die Voraussetzungen nach Satz 1 Nr. 2 vor, erlässt die Stiftung für das Auswahlverfahren der Hochschulen im eigenen Namen einen Ausschlussbescheid.

(3) Die Stiftung teilt den Hochschulen für das Sommersemester bis zum 10. Februar, für das Wintersemester bis zum 10. August mit, welche Bewerberinnen und Bewerber an ihren Auswahlverfahren zu beteiligen sind, und übermittelt dabei studiengangweise folgende Angaben:
1. Namen und Anschrift sowie Tag und Ort der Geburt,
2. die Ortspräferenz für die jeweilige Hochschule,
3. die nach § 11 Abs. 3 bis 5 ermittelte Durchschnittsnote,
4. die nach § 14 ermittelte Wartezeit,
5. Einzelnoten der Hochschulzugangsberechtigung,
6. das Ergebnis eines fachspezifischen Studierfähigkeitstests, sofern es der Stiftung vorliegt,
7. die Art einer Berufsausbildung und die Dauer einer Berufstätigkeit oder eines Praktikums,
8. die Erfüllung der Voraussetzungen für eine erneute Zulassung nach § 19 Abs. 2 Satz 2.

(4) Soweit der Stiftung Verfahrensergebnisse der Hochschulen in Form von Ranglisten für das Sommersemester bis zum 25. Februar, für das Wintersemester bis zum 25. August vorliegen, werden Bewerberinnen und Bewerber, die nach diesen Ranglisten eine Zulassungsmöglichkeit für die von ihnen in höchster Präferenz gewählte Hochschule haben, an deren Auswahlverfahren sie zu beteiligen sind, von dieser Hochschule zugelassen. Die Stiftung teilt den Hochschulen für das Sommersemester bis zum 5. März, für das Wintersemester bis zum 2. September mit, welche Bewerberinnen und Bewerber unter Satz 1 fallen. Die Hochschulen erteilen in diesen Fällen Zulassungsbescheide. Die Zugelassenen nehmen am weiteren Verfahren nicht mehr teil. Die Hochschulen teilen der Stiftung die Einschreibergebnisse für das Sommersemester bis zum 16. März, für das Wintersemester bis zum 16. September mit.

(5) Die Hochschulen teilen der Stiftung für das Sommersemester bis zum 18. März, für das Wintersemester bis zum 18. September ihre Verfahrensergebnisse in Form von Ranglisten mit, soweit die Ranglisten nicht bereits nach Absatz 4 übermittelt worden sind. Die Stiftung gleicht sämtliche Ranglisten ab, indem in den Fällen mehrerer Zulassungsmöglichkeiten für eine Bewerberin oder einen Bewerber nur diejenige für die in höchster Präferenz genannte Hochschule bestehen bleibt, und übermittelt den Hochschulen für das Sommersemester bis zum 22. März, für das Wintersemester bis zum 22. September die bereinigten Ranglisten. Die Hochschulen erteilen nach Maßgabe dieser Ranglisten Zulassungs- und Ablehnungsbescheide. Die Zugelassenen nehmen am weiteren Verfahren nicht mehr teil. Die Hochschulen teilen der Stiftung die Einschreibergebnisse für das Sommersemester bis zum 30. März, für das Wintersemester bis zum 30. September mit.

(6) Sind danach Studienplätze noch verfügbar oder werden Studienplätze wieder verfügbar, schreibt die Stiftung die Ranglisten nach Maßgabe des Absatzes 5 Satz 2 fort und übermittelt sie für das Sommersemester bis zum 2. April, für das Wintersemester bis zum 2. Oktober an die Hochschulen. Die Hochschulen führen auf dieser Grundlage ein Nachrückverfahren durch; dabei werden keine Ablehnungsbescheide erteilt. Die Zugelassenen nehmen am weiteren Verfahren nicht mehr teil. Die Hochschulen teilen der Stiftung die Einschreibergebnisse für das Sommersemester bis zum 8. April, für das Wintersemester bis zum 8. Oktober mit.

(7) Sind nach Durchführung des Nachrückverfahrens nach Absatz 6 Studienplätze noch verfügbar oder werden Studienplätze wieder verfügbar, schreibt die Stiftung die Ranglisten nach Maßgabe des Absatzes 5 Satz 2 fort und übermittelt sie für das Sommersemester bis zum 10. April, für das Wintersemester bis zum 10. Oktober an die Hochschulen. Absatz 6 Satz 2 und 3 gelten entsprechend. Die Hochschulen teilen der Stiftung die Einschreibergebnisse für das Sommersemester bis zum 17. April, für das Wintersemester bis zum 17. Oktober mit.

(8) Nach Abschluss [der Nachrückverfahren / des Nachrückverfahrens] werden Studienplätze, die noch verfügbar sind oder wieder verfügbar werden, von der Hochschule durch das Los an Bewerberinnen und Bewerber vergeben, die bei der Hochschule die Zulassung beantragt haben. Die Hochschule bestimmt Form und Frist der Antragstellung und gibt sie in geeigneter Weise bekannt.

IV. Quoten und Auswahlkriterien des zentralen Vergabeverfahrens

§ 11

Auswahl in der Abiturbestenquote

(1) An der Vergabe der Studienplätze in der Abiturbestenquote wird nicht beteiligt, wer
   1. im Zulassungsantrag keinen gültigen Studienortwunsch für diese Quote genannt hat, oder
   2. unter die Quoten nach § 6 Abs. 1 Satz 1oder Abs. 2 Satz 1 Nr. 2 oder Nr. 3 fällt.

(2) Für die Besetzung der Studienplätze in der Abiturbestenquote werden so viele Bewerberinnen und Bewerber ausgewählt, wie insgesamt in dieser Quote Studienplätze zu vergeben sind. Die Auswahl erfolgt nach Absatz 3 bis 5; dabei werden §§ 12 und 13 angewendet.

(3) Die Rangfolge wird durch die nach Anlage 2 ermittelte Durchschnittsnote bestimmt. Eine Gesamtnote gilt als Durchschnittsnote nach Satz 1.

(4) Wer keine Durchschnittsnote nachweist, wird hinter die letzte Bewerberin und den letzten Bewerber mit feststellbarer Durchschnittsnote eingeordnet.

(5) Wer nachweist, aus in der eigenen Person liegenden, nicht selbst zu vertretenden Gründen daran gehindert gewesen zu sein, eine bessere Durchschnittsnote zu erreichen, wird auf Antrag mit der besseren Durchschnittsnote berücksichtigt.

§ 12

Landesquoten

(1) Für die Auswahl in der Abiturbestenquote bildet die Stiftung Landesquoten, sofern in dem jeweiligen Studiengang mehr als 15 Studienplätze zur Verfügung stehen.

(2) Die Quote eines Landes bemisst sich zu einem Drittel nach seinem Anteil an der Gesamtzahl der Bewerberinnen und Bewerber für den betreffenden Studiengang (Bewerberanteil) und zu zwei Dritteln nach seinem Anteil an der Gesamtzahl der Achtzehn- bis unter Einundzwanzigjährigen (Bevölkerungsanteil). Die sich danach für die Länder Berlin, Bremen und Hamburg ergebenden Quoten werden um 30 vom Hundert erhöht. Die auf die so ermittelten Landesquoten entfallenden Studienplätze werden in der Weise errechnet, dass zunächst jeder Landesquote ein Studienplatz zugeteilt wird und die verbleibenden Studienplätze nach dem d'Hondtschen Höchstzahlverfahren ermittelt werden.

(3) Bei der Berechnung des Bewerberanteils eines Landes wird nur berücksichtigt, wer

1. für diesen Studiengang zu dem Personenkreis gehört, der an der Auswahl in der Abiturbestenquote zu beteiligen ist, und
2. eine nach den Beschlüssen der Kultusministerkonferenz bei der Berechnung des Bewerberanteils eines Landes zu berücksichtigende Hochschulzugangsberechtigung in dem betreffenden Land erworben hat.

(4) Für die Berechnung des Bevölkerungsanteils ist die Fortschreibung über die deutsche Wohnbevölkerung maßgeblich, die zuletzt vor dem Bewerbungsschluss des jeweiligen Vergabeverfahrens vom Statistischen Bundesamt veröffentlicht wurde.

§ 13
Zurechnung zu den Landesquoten

(1) Soweit Landesquoten gebildet werden, wird die Auswahl für jede Landesquote getrennt unter den Bewerberinnen und Bewerbern vorgenommen, die der jeweiligen Landesquote zuzurechnen sind.

(2) Im Falle einer im Inland erworbenen deutschen Hochschulzugangsberechtigung bestimmt der Ort des Erwerbs die Zurechnung zu den Landesquoten. Wer keiner Landesquote zugerechnet werden kann, wird entsprechend den Bevölkerungsanteilen durch das Los einer Landesquote zugeordnet.

(3) Kann das Studienplatzkontingent einer Landesquote aus Mangel an Bewerbungen nicht ausgeschöpft werden, werden die Studienplätze in entsprechender Anwendung des § 12 Abs. 2 auf die übrigen Landesquoten verteilt.

§ 14
Auswahl nach Wartezeit

(1) Die Rangfolge wird durch die Zahl der seit dem Erwerb der Hochschulzugangsberechtigung verstrichenen Halbjahre bestimmt. Es zählen nur volle Halbjahre vom Zeitpunkt des Erwerbs der Hochschulzugangsberechtigung bis zum Beginn des Semesters, für das die Zulassung beantragt wird. Halbjahre sind die Zeit vom 1. April bis zum 30. September eines Jahres (Sommersemester) und die Zeit vom 1. Oktober eines Jahres bis zum 31. März des folgenden Jahres (Wintersemester)

(2) Wird der Zeitpunkt des Erwerbs der Hochschulzugangsberechtigung nicht nachgewiesen, wird die Zahl der Halbjahre seit dem Erwerb der Hochschulzugangsberechtigung nicht berücksichtigt.

(3) Wer nachweist, aus in der eigenen Person liegenden, nicht selbst zu vertretenden Gründen daran gehindert gewesen zu sein, die Hochschulzugangsberechtigung zu einem früheren Zeitpunkt zu erwerben,

wird auf Antrag bei der Ermittlung der Wartezeit mit dem früheren Zeitpunkt des Erwerbs der Hochschulzugangsberechtigung berücksichtigt.

(4) Ist vor dem Erwerb der Hochschulzugangsberechtigung ein berufsqualifizierender Abschluss außerhalb der Hochschule erlangt und die Hochschulzugangsberechtigung vor dem 16. Juli 2007 erworben worden, wird die Zahl der Halbjahre um eins für je sechs Monate Berufsausbildung, höchstens jedoch um zwei Halbjahre erhöht. Ist im Falle des Satzes 1 die Hochschulzugangsberechtigung vor dem 16. Januar 2002 erworben worden, wird die Zahl der Halbjahre um bis zu vier erhöht. Dies gilt entsprechend, wenn die Ableistung eines Dienstes eine Bewerberin oder einen Bewerber daran gehindert hat, vor dem Erwerb der Hochschulzugangsberechtigung einen berufsqualifizierenden Abschluss außerhalb der Hochschule zu erlangen, sofern der berufsqualifizierende Abschluss zu einer Erhöhung der Zahl der Halbjahre nach Satz 1 oder 2 geführt hätte.

(5) Ein berufsqualifizierender Abschluss nach Absatz 4 liegt vor bei

1. Ausbildungsberufen, die in dem Verzeichnis der anerkannten Ausbildungsberufe nach § 90 Abs. 3 Nr. 3 des Berufsbildungsgesetzes vom 23. März 2005 (BGBl. I S. 931) enthalten sind,
2. einer Berufsausbildung an einer staatlichen oder staatlich anerkannten Berufsfachschule oder Fachschule,
3. einer abgeschlossenen Ausbildung im einfachen oder mittleren Dienst der öffentlichen Verwaltung,
4. einer abgeschlossenen Berufsausbildung, die nach Artikel 37 Abs. 1 oder 3 des Einigungsvertrages einer Berufsausbildung nach den Nummern 1 bis 3 gleichzustellen ist. Ein berufsqualifizierender Abschluss nach Absatz 4 Satz 1 mit zweijähriger Ausbildungsdauer gilt als nachgewiesen, wenn die Hochschulzugangsberechtigung an einem Abendgymnasium oder an einem Kolleg erworben worden ist.

(6) Von der Gesamtzahl der Halbjahre wird die Zahl der Halbjahre abgezogen, in denen die Bewerberin oder der Bewerber an einer deutschen Hochschule als Studentin oder Student eingeschrieben war.

§ 15

Auswahl nach Härtegesichtspunkten

Die Studienplätze der Härtequote werden auf Antrag an Bewerberinnen und Bewerber vergeben, für die es eine außergewöhnliche Härte bedeuten würde, wenn sie für den genannten Studiengang keine Zulassung erhielten. Eine außergewöhnliche Härte liegt vor, wenn in der eigenen Person liegende besondere soziale oder familiäre Gründe die sofortige Aufnahme des

Studiums oder einen sofortigen Studienortwechsel zwingend erfordern. Die Rangfolge wird durch den Grad der außergewöhnlichen Härte bestimmt.

§ 16

Auswahl der Bewerberinnen und Bewerber mit besonderer Hochschulzugangsberechtigung

(1) Ist die Hochschulzugangsberechtigung in einem anderen noch nicht abgeschlossenen Studiengang erworben worden (besondere Hochschulzugangsberechtigung), ist eine Auswahl im Rahmen der Quoten nach § 6 Abs. 3 bis 5 ausgeschlossen. Die Rangfolge wird durch die Durchschnittsnote der Hochschulzugangsberechtigung bestimmt.

(2) Weist die Hochschulzugangsberechtigung keine auf eine Stelle nach dem Komma bestimmte Durchschnittsnote im Rahmen eines sechsstufigen Notensystems aus, ist diese durch eine besondere Bescheinigung der Einrichtung nachzuweisen, an der die Hochschulzugangsberechtigung erworben wurde.

(3) Wer keine Durchschnittsnote nachweist, wird hinter die letzte Bewerberin und den letzten Bewerber mit feststellbarer Durchschnittsnote eingeordnet.

§ 17

Auswahl für ein Zweitstudium

(1) Wer bereits ein Studium in einem anderen Studiengang an einer deutschen Hochschule abgeschlossen hat (Bewerberinnen und Bewerber für ein Zweitstudium), kann nicht im Rahmen der Quoten nach § 6 Abs. 3 bis 5 ausgewählt werden.

(2) Die Rangfolge wird durch eine Messzahl bestimmt, die aus dem Ergebnis der Abschlussprüfung des Erststudiums und dem Grad der Bedeutung der Gründe für das Zweitstudium ermittelt wird. Die Einzelheiten zur Ermittlung der Messzahl ergeben sich aus Anlage 3.

(3) Soweit ein Zweitstudium aus wissenschaftlichen Gründen angestrebt wird, erfolgt die Auswahl auf der Grundlage der Feststellungen der im Zulassungsantrag an erster Stelle genannten Hochschule.

§ 18

Nachrangige Auswahlkriterien

(1) Besteht bei der Auswahl in der Abiturbestenquote Ranggleichheit, bestimmt sich die Rangfolge nach den Bestimmungen über die Auswahl nach Wartezeit. Besteht bei der Auswahl nach Wartezeit Ranggleichheit, bestimmt sich die Rangfolge durch die nach § 11 Abs. 3 bis 5 ermittelte Durchschnittsnote.

(2) Besteht danach noch Ranggleichheit oder besteht bei der Auswahl in den übrigen Quoten Ranggleichheit, wird vorrangig ausgewählt, wer zu dem Personenkreis nach § 19 Abs. 1 Satz 1 Nr. 1 bis 3 gehört und durch eine Bescheinigung glaubhaft macht, dass der Dienst in vollem Umfang abgeleistet ist oder bei einer Bewerbung für das Sommersemester bis zum 30. April und bei einer Bewerbung für das Wintersemester bis zum 31. Oktober im Umfang der gesetzlich vorgeschriebenen Mindestdauer abgeleistet sein wird, oder glaubhaft macht, dass bis zu den genannten Zeitpunkten mindestens sechs Monate Dienst nach § 19 Abs. 1 Satz 1 Nr. 4 ausgeübt sein werden. Im Übrigen entscheidet bei Ranggleichheit das Los.

V. Auswahl nach einem Dienst aufgrund früherer Zulassung

§ 19

Auswahl nach einem Dienst aufgrund früheren Zulassungsanspruchs

(1) Bewerberinnen und Bewerber, die

1. eine Dienstpflicht nach Artikel 12 a des Grundgesetzes erfüllt oder eine solche Dienstpflicht oder entsprechende Dienstleistungen auf Zeit übernommen haben bis zur Dauer von drei Jahren,
   a) einen freiwilligen Wehrdienst nach dem Wehrpflichtgesetz in der Fassung der Bekanntmachung vom 15. August 2011 (BGBl. S. 1730) geleistet haben,
   b) einen Bundesfreiwilligendienst nach dem Gesetz über den Bundesfreiwilligendienst vom 28. April 2011 (BGBl. S. 687) geleistet haben,
2. mindestens zwei Jahre Entwicklungsdienst nach dem Entwicklungshelfer-Gesetz vom 18. Juni 1969 (BGBl. I S. 549) geleistet haben,
3. einen Jugendfreiwilligendienst im Sinne des Gesetzes zur Förderung von Jugendfreiwilligendiensten vom 16. Mai 2008 (BGBl. I S. 842) oder im Rahmen eines von der Bundesregierung geförderten Modellprojekts geleistet haben; § 15 Abs. 2 Jugendfreiwilligendienstegesetz gilt entsprechend,
4. ein Kind unter 18 Jahren oder eine pflegebedürftige Person aus dem Kreis der sonstigen Angehörigen bis zur Dauer von drei Jahren betreut oder gepflegt haben, (Dienst) werden in dem genannten Studiengang aufgrund früheren Zulassungsanspruchs ausgewählt, wenn sie zu Beginn oder während eines Dienstes für diesen Studiengang zugelassen worden sind oder wenn zu Beginn oder während eines Dienstes für diesen Studiengang nicht an allen Hochschulen Zulassungszahlen festgesetzt waren. Der von einem nach § 2 Satz 2

Deutschen gleichgestellten ausländischen Staatsangehörigen oder Staatenlosen geleistete Dienst steht einem Dienst nach Satz 1 gleich, wenn er diesem gleichwertig ist.

(2) Ist die frühere Zulassung in der Abiturbestenquote erfolgt, lässt die Stiftung vorab die Bewerberin oder den Bewerber in dieser Quote an demselben Studienort erneut zu. Ist die frühere Zulassung im Auswahlverfahren einer Hochschule oder im Losverfahren einer Hochschule nach § 10 Abs. 8 erfolgt, lässt diese Hochschule in ihrem Auswahlverfahren die Bewerberin oder den Bewerber vorab erneut zu. Ist die frühere Zulassung in einer sonstigen, von der Stiftung vergebenen Quote erfolgt oder beruht der Zulassungsanspruch nicht auf einer tatsächlich erfolgten Zulassung, wählt die Stiftung die Bewerberin oder den Bewerber vor der Vergabe der Studienplätze in den sonstigen Quoten aus. Die erneute Zulassung nach Satz 1 und 2 setzt voraus, dass der Studienort der früheren Zulassung für die entsprechende Quote an erster Stelle genannt worden ist.

(3) Die Auswahl nach Absatz 1 Satz 1 muss spätestens zum zweiten Vergabeverfahren beantragt werden, das nach Beendigung des Dienstes durchgeführt wird. Ist der Dienst noch nicht beendet, ist durch Bescheinigung glaubhaft zu machen, dass der Dienst bei einer Bewerbung für das Sommersemester bis zum 30. April oder bei einer Bewerbung für das Wintersemester bis zum 31. Oktober beendet sein wird.

(4) Wird die Festlegung einer Rangfolge zwischen den nach einem Dienst aufgrund früheren Zulassungsanspruchs Auszuwählenden erforderlich, entscheidet das Los.

(5) Beruht ein Zulassungsanspruch auf einer gegen die Stiftung gerichteten gerichtlichen Entscheidung, die sich auf ein bereits abgeschlossenes Vergabeverfahren bezieht, sind die Absätze 1 bis 4 entsprechend anzuwenden.

VI. Verteilung auf die Studienorte

§ 20

Verteilung der in der Abiturbestenquote Ausgewählten auf die Studienorte

Die Zulassung richtet sich vorrangig nach den im Zulassungsantrag nach § 3 Abs. 3 Satz 2 geäußerten Studienortwünschen. Können an einem Studienort nicht alle Bewerberinnen und Bewerber zugelassen werden, die diesen Studienort an gleicher Stelle genannt haben, entscheidet über die Zulassung die nach § 11 Abs. 3 bis 5 ermittelte Durchschnittsnote. Besteht bei der Zulassung nach Satz 2 Ranggleichheit, entscheidet die nach Anlage 5 ermittelte Punktzahl der Gesamtqualifikation der Hochschulzugangsberechtigung. Besteht bei der Zulassung nach Satz 3 Ranggleichheit, entscheidet die Rangfolge nach § 21 Abs. 1 Satz 2. Im Übrigen entscheidet bei Ranggleichheit das Los. Wer an keinen für diese Quote genannten Studienort verteilt werden kann, wird nicht zugelassen.

§ 21
Verteilung der nach § 7 Abs. 3 Ausgewählten auf die Studienorte

(1) Die Zulassung richtet sich vorrangig nach den im Zulassungsantrag nach § 3 Abs. 3 Satz 3 geäußerten Studienortwünschen. Können an einem Studienort nicht alle Bewerberinnen und Bewerber zugelassen werden, die diesen Studienort an gleicher Stelle genannt haben, entscheidet die nachstehende Rangfolge:
  1. amtlich festgestellte Eigenschaft als schwerbehinderter Mensch nach Teil 2 des Neunten Buches Sozialgesetzbuch (SGB IX),
  2. einzige Wohnung oder Hauptwohnung mit dem Ehegatten, den Kindern oder dem Lebenspartner aus einer Lebenspartnerschaft nach § 1 des Gesetzes über die Eingetragene Lebenspartnerschaft vom 16. Februar 2001 (BGBl I S. 266) in den dem Studienort zugeordneten Kreisen und kreisfreien Städten,
  3. Anerkennung des ersten Studienortwunsches nach Absatz 3,
  4. einzige Wohnung oder Hauptwohnung bei den Eltern in den dem Studienort zugeordneten Kreisen und kreisfreien Städten,
  5. keiner der vorgenannten Gründe.

  Die Zuordnung von Kreisen und kreisfreien Städten zu den einzelnen Studienorten ergibt sich aus Anlage 4.

(2) Besteht bei der Zulassung nach Absatz 1 Satz 2 Ranggleichheit, entscheidet die nach § 11 Abs. 3 bis 5 ermittelte Durchschnittsnote; bei der Zulassung für ein Zweitstudium gilt das Ergebnis der Abschlussprüfung des Erststudiums als Grad der Qualifikation. 2Im Übrigen entscheidet bei Ranggleichheit das Los.

(3) Für den an erster Stelle genannten Studienort kann ein Antrag auf bevorzugte Berücksichtigung gestellt werden. Dem Antrag soll nur stattgegeben werden, wenn die Zulassung an einem anderen Studienort unter Anlegung eines strengen Maßstabs mit erheblichen Nachteilen verbunden wäre. Hierbei kommen insbesondere eigene gesundheitliche, familiäre oder wirtschaftliche Umstände sowie wissenschaftliche Gründe in Betracht.

VII. Vergabe von Teilstudienplätzen

§ 22

Teilstudienplätze

(1) Studienplätze, bei denen die Zulassung auf den ersten Teil eines Studiengangs beschränkt ist, weil das Weiterstudium an einer deutschen Hochschule nicht gewährleistet ist (Teilstudienplätze), werden getrennt von den übrigen Studienplätzen von der Stiftung vergeben.

(2) Die festgesetzte Zahl an Teilstudienplätzen, vermindert um die Zahl der nach einem Dienst aufgrund früheren Zulassungsanspruchs Auszuwählenden, wird jeweils im Anschluss an das Verfahren nach § 10 Abs. 6 [Abs. 7] durch das Los an die Bewerberinnen und Bewerber vergeben, die bis dahin nicht zugelassen sind. Die §§ 1 bis 4, 8, 19 und 21 gelten entsprechend; die Zulassung für einen Teilstudienplatz wird nicht nach § 4 Abs. 3 Satz 1 berücksichtigt.

VIII. Schlussbestimmungen

§ 23

Inkrafttreten

(1) Diese Verordnung tritt am … in Kraft. Sie gilt erstmals für das Vergabeverfahren zum Wintersemester 2010/2011.

(2) Die Verordnung über die zentrale Vergabe von Studienplätzen (Vergabeverordnung …) vom … tritt am … außer Kraft.

IV. Auszug aus der Satzung der Universität Heidelberg für die Zulassungen zu den Studiengängen Medizin (Fakultät Heidelberg), Medizin (Fakultät Mannheim) sowie Zahnmedizin jeweils mit Abschluss Staatsexamen nach dem hochschuleigenen Auswahlverfahren (AdH) betreffend den Test für Medizinische Studiengänge (TMS) (Stand: 17.12.2012)

§ 6
Test für Medizinische Studiengänge (TMS)

(1) Die Auswahl unter den Bewerbern für die in § 1 genannten Studiengänge wird auch auf der Grundlage von Leistungserhebungen in schriftlicher Form durch den 'Test für Medizinische Studiengänge" (TMS) getroffen. Der TMS ist ein spezifischer Studierfähigkeitstest und prüft das Verständnis für naturwissenschaftliche und medizinische Problemstellungen. Mit Hilfe des Tests, der aus Untertests besteht, wird festgestellt, inwieweit der Bearbeiter komplexe Informationen, welche in längeren Texten, Tabellen oder Graphiken dargeboten werden, zu erfassen und richtig zu interpretieren vermag, ferner, wie gut er mit Größen, Einheiten und Formeln umgehen kann. Des Weiteren prüft der TMS die Merkfähigkeit, die Genauigkeit der visuellen Wahrnehmung, das räumliche Vorstellungsvermögen und die Fähigkeit zu konzentriertem und sorgfältigem Arbeiten. Nicht geprüft werden fachspezifische Kenntnisse, die Gegenstand der Abiturprüfung oder einer anderen Prüfung sind, welche die Hochschulreife vermittelt. Zur Lösung der Testaufgaben hat der Testteilnehmer anzugeben, welche der mit den Aufgaben vorgelegten Antworten er für zutreffend hält. Bei der Aufstellung der Prüfungsaufgaben wird festgelegt, welche Antworten als zutreffend anerkannt werden. Zum Zweck ihrer Erprobung können in den Test Aufgaben aufgenommen werden, die nicht in die Wertung eingehen. Der Test ist nicht wiederholbar.

(2) Der Test wird von den baden-württembergischen Universitäten (mit medizinischen Fakultäten) sowie weiteren Universitäten anderer Bundesländer gemeinsam durchgeführt. Diese haben die ITB Consulting GmbH, Bonn, mit der Testentwicklung und -auswertung beauftragt. Mit der Vorbereitung, Organisation und Koordination des Testverfahrens beauftragt die Universität Heidelberg die zentrale Koordinierungsstelle bei der Medizinischen Fakultät Heidelberg.

(3) Der Test wird einmal im Jahr, vor Ablauf der Bewerbungsfristen gemäß § 10 Abs. 4 S. 8 Vergabeverordnung Stiftung durchgeführt. Der genaue Termin und der Ort der Prüfung werden jeweils rechtzeitig vorher durch die zentrale Koordinierungsstelle bekannt gegeben. Alle Informationen und die Festlegungen/Regelungen zum jeweiligen TMS-Durchgang sind abrufbar unter www.tms-info.org.

(4) Die Anmeldung zum Test muss jeweils bis zum 15. Januar bei der zentralen Koordinierungsstelle eingegangen sein (Ausschlussfrist). Fällt das Ende der Anmeldefrist auf einen Samstag, Sonntag oder gesetzlichen Feiertag, verlängert sich die Anmeldefrist nicht bis zum Ablauf des nächstfolgenden Werktages (§ 31 Abs. 3 Satz 2 Landesverwaltungsverfahrensgesetz Baden-Württemberg). Die zentrale Koordinierungsstelle bestimmt die Form der Anmeldung.

(5) Zum TMS wird nur zugelassen und eingeladen, wer
   a) sich frist- und formgerecht für den Test angemeldet hat,
   b) die Testgebühr, die nach einer gesonderten Gebührensatzung erhoben wird, fristgerecht entrichtet hat,
   c) bereits im Besitz einer allgemeinen, besonderen oder fachgebundenen Hochschulzugangsberechtigung ist (Altabiturienten) und alle Personen, die diese im laufenden oder darauffolgenden Schuljahr voraussichtlich erwerben werden.
   d) deutscher Staatsangehöriger ist oder als ausländischer Staatsangehöriger, Staatenloser diesen nach § 2 Satz 2 Vergabeverordnung Stiftung gleichgestellt ist,
   e) am TMS in Deutschland noch nicht teilgenommen hat.

   Die Zulassung zum Test ist zu versagen, wenn die Voraussetzungen nach Satz 1 nicht erfüllt sind.

(6) Die zum Test zuzulassenden Bewerber wählen innerhalb eines vorgegebenen Zeitraums ihr TMS-Lokal selbst aus oder werden von der zentralen Koordinierungsstelle auf die verschiedenen Testorte verteilt und werden mindestens vier Wochen vor dem Testtermin zur Testabnahme eingeladen.

(7) Für jede Testabnahmestelle wird mindestens eine Testleitung bestellt. Sie hat die Aufgabe, für die ordnungsgemäße Durchführung des Tests zu sorgen.

(8) Die Testabnahme ist nicht-öffentlich. Zur Testteilnahme ist nur berechtigt, wer die Voraussetzungen des Abs. 5 erfüllt, wer sich durch einen gültigen amtlichen Lichtbildausweis (Personalausweis, Reisepass oder Führerschein) ausweisen kann, eine Einladung zum Test vorlegen kann und bis zum Beginn der Testabnahme seinen Platz im Testraum eingenommen hat. Die Testabnahme beginnt mit der Ausgabe des ersten Testhefts.

(9) Die Dauer des Tests beträgt ca. fünf Stunden. Der Test bzw. die Untertests sind jeweils innerhalb einer festgesetzten Zeit zu bearbeiten.

(10) Das Testergebnis wird von der ITB Consulting GmbH, Bonn, ermittelt und den Testteilnehmerinnen und -teilnehmern mitgeteilt. Die Ermittlung und Darstellung des Testergebnisses ergibt sich aus der Anlage 1.

(11) Wer den ordnungsgemäßen Ablauf der Testabnahme stört oder den Anweisungen der Testleitung nicht Folge leistet, kann von der Fortsetzung der Testbearbeitung ausgeschlossen werden. Wer versucht, das Testergebnis durch Täuschung oder Benutzung nicht zugelassener Hilfsmittel zu beeinflussen, wird von der Fortsetzung der Testbearbeitung ausgeschlossen. Als Täuschung ist auch die Bearbeitung eines Untertests außerhalb der dafür angesetzten Zeit anzusehen. Wird die Täuschung nach Beendigung der Testabnahme aufgedeckt, erfolgt der Testausschluss rückwirkend. Jeder Testausschluss hat zur Folge, dass das Testergebnis auf „0‘ gesetzt wird.

(12) Wer nach Beginn der Testabnahme die Testbearbeitung abbricht, wird mit dem bis zu diesem Zeitpunkt erzielten Testergebnis bewertet. Der Teilnehmer ist berechtigt, im nächstfolgenden Testtermin erneut am Test teilzunehmen, wenn der Abbruch wegen Krankheit während der Testabnahme einem Testleiter mitgeteilt und im Testprotokoll vermerkt wird und unverzüglich nach der Testabnahme der Universität oder der von ihr beauftragten Koordinierungsstelle schriftlich angezeigt und nachgewiesen wird, dass für den Abbruch der Testbearbeitung ein triftiger Grund vorgelegen hat; bei Krankheit ist ein amtsärztliches Attest vorzulegen.

(13) Wird in einer Testabnahmestelle der Test abgebrochen, kann nach Durchführung der Testabnahme ein einzelner Test nicht ausgewertet werden oder sind die Ergebnisse eines Testtermins ganz oder teilweise nicht verwertbar, sind die davon Betroffenen berechtigt, unter Abwei-

chung von Abs. 1 Satz 7 am nächsten Testtermin erneut am Test teilzunehmen.

(14) Sind einzelne Aufgaben nicht lösbar, so werden diese nicht mitbewertet; eine Wiederholung des Tests aus diesem Grunde ist nicht möglich.

(15) Kann ein Testtermin insgesamt nicht durchgeführt werden oder sind die Ergebnisse eines Testtermins insgesamt nicht verwertbar, wird das Auswahlkriterium „Testergebnis" in den Vergabeverfahren, die vor dem nächsten Testtermin liegen, nicht gewertet.

(16) Beeinträchtigungen des Prüfungsablaufs sind während der Testabnahme gegenüber dem Aufsichtführenden unverzüglich zu rügen. Nicht rechtzeitig gerügte Beeinträchtigungen sind unbeachtlich.

V. Einzelne Auswahlsatzungen

1. Satzung über das Auswahlverfahren der Charité – Universitätsmedizin Berlin für die Studiengänge Humanmedizin und Zahnmedizin (Auswahlsatzung) (Amtliches Mitteilungsblatt vom 11.1.2013/Nr. 100)

§ 1
Anwendungsbereich

(1) Diese Satzung regelt das Auswahlverfahren der Charité–Universitätsmedizin Berlin zur Vergabe der Studienplätze für die Studiengänge Humanmedizin und Zahnmedizin.

(2) § 10 Absatz 2 der Verordnung über die zentrale Vergabe von Studienplätzen durch die Stiftung für Hochschulzulassung (Vergabeverordnung Stiftung) vom 18.08.2010 (GVBl. S. 269), zuletzt geändert durch die Dritte Verordnung zur Änderung der Verordnung über die zentrale Vergabe von Studienplätzen durch die Stiftung für Hochschulzulassung vom 15.05.2012 (GVBl. S. 151), bestimmt, wer an diesem Auswahlverfahren teilnimmt.

§ 2
Erlass der Bescheide

Zulassungs- und Ablehnungsbescheide im Auswahlverfahren nach dieser Satzung erlässt die Stiftung für Hochschulzulassung im Namen und im Auftrag der Charité – Universitätsmedizin Berlin.

§ 3

Frist, Form der Anträge und Teilnahmevoraussetzungen

(1) Der Antrag auf Teilnahme am Auswahlverfahren der Charité – Universitätsmedizin Berlin (Zulassungsantrag) ist bei der Stiftung für Hochschulzulassung zu stellen.

(2) Frist und Form des Zulassungsantrags richten sich nach der Vergabeverordnung Stiftung.

(3) An dem Auswahlverfahren wird beteiligt, wer die Charité – Universitätsmedizin Berlin als erste Ortspräferenz für dieses Verfahren angegeben hat und dessen von der Stiftung für Hochschulzulassung mitgeteilte Durchschnittsnote der Hochschulzugangsberechtigung mindestens 2,3 beträgt (Vorauswahl).

§ 4

Vergabe der Studienplätze

Die Studienplätze werden nach der erreichten Durchschnittsnote in Verbindung mit dem Ergebnis eines fachspezifischen Studierfähigkeitstests vergeben.

§ 5

Rangliste

(1) Für die Vergabe der Studienplätze wird eine Bewerberrangliste nach Punkten erstellt.

(2) Die Bewerberinnen und Bewerber erhalten nach Maßgabe des § 6 Punkte für ihre Durchschnittsnote und nach Maßgabe des § 9 Punkte für die Teilnahme an dem fachspezifischen Studierfähigkeitstest. Ihre Rangposition richtet sich nach der Summe dieser Punktzahlen. Wer an dem Test nicht teilgenommen hat, wird nur mit den Punkten für seine Durchschnittsnote an dem Auswahlverfahren beteiligt.

(3) Bei gleichen Rangpositionen findet § 8 a BerlHZG Anwendung.

§ 6

Punkte für die Durchschnittsnote

Für die Durchschnittsnote 1,0 in der Hochschulzugangsberechtigung werden 900 Punkte gutgeschrieben; für jede darüber liegende Zehntelnote werden hiervon 30 Punkte abgezogen.

§ 7

Fachspezifischer Studierfähigkeitstest

(1) Durch den fachspezifischen Studierfähigkeitstest werden medizinisch relevante Aspekte der Fächer Mathematik, Physik, Chemie und Biologie im Multiple-Choice-Verfahren überprüft.

(2) Der Test wird rechtzeitig vor Beginn des jeweiligen Semesters einmal durchgeführt.

§ 8

Teilnahme am Studierfähigkeitstest

Die Teilnahme am Studierfähigkeitstest ist auf 850 Personen für den Studiengang Humanmedizin und 150 Personen für den Studiengang Zahnmedizin begrenzt. Die Teilnahmeplätze werden jeweils nach Ranglisten vergeben, die aus den Durchschnittsnoten der Hochschulzugangsberechtigungen gebildet werden. Bei gleichen Rangpositionen ist §8 a BerlHZG anzuwenden.

§ 9

Die Einladung zum Studierfähigkeitstest

(1) Die zu beteiligenden Personen werden rechtzeitig zu dem Studierfähigkeitstest eingeladen.

(2) Die Einladung erfolgt ausschließlich per E-Mail an die bei der Stiftung für Hochschulzulassung angegebene E-Mail-Adresse. Die Bewerberinnen und Bewerber sind verpflichtet, für genügend Speicherplatz auf ihrem E-Mail-Konto zu sorgen und ihre E-Mails regelmäßig abzurufen. Wer bei der Stiftung für Hochschulzulassung keine E-Mail-Adresse angibt, erhält keine Einladung.

§ 10

Durchführung des Studierfähigkeitstests und Punktevergabe

(1) Die Bearbeitungszeit des Studierfähigkeitstests beträgt höchstens drei Stunden.

(2) In dem Studierfähigkeitstest können bei richtiger Beantwortung aller Fragen 400 Punkte erreicht werden. Für jede teilnehmende Person wird ermittelt, wie viel Prozent der Fragen sie richtig beantwortet hat. Dieser Prozentwert wird den 400 Punkten multipliziert

(3) Der Fakultätsrat entscheidet, welcher Studierfähigkeitstest eingesetzt wird und gibt dies im Amtlichen Mitteilungsblatt bekannt.

§ 11

Nachteilsausgleich bei dem Studierfähigkeitstest

(1) Ein Nachteilsausgleich kann in Anspruch genommen werden, wenn eine länger andauernde körperliche Beeinträchtigung oder Behinderung vorliegt und der Test in der vorgeschriebenen Form nicht oder nur teilweise erbracht werden kann.

(2) Wer einen Nachteilsausgleich begehrt, muss dies unverzüglich nach Erhalt der Einladung zum Studierfähigkeitstest schriftlich bei dem Referat für Studienangelegenheiten beantragen. Diesem Antrag ist ein Nachweis über die körperliche Beeinträchtigung oder Behinderung beizufügen. Der Antrag ist zu bescheiden.

§ 12

Folgen der Nichtabgabe des Testbogens

Gibt eine Person ohne Vorliegen eines wichtigen Grundes den Testbogen nicht ab, wird sie nur mit den Punkten für ihre Durchschnittsnote an dem Auswahlverfahren beteiligt.

§ 13

Folgen der Nichtwahrnehmung des Termins

Tritt eine eingeladene Person nicht pünktlich zum Testtermin an, erlischt rückwirkend ihre Teilnahmeberechtigung für diesen Termin. In diesem Fall werden nur die Punkte für die Durchschnittsnote berücksichtigt.

§ 14

Inkrafttreten

(1) Diese Satzung tritt am Tage nach ihrer Veröffentlichung im Amtlichen Mitteilungsblatt der Charité – Universitätsmedizin Berlin in Kraft. Sie gilt erstmals für das Wintersemester 2013/14.

(2) Die Satzung über das Auswahlverfahren der Charité – Universitätsmedizin Berlin in den Studiengängen Humanmedizin und Zahnmedizin vom 02.11.2009 (Amtliches Mitteilungsblatt der Charité – Universitätsmedizin Berlin Nr. 53 vom 09.11.2009) gilt letztmals für das Sommersemester 2013.

2. Satzung der Universität Hamburg über das Auswahlverfahren in den bundesweit zulassungsbeschränkten Studiengängen Humanmedizin, Pharmazie und Zahnmedizin

§ 1

Anwendungsbereich

Diese Satzung regelt die Vergabe von Studienplätzen in den bundesweit zulassungsbeschränkten Studiengängen Humanmedizin, Pharmazie sowie

Zahnmedizin an Studienbewerberinnen und Studienbewerber, die durch die Stiftung für Hochschulzulassung (im Folgenden: Stiftung) im Auswahlverfahren nach § 32 Absatz 3 Nummern 1 und 2 des Hochschulrahmengesetzes (HRG) keinen Studienplatz erhalten haben und daher an dem Auswahlverfahren der Hochschulen (AdH) gemäß § 32 Absatz 3 Nummer 3 HRG teilnehmen. Wer nach § 19 Absatz 2 Sätze 2 und 4 Verordnung über die zentrale Vergabe von Studienplätzen durch die Stiftung für Hochschulzulassung (VergabeVO Stiftung) vom 25. Mai 2010 (HmbGVBl. S. 390) nach Ableistung eines Dienstes einen Anspruch auf Zulassung für den gewünschten Studiengang an der Universität Hamburg hat, wird vorab zugelassen.

§ 2
Auswahlverfahren Pharmazie

(1) Im Studiengang Pharmazie findet eine Vorauswahl nicht statt. Die Auswahl erfolgt auf Grund der Durchschnittsnote der Hochschulzugangsberechtigung. Die Rangplatzeinordnung erfolgt im Auftrag der Universität Hamburg vollständig durch die Stiftung. Bei Ranggleichheit findet § 18 Absatz 2 VergabeVO Stiftung Anwendung.

§ 3
Auswahlverfahren Humanmedizin

(1) Die Studienplätze im AdH für den Studiengang Medizin werden nach dem Ergebnis eines schriftlichen Studierfähigkeitstest (Hamburger Auswahlverfahren für medizinische Studiengänge Naturwissenschaftsteil – HAM-Nat, § 7) und nach dem Ergebnis von Auswahlgesprächen (HAM-Int, § 8), jeweils in Verbindung mit der Durchschnittsnote der Hochschulzugangsberechtigung nach näherer Maßgabe des Absatzes 2 vergeben. Bei der Auswahl werden nur Ergebnisse des HAM-Nat und des HAM-Int aus dem aktuellen Bewerbungsjahr berücksichtigt, eine mehrfache Teilnahme an Tests in unterschiedlichen Jahren ist möglich.

(2) Die Studienplätze im AdH werden nach einer Rangliste vergeben, die wie folgt gebildet wird:

a) Die ersten 115 Plätze dieser Rangliste werden denjenigen Bewerberinnen und Bewerbern zugeordnet, die unter Berücksichtigung der Durchschnittsnote der Hochschulzugangsberechtigung und des Ergebnisses des HAM-Nat (§ 7) die 115 Rangbesten Plätze nach § 5 einnehmen.

b) Die weiteren Plätze (116 und größer) werden denjenigen Bewerberinnen und Bewerbern zugeordnet, die auch an den Auswahlgesprächen (HAM-Int) teilgenommen haben. Die Rangfolge innerhalb dieser Gruppe wird unter Berücksichtigung der Durchschnittsnote der Hochschulzugangsberechtigung, des Ergebnisses des HAM-Nat (§ 7) und des Ergebnisses des Auswahlgesprächs (§ 8) nach § 5 bestimmt.

c) Die nach vorstehend a) und b) noch nicht in der Rangliste berücksichtigten Teilnehmerinnen und Teilnehmer am HAM-Nat werden nachrangig auf die Rangliste gesetzt. Die Rangfolge innerhalb dieser Gruppe bestimmt sich wiederum unter Berücksichtigung der Durchschnittsnote der Hochschulzugangsberechtigung und des Ergebnisses des HAM-Nat (§ 7) entsprechend der vorstehend zu a) festgelegten Verfahrensweise.

§ 4
Auswahlverfahren Zahnmedizin

(1) Die Studienplätze im AdH für den Studiengang Zahnmedizin werden nach dem Ergebnis eines schriftlichen Studierfähigkeitstest (Hamburger Auswahlverfahren für medizinische Studiengänge Naturwissenschaftsteil – HAM-Nat, § 7), dem Ergebnis einer manuellen Arbeitsprobe (HAM-Man, § 9) und dem Ergebnis eines Tests zum mentalen Rotieren (HAM-MRT, § 10) in Verbindung mit der Note der Hochschulzugangsberechtigung nach näherer Maßgabe des nachfolgenden Absatzes 2 vergeben. Bei der Auswahl werden nur Ergebnisse des HAM-Nat, des HAM-Man und des HAM-MRT aus dem aktuellen Bewerbungsjahr berücksichtigt, eine mehrfache Teilnahme an Tests in unterschiedlichen Jahren ist möglich.

(2) Zur Ermittlung der Rangfolge werden die Durchschnittsnote der Hochschulzugangsberechtigung, das Testergebnis des HAM-Nat, das Testergebnis des HAM-Man und das Testergebnis des HAM-MRT nach § 5 berücksichtigt.

§ 5
Punktvergabe, Rangbildung und Ranggleichheit

(1) Die Durchschnittsnote der Hochschulzugangsberechtigung einer Bewerberin oder eines Bewerbers wird anhand einer linearen Skala in eine Punktzahl von 60 (bei Note 1,0) bis 0 (bei Note 4,0) umgerechnet. Für die Testergebnisse des HAM-Nat und des HAM-Int werden jeweils bis zu 59 Punkte, für die Testergebnisse des HAM-Man und des HAM-MRT werden jeweils bis zu 30 Punkte vergeben.

(2) Der Rangplatz einer Bewerberin oder eines Bewerbers in den nach § 3 und § 4 zu bildenden Ranglisten ermittelt sich jeweils nach der Summe ihrer bzw. seiner für die jeweilige Liste maßgeblichen Punktzahlen nach

Absatz 1. Höhere Punktzahlsumme bedeutet besserer Rangplatz. Bei Ranggleichheit findet § 18 Absatz 2 VergabeVO Stiftung Anwendung.

§ 6
Teilnehmerbegrenzungen, Vorauswahl, Termine, Kosten

(1) Die Teilnahme am HAM-Nat ist jeweils auf 1200 Teilnehmer (Medizin) und 220 Teilnehmer (Zahnmedizin) begrenzt. Zusätzlich werden die Bewerberinnen und Bewerber, die dieselbe Abiturdurchschnittsnote wie die 1200 Person (Medizin) beziehungsweise die 220 Person (Zahnmedizin) haben, eingeladen. Es findet jeweils eine Vorauswahl statt. Es werden jeweils nur Bewerberinnen und Bewerber berücksichtigt, die den Studienort Hamburg bei der Bewerbung bei der Stiftung in 1. Ortspräferenz für das Auswahlverfahren der Hochschulen genannt haben. Verbleibt ein Bewerberüberhang, werden die Plätze jeweils nach einer Rangliste vergeben. Die Rangliste wird jeweils nach den Durchschnittsnoten der Hochschulzugangsberechtigungen der Bewerberinnen bzw. Bewerber für den jeweiligen Studiengang, die den Studienort Hamburg bei der Bewerbung bei der Stiftung in 1. Ortspräferenz genannt haben, gebildet. Bei Ranggleichheit findet § 18 Absatz 2 VergabeVO Stiftung Anwendung.

(2) Zum HAM-Int für den Studiengang Medizin werden die 200 unter Berücksichtigung der Durchschnittsnote der Hochschulzugangsberechtigung und des Ergebnisses des HAM-Nat (§ 7) rangbesten Bewerberinnen und Bewerber eingeladen, die nicht bereits nach § 3 Abs. 2 a) einen der vorderen 115 Rangplätze einnehmen. Für die Rangbildung gilt § 5 entsprechend.

(3) Am HAM-Man und am HAM-MRT für den Studiengang Zahnmedizin kann jede Bewerberin oder jeder Bewerber teilnehmen, der zuvor am HAM-Nat teilgenommen hat. Für die Rangbildung gilt § 5 entsprechend.

(4) Die Termine von HAM-Nat, HAM-Int, HAM-Man und HAM-MRT werden mindestens 6 Wochen vorher auf den Internetseiten des Universitätsklinikums Hamburg-Eppendorf bekannt gegeben. Die jeweiligen Einladungen werden per E-Mail mindestens 3 Tage vor dem Testtermin an die bei der Bewerbung bei der Stiftung angegebene EMail-Adresse verschickt.

(5) Erscheint eine Bewerberin oder ein Bewerber nicht zum festgesetzten Termin oder kann ein Test nicht zu Ende geführt werden, so besteht kein Anspruch auf Einräumung eines anderen Termins.

(6) Die Bewerberin oder der Bewerber trägt die Kosten für Anreise und etwaige Unterkunft und Verpflegung.

§ 7
HAM-Nat

(1) Der HAM-Nat ist ein Multiple-choice-Test mit Fragen zu medizinisch relevanten Aspekten der Fächer Mathematik, Physik, Chemie und Biologie. Die Fragen überprüfen Kenntnisse und ihre Anwendung auf Schulniveau (Gymnasium).

(2) Der HAM-Nat wird an einem Termin pro Jahr in Hamburg durchgeführt. Die reine Testzeit beträgt nicht mehr als drei Stunden.

§ 8
HAM-Int

(1) Der HAM-Int dient der Feststellung der Eignung und Motivation der Bewerberinnen und Bewerber für den gewählten Studiengang und den angestrebten Beruf.

(2) Jede Bewerberin und jeder Bewerber führt mindestens acht Kurzgespräche mit einer Dauer von jeweils mindestens fünf Minuten zu unterschiedlichen Themenschwerpunkten mit jeweils einem oder mehreren Jurorinnen oder Juroren. Die Dekanin oder der Dekan kann die Beteiligung nicht stimmberechtigter Beisitzerinnen oder Beisitzer zulassen.

(3) Mindestens eine Jurorin bzw. ein Juror in jedem Kurzgespräch muss Mitarbeiterin bzw. Mitarbeiter des Universitätsklinikums mit Hochschulabschluss sein. Die Bestimmung der Jurorinnen und Juroren und nicht stimmberechtigter Beisitzerinnen oder Beisitzer erfolgt durch die Dekanin oder den Dekan der medizinischen Fakultät. Die Teilnahme an den Auswahlgesprächen ist für die bestellten Jurorinnen und Juroren, soweit sie Mitarbeiterinnen oder Mitarbeiter der Universität oder des Universitätsklinikums sind, Dienstpflicht.

(4) Hinsichtlich der Besorgnis der Befangenheit gelten die Vorschriften des Hamburgischen Verwaltungsverfahrensgesetzes entsprechend.

(5) Die Themenschwerpunkte der Kurzgespräche werden protokolliert. Die Kurzgespräche werden von jeder teilnehmenden Jurorin oder jedem teilnehmenden Juror anhand einer vorgegebenen Punkteskala bewertet. Die Einzelbewertungen für ein Kurzgespräch werden unter Berücksichtigung des Gesamtbewertungsverhaltens der einzelnen Jurorinnen und Juroren adjustiert und jeweils zu einem Ergebnis für das Kurzgespräch zusammengefasst. Die Ergebnisse der einzelnen Kurzgespräche einer Bewerberin oder eines Bewerbers fließen mit jeweils gleicher Gewichtung in die Gesamtbewertung des HAM-Int (Punktzahlvergabe nach § 5) ein.

(6) Maximal 3 Kurzgespräche nach Absatz 2 können durch schriftliche oder computerbasierte Kurztests zur Ermittlung psychosozialer Kompetenzen ersetzt werden. Die Kurztests werden anhand einer vorgegebenen Bewertungsskala bewertet. Die Einzelergebnisse der Kurztests fließen mit gleicher Gewichtung wie die Einzelergebnisse der Kurzgespräche in die Gesamtbewertung nach Absatz 5 ein.

§ 9

HAM-Man

(1) Der HAM-Man ist eine Arbeitsprobe, bei der mit Hilfe einer Zange Drähte nach einer Vorlage gebogen werden müssen. Das Arbeitsmaterial wird zur Verfügung gestellt.
(2) Der HAM-Man wird an einem Termin pro Jahr in Hamburg durchgeführt. Die reine Testzeit beträgt nicht mehr als zwei Stunden.
(3) Für den HAM-Man wird nach Abschluss des Tests jeder von den Teilnehmerinnen und Teilnehmern gebogene Draht unabhängig von zwei Prüferinnen bzw. Prüfern anhand eines Bewertungsbogens auf Deckungsgleichheit mit der Vorlage, Qualität der Biegung und Planheit des Aufliegens bewertet, die Ergebnisse werden gemittelt.

§ 10

HAM-MRT

(1) Der HAM-MRT ist ein schriftlicher Test mit Fragen zum mentalen Rotieren.
(2) Der HAM-MRT wird an einem Termin pro Jahr in Hamburg durchgeführt. Die reine Testzeit beträgt nicht mehr als eine Stunde.

§ 11

Auswahlkommission

(1) Die Auswahlkommission besteht mindestens aus der Dekanin oder dem Dekan, drei weiteren Hochschullehrerinnen oder Hochschullehrern und einer oder einem Studierenden. Die Mitglieder werden durch die Dekanin oder den Dekan eingesetzt.
(2) Die Amtszeit der Mitglieder beträgt ein Jahr, eine erneute Einsetzung ist möglich.
(3) Die Auswahlkommission ist verantwortlich für die ordnungsgemäße Durchführung des Auswahlverfahrens (HAM-Nat, HAM-Int, HAM-Man und HAM-MRT). Sie bestimmt zu diesem Zweck weitere Einzelheiten der Verfahrensdurchführung, insbesondere auch zur Bewertung, durch Richtlinien (standardisierte Verfahrensanweisungen) oder durch Einzelentscheidung.

§ 12
Teilnahme am Auswahlverfahren

Am Auswahlverfahren nimmt teil, wer sich nach der VergabeVO Stiftung frist- und formgerecht mit den erforderlichen Nachweisen bei der Stiftung um einen Studienplatz beworben hat.

§ 13
Nachteilsausgleich

Macht eine Bewerberin oder ein Bewerber glaubhaft, dass sie oder er aufgrund einer Behinderung durch das Auswahlverfahren oder die Auswahlkriterien gegenüber anderen Bewerberinnen und Bewerbern benachteiligt ist, ist auf Antrag ein geeigneter Nachteilsausgleich zu gewähren; die Behindertenbeauftragte bzw. der Behindertenbeauftragte sind gemäß § 88 Absatz 3 des Hamburgischen Hochschulgesetzes hinzuzuziehen.

§ 14
Bescheiderteilung

Die Erstellung der Zulassungs- und Ablehnungsbescheide erfolgt durch die Stiftung im Namen und im Auftrag der Universität Hamburg.

§ 15
Inkrafttreten

Diese Satzung tritt nach Genehmigung des Präsidiums in Kraft. Gleichzeitig tritt die Satzung vom 19. April 2012 außer Kraft. Sie gilt erstmals für das Wintersemester 2013/14.

3. Auszug: Technische Universität Dresden – Medizinische Fakultät Carl Gustav Carus – Satzung über die Durchführung des Auswahlverfahrens zur Vergabe von Studienplätzen durch die Hochschule im Studiengang Medizin (Stand: 12.8.2012)

§ 1
Auswahlverfahren der Hochschule

(1) Die TU Dresden vergibt die Studienplätze des ersten Fachsemesters im Studiengang Medizin nach dem Ergebnis eines Auswahlverfahrens der Hochschule (AdH) innerhalb der Quote des § 32 Abs. 3 Satz 1 Nr. 3 Hochschulrahmengesetz (HRG).

(2) Die Studienplätze im Auswahlverfahren der Hochschule für den Studiengang Medizin werden nach dem Ergebnis eines zweistufigen Auswahlverfahrens vergeben.
(3) Die im AdH zu vergebenen Studienplätze werden den Bewerbern zugeordnet, die an dem Auswahlgespräch teilgenommen haben. Die Rangfolge bestimmt sich aus dem Ergebnis des Auswahlgesprächs. Bei Ranggleichheit findet § 18 Abs. 1 SächsStudPlVergabeVO Anwendung.

§ 2

Teilnehmerbegrenzungen, Vorauswahl, Termine, Kosten

(1) Die Teilnahme am AdH-verfahren (1. Stufe) ist auf 900 Teilnehmer begrenzt. Zusätzlich werden die Bewerber, die dieselbe Abiturdurchschnittsnote wie die 900. Person haben eingeladen. Die Teilnehmer am Auswahlverfahren wählt die Stiftung im Auftrag der TU Dresden unter den gemäß der SächsStudPlVergabeVO am Auswahlverfahren zu beteiligenden Studienbewerbern aus (Vorauswahl). Es werden nur Bewerber berücksichtigt, die den Studienort Dresden in 1. Ortspräferenz für das Auswahlverfahren der Hochschulen genannt haben. Die Plätze werden nach einer Rangliste vergeben. Die Rangliste wird jeweils nach den Durchschnittsnoten der Hochschulzugangsberechtigungen der Bewerber gebildet.
(2) Die Teilnahme am Auswahlgespräch (2. Stufe) ist auf 300 Teilnehmer begrenzt.
(3) Die Termine der Auswahlgespräche werden mindestens sechs Wochen vorher auf den Internetseiten der TU bekannt gegeben. Die jeweiligen Einladungen werden mindestens 3 Tage vor Beginn der Auswahlgespräche an der bei der Bewerbung bei der Stiftung für Hochschulzulassung (Stiftung) angegebene Email Adresse verschickt.
(4) Erscheint ein Bewerber nicht zum festgesetzten Auswahlgespräch oder kann eine Station nicht zu Ende geführt werden, so besteht kein Anspruch auf Einräumung eines anderen Termins. Das Auswahlgespräch wird in diesem Fall mit 0 Punkten bewertet.
(5) Der Bewerber trägt die Kosten für Anreise und etwaige Unterkunft und Verpflegung.

§ 3

Bewertung, Punktevergabe, Rangbildung und Ranggleichheit

(1) Der Rangplatz eines Bewerbers in der nach Absatz 4 und 5 zu bildenden Ranglisten ermittelt sich jeweils nach der Summe seiner maßgeblichen Punktzahlen nach Absatz 2 und 3. Höhere Punktzahlsumme bedeutet besserer Rangplatz.

(2) In der ersten Stufe des Auswahlverfahrens werden für die folgenden Kriterien folgende Punktzahlen maximal vergeben:

a) für die Durchschnittsnote der Hochschulzugangsberechtigung wird die im Abitur erreichte Punktzahl1 festgelegt, diese Punktzahl erhöht sich2,

b) wenn eines oder mehrere naturwissenschaftliche Fächer (Mathematik, Biologie, Chemie, Physik) innerhalb der letzten vier Schulhalbjahre vollständig belegt wurden pro Fach um 20 Punkte (maximal = 80 Punkte). Dies ist unabhängig davon, ob es sich um einen Leistungs- oder Grundkurs handelt bzw. welche Fachnote erreicht worden ist.

c) für folgende Berufsausbildungen (liegen mehrere Ausbildungen vor, wird lediglich die höherwertige berücksichtigt):

1. für eine medizinische Berufsausbildung (siehe Anlage 1) pro abgeschlossenem Ausbildungshalbjahr um 10 Punkte. Maßgeblich ist der Ausbildungsstand zum Zeitpunkt des Posteingangs der entsprechenden Nachweise in der Medizinischen Fakultät Dresden.
2. für einen erfolgreichen Abschluss der in 1) angegebenen Berufsausbildung um weitere 10 Punkte.
3. für eine anschließende Berufstätigkeit von mindestens 12 Monaten der in 2) angegebenen Berufsausbildung um weitere 20 Punkte.
4. für eine andere Ausbildung/ein nicht beendetes Studium pro absolviertem Halbjahr/Semester um 5 Punkte (maximal jedoch um 20 Punkte).

d) für die Ableistung eines krankenpflegerischen oder sozialen Dienstes, der ganztags und im kleinsten Abschnitt von mindestens 2 Wochen absolviert wurde, im Umfang von einem Monat um 5 Punkte und im Umfang von zwei Monaten um 10 Punkte (maximal jedoch um 10 Punkte).

e) für die Ableistung eines staatlich anerkannten Dienstes (insbesondere freiwilliger Wehrdienst, Bundesfreiwilligendienst, Dienst als Entwicklungshelfer, freiwilliges soziales Jahr, ökologisches Jahr, europäischer Freiwilligendienst, internationaler Jugendfreiwilligendienst, Förderprogramm „Weltwärts" oder äquivalente Dienste) im Umfang von mindestens 12 Monaten (Entwicklungshelfer min. 24 Monate) um 20 Punkte.

(3) In der zweiten Stufe des Auswahlverfahrens (§ 6) werden die Ergebnisse des Auswahlgespräches zugrunde gelegt. Von der Auswahlkommis-

sion werden an jeder Gesprächsstation Noten zwischen 1 und 5 vergeben. Die Ergebnisse der einzelnen Interviewstationen fließen zu gleichen Anteilen in das Gesamtergebnis ein.

(4) Alle Studienbewerber werden zunächst im Rahmen der ersten Stufe des Auswahlverfahrens in der Folge der für sie anhand der ermittelten Punktewerte in eine Rangfolge gebracht. Anhand dieser Rangliste werden die an den Auswahlgesprächen teilnehmenden Bewerber ermittelt.

(5) Nach Abschluss der zweiten Stufe wird aus der Bewertung der Auswahlgespräche die Rangliste ermittelt. Bei Ranggleichheit findet § 18 SächsStudPlVergabeVO Anwendung. Diese Rangliste wird in einer Auswahlsitzung der Auswahlkommission abschließend eingehend erörtert und überprüft. Sie wird anschließend fristgerecht an die Stiftung für Hochschulzulassung übermittelt.

§ 4
Auswahlkommission

Die Auswahlkommissionen bestehen aus Hochschullehrern und/oder Personen des hauptberuflich wissenschaftlichen Personals der Medizinischen Fakultät und/oder des Universitätsklinikums Carl Gustav Carus Dresden an der Technischen Universität Dresden. Die Mitglieder der Auswahlkommissionen werden auf Vorschlag der Medizinischen Fakultät für die Dauer eines Auswahlverfahrens durch den Rektor bestellt. Ihre Wiederbestellung ist möglich. Die Mitglieder der Auswahlkommissionen werden intensiv auf das Auswahlverfahren vorbereitet und in eignungsdiagnostischen Methoden geschult. Die Auswahlgespräche werden durch eine Auswahlkommission durchgeführt. Sie besten mindestens aus drei Mitgliedern. Dabei muss mindestens ein Mitglied Hochschullehrer sein.

§ 5
Teilnahme am Auswahlverfahren

(1) Am Auswahlverfahren nimmt teil, wer sich nach der SächsStudPlVergabeVO frist- und formgerecht mit den erforderlichen Nachweisen bei der Stiftung um einen Studienplatz beworben hat und der TU Dresden durch die Stiftung mitgeteilt worden sind (Ausschlussfrist).

(2) Über die in § 3 Abs. 6 SächsStudPlVergabeVO genannten Unterlagen hinaus, sind geeignete Nachweise über die Absolvierung eines staatlich anerkannten Dienstes bei der Stiftung einzureichen.

(3) Nachweise für die Geltendmachung von Kriterien aus § 3 Abs. 2 lit. c) bis e) sind in amtlich beglaubigter Kopie fristgerecht nach Aufforderung an die Medizinische Fakultät Dresden einzureichen (Ausschlussfrist). Die

Aufforderung zum Einsenden der Nachweise erfolgt über E-Mail, im Anschluss an die Qualifikation für die Auswahlstufe 1.

(4) Bewerber deren Fachnoten (bspw. aufgrund von Sonderzeugnissen) von der Stiftung nicht geprüft werden konnten, erhalten von der Medizinischen Fakultät Dresden eine Aufforderung, die Zeugnisses fristgerecht in amtlich beglaubigter Kopie an die Medizinische Fakultät der TU Dresden zur Prüfung und Bewertung einzusenden (Ausschlussfrist).

(5) Für Dienste, deren Ableistungsdauer das Zeitkriterium in § 3 Abs. 2 lit. e) zum Zeitpunkt der Einsendefrist bei Hochschulstart nicht erfüllt, jedoch zum Zeitpunkt der Einsendefrist innerhalb des hochschuleigenen Auswahlverfahrens erfüllt, sind entsprechende Nachweise in amtlich beglaubigter Kopie nach Aufforderung an die Medizinische Fakultät der TU Dresden zur Prüfung und Bewertung einzusenden (Ausschlussfrist). Die Aufforderung zum Einsenden der Nachweise erfolgt über E-Mail, im Anschluss an die Qualifikation für die Auswahlstufe 1.

(6) Bei mangelndem Nachweis der vom Studienbewerber aufgeführten Leistungen werden diese als nicht erbracht gewertet.

§ 6
Auswahlgespräch (2. Stufe)

(1) Das Auswahlgespräch dient der Feststellung der Eignung und Motivation des Studienbewerbers für das Studium der Medizin und den angestrebten Beruf. Insbesondere dient es der ganzheitlichen Beobachtung und Würdigung des Auftretens des Studienbewerbers, seines Ausdrucks- und Kommunikationsverhaltens sowie seines Sozialverhaltens in schwierigen Gesprächsituationen.

(2) Jeder Bewerber führt mindestens 4 Kurzgespräche (Stationen) mit je einer Dauer von maximal 12 Minuten zu unterschiedlichen Themenschwerpunkten mit den Mitgliedern der Auswahlkommission durch. Die Auswahlgespräche werden als nicht öffentliche standardisierte Einzelgespräche durchgeführt. Jede der Station prüft ein Kriterium des Anforderungsprofils für den Studiengang Medizin an der Medizinischen Fakultät. Dekan und Studiendekanin können die Beteiligung nicht stimmberechtigter Beisitzer zulassen.

(3) Über den Verlauf des Auswahlgespräches wird an jeder Station ein Protokoll erstellt, welches den jeweiligen Bewerber, Zeit und Ort des Auswahlgespräches, die Dauer, die angesprochenen Themenkomplexe und die Bewertung enthält. Die Bewertung erfolgt anhand einer Gesamtnote (1–5), die sich aus der erreichten Punktzahl bzw. Einzelbenotung herleitet (vgl. Anlage 2). Die Ergebnisse der einzelnen Kurzgespräche

eines Bewerbers fließen mit jeweils gleicher Gewichtung in die Gesamtbewertung des Auswahlgespräches ein.

§ 7

Bescheiderteilung

Die Erstellung der Zulassungs- und Ablehnungsbescheide erfolgt durch die Stiftung im Namen und im Auftrag der TU Dresden.

§ 8

Inkrafttreten und Veröffentlichung

Diese Satzung findet erstmals Anwendung zum WS 2013/2014. Sie tritt einen Tag nach der Veröffentlichung in den Amtlichen Bekanntmachungen der Technischen Universität Dresden in Kraft. Mit Inkrafttreten dieser Satzung verliert die Ordnung zur Durchführung des Auswahlverfahrens zur Vergabe von Studienplätzen durch die Hochschule im Studiengang Medizin vom 25.02.2009, zuletzt geändert am 03.04.2012, ihre Geltung.

4. Satzung zur Regelung des Auswahlverfahrens der Hochschulen für die Zulassung zum Studiengang Humanmedizin an der Philipps-Universität Marburg (Stand: 12.2.2014)

§ 1

Vergabe von Studienplätzen durch die Universität

(1) Die Philipps-Universität Marburg vergibt 60 vom Hundert der Studienplätze (§ 6 Abs. 4 VergabeVO Stiftung) des ersten Fachsemesters im Studiengang Humanmedizin (Staatsexamen) im Auswahlverfahren der Hochschulen (AdH) gemäß Art. 10 Abs. 1 Satz 1 Nr. 3 des Staatsvertrags über die Errichtung einer gemeinsamen Einrichtung für Hochschulzulassung nach den Maßgaben dieser Satzung; im Übrigen gelten das Hessische Hochschulgesetz und die Verordnung über die Vergabe von Studienplätzen in zulassungsbeschränkten Studiengängen durch die Hochschulen des Landes Hessen (Studienplatzvergabeverordnung Hessen) vom 7. Mai 2013. Der Note der Hochschulzugangsberechtigung kommt dabei maßgeblicher Einfluss zu.

(2) Die Zulassungs- und Ablehnungsbescheide werden von der Stiftung für Hochschulzulassung (Stiftung) erstellt und im Namen und im Auftrag der Philipps-Universität Marburg versandt.

§ 2
Unterlagen für das AdH

(1) Grundlage für die Teilnahme am AdH für den Studiengang Medizin an der Philipps-Universität Marburg ist die Bewerbung bei der Stiftung unter Angabe der entsprechenden Ortspräferenz im AdH-Verfahren.

(2) Neben den nach § 3 HZV regelmäßig erforderlichen Unterlagen müssen folgende Unterlagen, sofern vorhanden, fristgemäß bei der Stiftung eingereicht werden, wenn sie im AdH berücksichtigt werden sollen:
1. eine Kopie des Ergebnisses des Tests für Medizinische Studiengänge (TMS),
2. eine amtlich beglaubigte Kopie des Zeugnisses einer abgeschlossenen Berufsausbildung im Sinn von § 5.

Nicht fristgemäß eingereichte Unterlagen werden nicht berücksichtigt.

§ 3
Auswahlverfahren

(1) Am AdH für den Studiengang Medizin an der Philipps-Universität Marburg nimmt nur teil, wer
1. sich bei der Stiftung frist- und formgerecht um einen Studienplatz im Studiengang Medizin an der Philipps-Universität Marburg beworben hat, und
2. nicht im Rahmen der Studienplatzvergabe einer vorrangig zu bearbeitenden Quote einen Studienplatz zugewiesen erhält.

(2) Die Auswahl unter den Bewerberinnen und Bewerbern im AdH für den Studiengang Humanmedizin an der Philipps-Universität Marburg erfolgt überwiegend nach der Durchschnittsnote der Hochschulzugangsberechtigung. Eine Verbesserung der Durchschnittsnote kann entweder durch einen qualifizierten Prozentrangwert (PR) im TMS gemäß § 4 Abs. 16 oder durch den Nachweis einer abgeschlossenen Berufsausbildung im Sinn von § 5 erreicht werden; bei Bewerberinnen oder Bewerbern, die sowohl einen qualifizierten PR im TMS als auch eine abgeschlossene Berufsausbildung nachweisen, wird der für sie günstigere Maßstab bei der Auswahl zugrunde gelegt. Verbesserungen der Durchschnittsnote werden höchstens bis zu einer korrigierten Note von 1,0 berücksichtigt. Im Fall von Ranggleichheit erfolgt eine Entscheidung durch das Los.

§ 4
Berücksichtigung des TMS

(1) Ein qualifizierter Prozentrang im TMS kann nach Maßgabe der folgenden Vorschriften der Auswahl zugrunde gelegt werden. Der TMS ist ein

fachspezifischer Studierfähigkeitstest und prüft das Verständnis für naturwissenschaftliche und medizinische Problemstellungen. Mit Hilfe des Tests, der aus Untertests besteht, wird festgestellt, inwieweit die Bearbeiterinnen und Bearbeiter komplexe Informationen, welche in längeren Texten, Tabellen oder Graphiken dargeboten werden, zu erfassen und richtig zu interpretieren vermögen, ferner, wie gut sie mit Größen, Einheiten und Formeln umgehen können. Des Weiteren prüft der TMS die Merkfähigkeit, die Genauigkeit der visuellen Wahrnehmung, das räumliche Vorstellungsvermögen und die Fähigkeit zu konzentriertem und sorgfältigem Arbeiten. Nicht geprüft werden fachspezifische Kenntnisse, die Gegenstand der Abiturprüfung oder einer anderen Prüfung sind, welche die Hochschulreife vermittelt. Zum Zweck ihrer Erprobung können in den Test Aufgaben aufgenommen werden, die nicht in die Wertung eingehen. Der Test ist nicht wiederholbar.

(2) Der TMS wird von den baden-württembergischen Universitäten (mit medizinischen Fakultäten) sowie weiteren Universitäten anderer Bundesländer gemeinsam durchgeführt. Diese haben die ITB Consulting GmbH, Bonn, mit der Testentwicklung und -auswertung beauftragt. Mit der Vorbereitung, Organisation und Koordination des Testverfahrens beauftragt die Philipps-Universität Marburg die zentrale TMS-Koordinierungsstelle bei der Medizinischen Fakultät Heidelberg.

(3) Der TMS wird einmal im Jahr vor Ablauf der Bewerbungsfristen durchgeführt. Der genaue Termin und der Ort der Prüfung werden jeweils rechtzeitig vorher durch die TMS Koordinierungsstelle bekannt gegeben. Alle Informationen und die Festlegungen/Regelungen zum jeweiligen TMS-Durchgang sind abrufbar unter www.tmsinfo.org.

(4) Die Anmeldung zum TMS muss jeweils bis zum 15. Januar bei der TMS Koordinierungsstelle eingegangen sein (Ausschlussfrist). Die TMS Koordinierungsstelle bestimmt die Form der Anmeldung.

(5) Zum TMS wird nur zugelassen und eingeladen, wer

1. sich frist- und formgerecht für den TMS angemeldet hat,
2. die Testgebühr, die nach einer gesonderten Gebührensatzung erhoben wird, fristgerecht entrichtet hat,
3. entweder bereits im Besitz einer allgemeinen, besonderen oder fachgebundenen Hochschulzugangsberechtigung ist (Altabiturientinnen und Altabiturienten) oder diese im laufenden oder darauf folgenden Schuljahr voraussichtlich erwerben wird,
4. die deutsche Staatsangehörigkeit besitzt oder nach § 2 Satz 2 HVZ Deutschen gleichgestellt ist und
5. am TMS in Deutschland noch nicht teilgenommen hat.

(6) Die zum TMS zuzulassenden Bewerberinnen und Bewerber wählen innerhalb eines vorgegebenen Zeitraums ihr TMS-Lokal selbst aus oder werden von der TMS Koordinierungsstelle auf die verschiedenen Testorte verteilt; sie werden mindestens vier Wochen vor dem Testtermin zur Testabnahme eingeladen.

(7) Für jede Testabnahmestelle wird mindestens eine Testleitung bestellt. Sie hat die Aufgabe, für die ordnungsgemäße Durchführung des Tests zu sorgen.

(8) Die Testabnahme ist nichtöffentlich. Zur Testteilnahme ist nur berechtigt, wer

1. die Voraussetzungen des Abs. 5 Satz 1 erfüllt,
2. sich durch einen gültigen amtlichen Lichtbildausweis (Personalausweis, Reisepass oder Führerschein) ausweisen kann,
3. eine Einladung zum TMS vorlegen kann und
4. bis zum Beginn der Testabnahme seinen Platz im Testraum eingenommen hat.

Die Testabnahme beginnt mit der Ausgabe des ersten Testhefts.

(9) Die Dauer des TMS beträgt ca. fünf Stunden. Der Test bzw. die Untertests sind jeweils innerhalb einer festgesetzten Zeit zu bearbeiten.

(10) Das Testergebnis wird von der ITB Consulting GmbH, Bonn, ermittelt und den Testteilnehmerinnen und -teilnehmern mitgeteilt. Die Ermittlung und Darstellung des Testergebnisses ergibt sich aus der Anlage.

(11) Wer den ordnungsgemäßen Ablauf der Testabnahme stört oder den Anweisungen der Testleitung nicht Folge leistet, kann von der Fortsetzung der Testbearbeitung ausgeschlossen werden. Wer versucht, das Testergebnis durch Täuschung oder Benutzung nicht zugelassener Hilfsmittel zu beeinflussen, wird von der Fortsetzung der Testbearbeitung ausgeschlossen. Als Täuschung ist auch die Bearbeitung eines Untertests außerhalb der dafür angesetzten Zeit anzusehen. Wird die Täuschung nach Beendigung der Testabnahme aufgedeckt, erfolgt der Testausschluss rückwirkend. Jeder Testausschluss hat zur Folge, dass das Testergebnis auf „0" gesetzt wird.

(12) Wer nach Beginn der Testabnahme die Testbearbeitung abbricht, wird mit dem bis zu diesem Zeitpunkt erzielten Testergebnis bewertet. Teilnehmerinnen und Teilnehmer sind berechtigt, im nächstfolgenden Testtermin erneut am TMS teilzunehmen, wenn der Abbruch wegen Krankheit während der Testabnahme einer Testleiterin oder einem Testleiter mitgeteilt und im Testprotokoll vermerkt wird und unverzüglich nach der Testabnahme der Philipps-Universität Marburg oder der von ihr beauftragten Koordinierungsstelle schriftlich angezeigt und

nachgewiesen wird, dass für den Abbruch der Testbearbeitung ein triftiger Grund vorgelegen hat; bei Krankheit ist ein amtsärztliches Attest vorzulegen.

(13) Wird in einer Testabnahmestelle der Test abgebrochen, kann nach Durchführung der Testabnahme ein einzelner Test nicht ausgewertet werden oder sind die Ergebnisse eines Testtermins ganz oder teilweise nicht verwertbar, sind die davon Betroffenen berechtigt, abweichend von Abs. 1 zum nächsten Testtermin erneut am TMS teilzunehmen.

(14) Sind einzelne Aufgaben nicht lösbar, so werden diese nicht mitbewertet; eine Wiederholung des Tests aus diesem Grund ist nicht möglich.

(15) Kann ein Testtermin insgesamt nicht durchgeführt werden oder sind die Ergebnisse eines Testtermins insgesamt nicht verwertbar, wird der TMS in den Vergabeverfahren, die vor dem nächsten Testtermin liegen, nicht gewertet.

(16) Die Durchschnittsnote gemäß § 3 Abs. 2 wird je nach dem im TMS erreichten und durch Kopie gemäß § 2 Abs. 2 Ziff. 1 nachgewiesenen Prozentrang (PR) um folgende Faktoren verbessert:

1. bei einem PR von 90 % oder höher um den Faktor 0,8,
2. bei einem PR zwischen 80 und 89 % um den Faktor 0,6,
3. bei einem PR zwischen 70 und 79 % um den Faktor 0,4,
4. bei einem PR zwischen 60 und 69 % um den Faktor 0,2.

Die entsprechend verbesserte Durchschnittsnote wird der Auswahl zugrunde gelegt.

§ 5

Berücksichtigung abgeschlossener Berufsausbildungen

(1) Folgende abgeschlossene Berufsausbildungen werden, sofern sie durch amtlich beglaubigte Kopie gemäß § 2 Abs. 2 Ziff. 2 nachgewiesenen werden, der Auswahl zugrunde gelegt und führen zu einer Verbesserung der Durchschnittsnote gemäß § 3 Abs. 2 um den Faktor 0,3:

- Altenpfleger/in,
- Anästhesiepfleger/in,
- Biologielaborant/in,
- Biologisch-technische/r Assistent/in,
- Biotechnologische/r Assistent/in,
- Chemielaborant/in,
- Chemisch-technische/r Assistent/in,
- Chirurgisch-Technische/r Assistent/in
- Diätassistent/in,
- Ergotherapeut/in,

- Gesundheits- und Kinderkrankenpfleger/-in,
- Gesundheits- und Krankenpfleger/in,
- Hebamme/Entbindungspfleger,
- Heilerziehungspfleger/in,
- HNO-Audiologieassistent/in,
- Logopäde/Logopädin,
- Medizinische/r Fachangestellte/r
- Medizinisch-technische/r Assistent/in Funktionsdiagnostik,
- Medizinisch-technische/r Laboratoriums-Assistent/in,
- Medizinisch-technische/r Radiologieassistent/in,
- Medizinische/r Dokumentar/in,
- Medizinische/r Dokumentationsassistent/in,
- Medizinische/r Sektions- und Präparationsassistent/in,
- Motopäde/Motopädin,
- Operationstechnische/r Angestellte/r,
- Operationstechnische/r Assistent/in,
- Orthoptist/in,
- Pharmazeutisch-technische/r Assistent/in,
- Physikalisch-technische/r Assistent/in,
- Physiklaborant/in,
- Physiotherapeut/in,
- Rettungsassistent/in,
- Veterinärmedizinisch-technische/r Assistent/in,
- Zytologieassistent/in.

(2) Eine im Ausland erworbene Berufsausbildung kann bei nachgewiesener Gleichwertigkeit zu einem Ausbildungsberuf im Sinne des Abs. 1 berücksichtigt werden. Die Feststellung der Gleichwertigkeit trifft der Fachbereich Medizin der Philipps- Universität Marburg.

§ 6

Inkrafttreten

Diese Satzung tritt am Tag nach ihrer Bekanntmachung in Kraft und ist erstmals auf das Vergabeverfahren zum Wintersemester 2014/2015 anzuwenden.

Anlage: Ermittlung und Darstellung des Testergebnisses

1. Ermittlung des Testwerts (Standardwert)

Der Testwert wird aus den Ergebnissen der einzelnen Untertests folgendermaßen ermittelt: Die Punkte eines Untertests (Rohpunkte) ergeben sich aus der Anzahl der richtigen Antworten in diesem Untertest. Jede richtige Antwort wird unbeschadet der Regelung für den Konzentrationstest mit einem Punkt bewertet. Dies gilt nicht für Aufgaben, die zu Erprobungszwecken vorgegeben werden. Im Konzentrationstest wird jedes richtigerweise markierte Zeichen mit einer Zähleinheit bewertet. Für fälschlicherweise markierte oder fälschlicherweise nicht markierte Zeichen wird je eine Zähleinheit abgezogen; dabei werden nur die Zeichen einschließlich des letzten markierten Zeichens berücksichtigt. Die Summe der Zähleinheiten wird in Punkte umgerechnet. Es sind 0 bis 20 Punkte erreichbar.

Die Ergebnisse in den einzelnen Untertests werden mit gleicher Gewichtung zu einer Gesamtpunktzahl addiert. Die Umrechnung der Gesamtpunktzahl (GP) des Teilnehmers/ der Teilnehmerin in den Testwert (T) erfolgt nach der Formel: dabei ist GP der Mittelwert und SGP die Standardabweichung der Gesamtpunktzahlen aller Testteilnehmerinnen und -teilnehmer. Der Mittelwert und die Standardabweichung werden auf eine Stelle nach dem Komma gerundet. Der Testwert wird auf eine ganze Zahl gerundet.

2. Ermittlung des Prozentrangwertes

Der entsprechende Prozentrangwert (PR) zu einem bestimmten Testwert (T0) wird wie folgt berechnet: dabei ist n die Anzahl der Testteilnehmerinnen und Teilnehmer, cf die kumulative Häufigkeit aller Testwerte bis einschließlich T0. f ist die Häufigkeit des Testwertes T0. Der Prozentrangwert wird auf eine ganze Zahl gerundet.

3. Ermittlung des Notenwertes

Für jede Teilnehmerin und jeden Teilnehmer werden die nach Nummer 1 ermittelten Testwerte in eine Schulnote (N) (beschränkt auf die Noten zwischen 1,0 und 4,0) umgerechnet. Die Umrechnung erfolgt nach der folgenden Formel: dabei ist T der Testwert (siehe Nummer 1). AN stellt die mittlere Abiturdurchschnittsnote der Bewerberinnen und Bewerber dar, die sich zuletzt bei der Stiftung um einen Studienplatz der Medizin beworben haben. SAN ist die Standardabweichung der Abiturdurchschnittsnote dieser Personen. Der Mittelwert, die Standardabweichung der Abiturdurchschnittsnoten und der resultierende Notenwert des Tests werden auf eine Stelle nach dem Komma gerundet. Resultierende Noten, die unter 1,0 beziehungsweise über 4,0 liegen würden, werden auf 1,0 beziehungsweise 4,0 gesetzt.

4. Darstellung des Testergebnisses

Im Testbericht, den die Bewerber über ein persönliches Online-Konto abrufen, sind sowohl für jede einzelne Aufgabengruppe als auch für den Gesamttest jeweils die erreichten Rohpunkte, die entsprechenden Testwerte

(Standardwerte) und Prozentränge sowie die durchschnittlichen und die höchsten Rohpunktwerte, die bei dem betreffenden Testtermin erzielt worden sind, enthalten. Zusätzlich wird, wie unter Nummer 3 beschrieben eine Bewertung in der Schulnotenskala abgeleitet. Weiterhin sind die einzelnen Aufgabengruppen sowie deren Messbereich beschrieben und es wird jeweils angegeben, ob die Teilnehmerin oder der Teilnehmer in Bezug auf die Gesamtgruppe unterdurchschnittlich, durchschnittlich oder überdurchschnittlich abgeschnitten hat. Der Testbericht dient dem Nachweis des Testergebnisses im Rahmen der Bewerbung um einen Studienplatz im Studiengang Humanmedizin.

VI. Rechtsgrundlagen für den Masterzugang

Die Regelung des Zugangs zum Masterstudium erfolgt durch Landesrecht des jeweiligen Bundeslandes, wobei die jeweilige Verordnung eine Ermächtigung der jeweiligen Hochschule enthält, die allgemeinen und besonderen Qualifikationsvoraussetzungen für den Zugang zum jeweiligen Masterstudium näher zu bestimmen.

Einige Beispiele aus dem Landesrecht:

1. Nordrhein-Westfalen: § 49 Abs. 7 HG

Zugang zu einem Studiengang, der mit einem Mastergrad abgeschlossen wird, hat, wer einen ersten berufsqualifizierenden Abschluss nachweist, auf dem der Masterstudiengang **aufbaut**. (…) Die **Prüfungsordnungen** können bestimmen, dass für einen Studiengang nach Satz 1 ein vorausgegangener **qualifizierter** Abschluss nachzuweisen ist.

2. Baden-Württemberg: § 6 Abs. 4 Satz 4 i. V. m. Abs. 2 Satz 7 HZG

In Aufbau- und Masterstudiengängen wird die Auswahl auf Grund der Maßstäbe, die Voraussetzung für die Zulassung sind, getroffen. Abweichend hiervon kann die Auswahl auch auf Grund sonstiger Maßstäbe, die besonderen Aufschluss über die Eignung und Motivation für den gewählten Aufbau- oder Masterstudiengang geben, getroffen werden, insbesondere auf Grund von Leistungen, die in dem Studium, das Voraussetzung für die

Zulassung zu dem Aufbau- oder Masterstudiengang ist, erbracht wurden, von fachspezifischen Studierfähigkeitstests oder von Auswahlgesprächen.

3. Bayern: § 43 Abs. 5 BayHSchG

Der Zugang zu einem Masterstudiengang setzt einen Hochschulabschluss oder einen gleichwertigen Abschluss voraus. Die Hochschulen können durch Satzung weitere Zugangsvoraussetzungen festlegen, insbesondere den Nachweis einer studiengangspezifischen Eignung.

4. Niedersachsen: § 18 Abs. 8 NHG

Die Zugangsberechtigung zu weiterführenden Studiengängen und Masterstudiengängen setzt einen Bachelorabschluss oder gleichwertigen Abschluss voraus. Vertieft der Masterstudiengang das vorherige Studium fachlich in derselben Richtung, so wird die besondere Eignung insbesondere auf der Grundlage des Ergebnisses der Bachelorprüfung festgestellt. Das Nähere regelt eine Ordnung.

5. Berlin: § 10 Abs. 5 BerlHG

Die Hochschulen regeln in der Zugangssatzung, in welchen Studiengängen über die Hochschulzugangsberechtigung hinaus zusätzliche Eignungs- und Qualifikationsvoraussetzungen gefordert werden und wie diese nachzuweisen sind. Zugangsvoraussetzung für Masterstudiengänge ist der berufsqualifizierende Abschluss eines Hochschulstudiums, bei weiterführenden (...); darüber hinausgehende Eignungs- und Qualifikationsmerkmale dürfen nur für Studiengänge nach § 23 Abs. 3 Nr. 1 Buchst. a (dies sind solche, die als vertiefende, verbreiternde oder fachübergreifende Studiengänge auf einem Bachelorstudiengang aufbauen) gefordert werden und nur dann, wenn sie wegen spezieller fachlicher Anforderungen des jeweiligen Masterstudiengangs nachweislich erforderlich sind.

6. Sachsen: § 17 Abs. 10 SächsHSFG

Für den Zugang zu einem Masterstudiengang ist ein erster berufsqualifizierender Hochschulabschluss (...) nachzuweisen (...). Die Hochschule kann in der Studienordnung fachspezifische Zulassungsvoraussetzungen festlegen.

7. Anmerkung zu den anderen Bundesländern

In den anderen Bundesländern sieht es ähnlich aus.

Zusammen gesehen enthalten die Landesgesetze mithin durchgängig einmal das Erfordernis eines ersten berufsqualifizierenden Hochschulabschlusses (zumeist heute Bachelor) und die Ermächtigung zu satzungs- oder ordnungsrechtlichen Regelungen der Hochschule selbst in Bezug auf studiengangspezifische weitere Zugangsvoraussetzungen. Diese Struktur entspricht den Entschließungen der KMK und auch den Aussagen der Bologna-Erklärung.

VII. Auszüge aus wichtigen Gerichtsentscheidungen der letzten Jahre

1. Beschluss des Bundesverfassungsgerichts vom 17. September 2013 – Aktenzeichen: 1 BvR 1278/13

Verfassungsbeschwerde der Universität Halle gegen die Zuweisung von Studienplätzen und die Kostenentscheidung (Auszug)

In dem Verfahren über die Verfassungsbeschwerde

der M…-Universität,

gegen a) den Beschluss des Oberverwaltungsgerichts des Landes Sachsen-Anhalt vom 21. März 2013 – 3 M 363/12 und 3 M 381/12 –,

b) den Beschluss des Verwaltungsgerichts Halle vom 7. Mai 2012 – 3 B 188/11 HAL u. a. –

hat die 3. Kammer des Ersten Senats des Bundesverfassungsgerichts durch den Vizepräsidenten Kirchhof, den Richter Masing und die Richterin Baer gemäß § 93b in Verbindung mit § 93a BVerfGG in der Fassung der Bekanntmachung vom 11. August 1993 (BGBl. I S. 1473) am 17. September 2013 einstimmig beschlossen: Die Verfassungsbeschwerde wird nicht zur Entscheidung angenommen.

Gründe:

I.

Die Beschwerdeführerin wendet sich gegen verwaltungsgerichtliche Entscheidungen im Verfahren des vorläufigen Rechtsschutzes, mit denen sie verpflichtet wurde, zwei durch ein Losverfahren auszuwählende weitere Studienplatzbewerbe- rinnen außerhalb der festgesetzten Kapazitäten vorläufig zum Studium der Humanmedizin zuzulassen. Die Gerichte hatten den bei der Kapazitätsberechnung eingerechneten Dienstleistungsexport in nur örtlich zulassungsbeschränkte Studiengänge nicht anerkannt. Das Hauptsacheverfahren ist anhängig. Die Verfassungsbeschwerde richtet sich darüber hinaus gegen die Kostenaufhebung in allen Verfahren.

Die Beschwerdeführerin rügt eine Verletzung von Art. 5 Abs. 3 Satz 1 GG so- wie von Art. 3 Abs. 1 und Art. 19 Abs. 4 Satz 1 GG.

II.

Die Verfassungsbeschwerde ist nicht zur Entscheidung anzunehmen (§ 93a BVerfGG). Sie ist teils unzulässig, teils offensichtlich unbegründet.

1. Soweit die Verfassungsbeschwerde sich gegen die verwaltungsgerichtlichen Entscheidungen in der Sache wendet, steht ihr der in § 90 Abs. 2 BVerfGG zum Ausdruck kommende Grundsatz der Subsidiarität entgegen.

a) Nach einem vorläufigen Rechtsschutzverfahren ist die Erschöpfung des Rechtswegs in der Hauptsache geboten, wenn sich die gerügten Grundrechtsverletzungen ausschließlich auf die Hauptsache beziehen oder wenn die tatsächliche oder einfachrechtliche Lage noch nicht ausreichend geklärt ist und den Beschwerdeführenden durch die Verweisung auf die Hauptsache kein schwerer Nachteil entsteht (BVerfGE 77, 381 <401>; 104, 65 <70 f.>; stRspr).

So liegt der Fall hier. Die gerügten Grundrechtsverletzungen beziehen sich auf die Hauptsache. Angesichts der Betonung durch das Verwaltungsgericht, es sei lediglich summarisch geprüft worden, kann die tatsächliche Lage nicht als durch die Fachgerichte ausreichend geklärt angesehen werden. Ein schwerer Nachteil durch die Verweisung auf die bereits anhängige Hauptsache ist weder dargelegt noch ersichtlich.

b) Eine sofortige Entscheidung vor Erschöpfung des Rechtswegs nach § 90 Abs. 2 Satz 2 BVerfGG ist nicht veranlasst. Die Verfassungsbeschwerde ist weder von allgemeiner Bedeutung noch entstünde bei Verweisung auf den Rechtsweg ein schwerer und unabwendbarer Nachteil.

Vorliegend geht es nicht um Rechtsfragen von allgemeiner Bedeutung. Die grundsätzlich kapazitätsmindernde Berücksichtigung des Dienstleistungsexports ist seit langem anerkannt (vgl. BVerfGE 66, 155 <174 f.>). Ob die konkrete Subsumtion des Oberverwaltungsgerichts trägt, hängt demgegenüber von den konkreten Umständen und örtlichen Gegebenheiten ab.

In Kapazitätsüberprüfungsverfahren ist die Durchführung des Hauptsacheverfahrens in der Regel zumutbar (vgl. BVerfGE 51, 130 <140 ff.>; 66, 155 <173>). Es geht vorliegend weder darum, dass ohne verfassungsgerichtliche Klärung vorhandene Ausbildungskapazitäten in nicht unerheblichem Umfang für längere Zeit ungenutzt blieben (vgl. BVerfGE 54, 173 <190 f.>; 59, 172 <198>) noch dass für Studienbewerberinnen und -bewerber durch Zeitablauf nachteilige Fakten geschaffen würden (vgl. BVerfG, Beschluss der 2. Kammer des Ersten Senats vom31. März 2004 – 1 BvR 356/04 –, juris, Rn. 17).

2. Die Kostenentscheidung ist verfassungsrechtlich nicht zu beanstanden.

a) Art. 19 Abs. 4 Satz 1 GG ist nicht verletzt. Danach darf die Inanspruchnahme von Rechtsschutz nicht in unzumutbarer, aus Sachgründen nicht mehr zu rechtfertigender Weise erschwert werden. Die Festsetzung der Verfahrenskosten darf nicht in einer Weise erfolgen, die es den Betroffenen praktisch unmöglich macht, ein Gericht anzurufen. Dabei muss die Höhe der Kosten gesetzlich so geregelt sein, dass sie vorher überschaubar ist und nicht von vornherein rechtsschutzhemmend wirkt. Die Kosten dürfen nicht außer Verhältnis zu dem wirtschaftlichen Wert stehen, den das gerichtliche Verfahren für die einzelnen Beteiligten hat (vgl. BVerfGE 10, 264 <267 f.>; 11, 139 <143>; 85, 337 <347>; BVerfG, Beschluss des Ersten Senats vom 19. Dezember 2012 – 1 BvL 18/11 –, juris, Rn. 81).

Eine Verletzung von Art. 19 Abs. 4 Satz 1 GG liegt danach offensichtlich nicht vor. Die Kostenentscheidung hat für die Beschwerdeführerin keinerlei rechtsschutzhemmende Wirkung. Es geht nicht um den Zugang zu Gericht, denn die Beschwerdeführerin ist Antragsgegnerin. Sie trägt – wie jede Partei in jedem Gerichtsverfahren – zwar ein Kostenrisiko. Das beeinträchtigt sie indes nicht in der Entscheidung, ob sie staatlichen Rechtsschutz suchen soll oder nicht; eine solche Entscheidung trifft sie nicht. Ebenfalls stehen die Kosten nicht außer Verhältnis zum Wert, den das Verfahren für die Beschwerdeführerin hat.

b) Art. 3 Abs. 1 GG in seiner Ausprägung als Willkürverbot ist nicht verletzt. Eine fehlerhafte Rechtsanwendung allein würde noch keine Missachtung des allgemeinen Gleichheitssatzes bedeuten. Hinzukommen müsste vielmehr, dass die Rechtsanwendung eines Fachgerichts unter keinem denkbaren Aspekt mehr rechtlich vertretbar ist und sich daher der Schluss aufdrängt, dass sie auf sachfremden und damit willkürlichen Erwägungen beruht (vgl. BVerfGE 4, 1 <7>; 87, 273 <279>; stRspr).

Eine krasse Fehlentscheidung in diesem Sinne ist vorliegend nicht ersichtlich. Das Oberverwaltungsgericht hat ausführlich und unter Berufung auf obergerichtliche Rechtsprechung begründet, weshalb es die Kostenaufhebung statt einer verhältnismäßigen Verteilung für sachgerecht hält. Die Argumentation, die sowohl die tatsächlich fehlerhafte Kapazitätsberechnung der Hochschule als auch den Nachteil der bislang praktizierten Kostenverteilung anhand der Loschance berücksichtigt, ist nachvollziehbar. Die Entscheidung, deshalb von der Kostenaufhebung Gebrauch zu machen, ist gut vertretbar.

Diese Entscheidung ist unanfechtbar.

2. Urteil des Bundesverwaltungsgerichts vom 23. März 2011 – Aktenzeichen: 6 CN 3.10

Bestätigung der Regelung in Baden-Württemberg, dass ein innerkapazitärer Antrag Voraussetzung für eine außerkapazitäre Klage in Medizin und Zahnmedizin bei der konkreten Universität ist.

In der Normenkontrollsache hat der 6. Senat des Bundesverwaltungsgerichts auf die mündliche Verhandlung vom 23. März 2011 durch den Vorsitzenden Richter am Bundesverwaltungsgericht Neumann und die Richter am Bundesverwaltungsgericht Dr. Graulich, Vormeier, Dr. Bier und Dr. Möller für Recht erkannt:

Die Revision des Antragstellers gegen das Urteil des Verwaltungsgerichtshofs Baden-Württemberg vom 29. Oktober 2009 wird zurückgewiesen.

Der Antragsteller trägt die Kosten des Revisionsverfahrens.

Gründe:

Der Antragsteller erreichte im Frühjahr 2009 die Allgemeine Hochschulreife. Für das Wintersemester 2009/2010 bewarb er sich erfolglos im zentralen Vergabeverfahren um einen Studienplatz für das erste Fachsemester im Studiengang Medizin. Seine an fünf Hochschulen des Landes Baden-Württemberg gerichteten Anträge auf Zuweisung eines Studienplatzes außerhalb der festgesetzten Zulassungszahlen blieben gleichfalls ohne Erfolg. Mit dem streitgegenständlichen Normenkontrollantrag wendet er sich gegen Vorschriften, die der baden-württembergische Landesverordnungsgeber für die Vergabe von Studienplätzen in zulassungsbeschränkten Studiengängen außerhalb der festgesetzten Zulassungszahlen geschaffen hat.

Normative Vorgaben für die Vergabe solcher in verwaltungsgerichtlichen Kapazitätsprozessen aufgedeckten Studienplätze enthielt das baden-württembergische Landesrecht zunächst nur in Gestalt der Bestimmung einer

Antragsfrist in § 24 der Verordnung des Wissenschaftsministeriums über die zentrale Vergabe von Studienplätzen (Vergabeverordnung – VergabeVO – ZVS BW) zuletzt in der Fassung vom 23. April 2006 (GBl. BW S. 114). Diese Norm wurde durch Art. 1 Nr. 4 der Verordnung des Wissenschaftsministeriums zur Änderung der Vergabeverordnung ZVS vom 29. Juni 2009 (GBl. BW S. 309) um die den Gegenstand des Normenkontrollverfahrens bildenden zwei Sätze erweitert. Die Vorschrift erhielt damit den folgenden Wortlaut:

§ 24. Zulassung außerhalb der festgesetzten Zulassungszahlen

Ein Antrag, mit dem ein Anspruch auf Zulassung außerhalb der festgesetzten Zulassungszahl geltend gemacht wird, muss
1. für das Sommersemester bis zum 15. Januar,
2. für das Wintersemester bis zum 15. Juli

bei der Hochschule eingegangen sein (Ausschlussfristen). Voraussetzung für die Zulassung außerhalb der festgesetzten Zulassungszahlen ist ferner ein Antrag auf Zulassung nach § 3 im zentralen Vergabeverfahren in dem betreffenden Studiengang für den betreffenden Studienort. Sind Zulassungen außerhalb der festgesetzten Kapazität auszusprechen, hat sich die Vergabe an den Vergabekriterien im zentralen Vergabeverfahren zu orientieren, wenn die Hochschule für die Bewerber um diese Zulassungen entsprechende Ranglisten erstellt.

Zum Inkrafttreten der Änderungsverordnung bestimmte deren Art. 2:

Diese Verordnung tritt am Tag nach ihrer Verkündung in Kraft. Sie gilt erstmals für das Vergabeverfahren zum Wintersemester 2009/2010.

Der Verwaltungsgerichtshof hat den Normenkontrollantrag mit dem Hauptantrag, die in § 24 Satz 2 VergabeVO ZVS BW enthaltene Maßgabe einer Bewerbung für den betreffenden Studienort und § 24 Satz 3 VergabeVO ZVS BW zur Gänze für unwirksam zu erklären, abgelehnt. Dem hilfsweise angebrachten Begehren, Art. 2 Satz 2 der Änderungsverordnung für unwirksam zu erklären, soweit darin die Geltung von § 24 Satz 2 und 3 VergabeVO ZVS BW bereits zum Wintersemester 2009/2010 angeordnet worden ist, hat der Verwaltungsgerichtshof stattgegeben.

Zur Begründung der Ablehnung des Hauptantrages hat der Verwaltungsgerichtshof ausgeführt: Die angegriffenen Vorschriften unterfielen der Regelungskompetenz des Landes. Sie regelten nicht das verwaltungsgerichtliche Verfahren, sondern bestimmten insbesondere durch § 24 Satz 3 VergabeVO ZVS BW die Verfahrensweise der Hochschulen des Landes für den Fall, dass sich deren Kapazitätsberechnung in einem Verwaltungsprozess als unzutreffend erwiesen habe und konkrete Vorgaben nicht bereits in der gerichtlichen Anordnung über eine vorläufige Studienzulassung enthalten seien oder die Vergabe aufgedeckter Studienplätze nach Abschluss des gerichtlichen Hauptsacheverfahrens in Rede stehe. Die Bestimmung des Art. 15 Abs. 1 Nr. 6 des Staatsvertrages über die Vergabe von Studienplätzen vom 22. Juni 2006 (Staatsvertrag 2006) stelle eine hinreichende und den Maßgaben des Art. 61 Abs. 1 der Landesverfassung entsprechende gesetzliche Ermächtigungsgrundlage für das zu überprüfende Verordnungsrecht dar. Einer ausdrücklichen Entscheidung des Landesgesetzgebers habe es nicht bedurft. Mit der Vergabeverordnung ZVS BW habe der Landesverordnungsgeber den systematisch zutreffenden Regelungsort für die angefochtenen Bestimmungen gewählt, da es um Studienplätze in Studiengängen gehe, die in das zentrale Vergabeverfahren einbezogen seien. Rechtssystematisch handele es sich bei der Vergabe von Studienplätzen außerhalb der festgesetzten Kapazität um eine Sonderform des innerkapazitären Nachrückverfahrens. Dementsprechend nehme die in § 24 Satz 2 VergabeVO ZVS BW geforderte Bewerbung für den betreffenden Studienort im zentralen Vergabeverfahren diejenige für das Auswahlverfahren der Hochschulen in Bezug. Mit den in § 24 Satz 3 VergabeVO ZVS BW benannten Ranglisten seien die Listen eben dieses Verfahrens gemeint. Da diese Ranglisten gemäß § 10 Abs. 9 VergabeVO ZVS BW stets erstellt werden müssten, sei die in dem letzten Satzteil des § 24 Satz 3 VergabeVO ZVS BW angelegte Alternativvariante ohne Anwendungsfall. Nach diesem Regelungssystem sei die Bewerbung im innerkapazitären Vergabeverfahren um einen Studienplatz an der Hochschule, die auf Zuweisung eines Restplatzes in Anspruch genommen werde, erforderlich und deshalb die Auferlegung einer entsprechenden Obliegenheit gerechtfertigt. Durch die zur Überprüfung stehenden Vorschriften werde die besondere Bedeutung der Ortswahl für die Studienplatzvergabe betont und ein Auseinanderfallen der Auswahlmaßstäbe für die Vergabe der in der Zulassungszahlenverordnung ausgewiesenen und der erst nachträglich aufgedeckten Studienplätze vermieden. Dabei werde das verfassungsrechtlich vorrangige Ziel einer vollen Kapazitätsausnutzung nicht verfehlt. Denn es könne nach dem derzeitigen Erkenntnisstand – jedenfalls unter Berücksichtigung der dem Landesverordnungsgeber zustehenden Prognoseprärogative und der ihn treffenden Beobachtungspflicht – nicht davon ausgegangen werden, dass sich wegen restriktiver Ortspräferenzregelungen keine oder jedenfalls nicht ausreichend viele Kläger fänden, um eine verwaltungsgerichtliche Kontrolle der Kapazitätsfeststellungen herbeizuführen. Hinsichtlich des angebrachten Hilfsantrages hat der Verwaltungsgerichtshof den Normenkontrollantrag für begründet erachtet.

Mit seiner von dem Senat zugelassenen Revision gegen das seinen Hauptantrag ablehnende Urteil des Verwaltungsgerichtshofs macht der Antragsteller geltend: Die angefochtene Regelung zur Vergabe von Studienplätzen außerhalb der festgesetzten Kapazität habe wegen ihrer Grundrechtsrelevanz nicht durch eine Rechtsverordnung, sondern nur in der Form eines Parlamentsgesetzes erlassen werden dürfen. Jedenfalls enthalte Art. 15 Abs. 1 Nr. 6 des Staatsvertrages 2006 eine hinreichend bestimmte Ermächtigung zum Erlass von Verordnungsrecht allenfalls für die Vergabe von Studienplätzen innerhalb, nicht aber von solchen außerhalb der festgesetzten Kapazität. Rechtssystematisch stelle § 24 Satz 2 und 3 VergabeVO ZVS BW in dieser Verordnung einen Fremdkörper dar. Der Gehalt der Regelung sei zu unbestimmt. Es werde nicht deutlich, für welche Quote des zentralen Vergabeverfahrens die von § 24 Satz 2 VergabeVO ZVS BW geforderte Bewerbung vorgenommen werden müsse. Im Hinblick auf § 24 Satz 3 VergabeVO ZVS BW bleibe unklar, ob die Hochschulen überhaupt Ranglisten erstellen müssten bzw. in welcher Weise, nach welchen Kriterien, zu welchem Zeitpunkt und mit welcher Geltungsdauer dies zu geschehen habe. Das zur Überprüfung gestellte Verordnungsrecht verletze Art. 12 Abs. 1 Satz 1 GG. Dieser gewährleiste das Recht auf freie Wahl des Studienortes und damit auch das Recht, gegenüber allen Universitäten mit dem gewünschten Studiengang eine gerichtliche Kapazitätsüberprüfung vornehmen zu lassen. Dieses Recht werde durch die Bindung der Vergabe von Studienplätzen außerhalb der festgesetzten Kapazität an eine Bewerbung im innerkapazitären Verfahren in unzumutbarer Weise eingeschränkt. Denn die im innerkapazitären Verfahren aus Gründen der Verwaltungspraktikabilität vorgenommene Beschränkung der Studienortwahl auf sechs Studienorte und die dort zusätzlich möglichen Ortspräferenzregelungen könnten für die außerkapazitäre Studienplatzvergabe nicht gerechtfertigt werden. Die angefochtenen Bestimmungen liefen auch dem in Art. 12 Abs. 1 Satz 1 GG verankerten Gebot zur vollständigen Ausschöpfung der vorhandenen Ausbildungskapazitäten zuwider, da ihre Anwendung dazu führen werde, dass Studienplätze außerhalb der festgesetzten Kapazität nicht aufgedeckt würden oder unbesetzt blieben. Die Unterschiede zwischen der innerkapazitären und der außerkapazitären Studienplatzvergabe stünden vor dem Hintergrund des allgemeinen Gleichheitssatzes aus Art. 3 Abs. 1 GG einer Verknüpfung der Vergabemaßstäbe entgegen. Die Rechtsschutzmöglichkeiten des einzelnen Studienbewerbers würden unter Verstoß gegen Art. 19 Abs. 4 GG verkürzt, wenn er nicht auch gegen Hochschulen, für die er sich innerkapazitär nicht beworben habe, mit Aussicht auf Erfolg Kapazitätsprozesse führen könne.

Der Antragsteller beantragt, das Urteil des Verwaltungsgerichtshofs Baden-Württemberg vom 29. Oktober 2009 zu ändern und die Worte „für den betreffenden Studienort" in § 24 Satz 2 sowie § 24 Satz 3 der Verordnung des Wissenschaftsministeriums über die zentrale Vergabe von Studienplätzen vom 23. April 2006 in der Fassung der Änderungsverordnung vom 29. Juni 2009 für unwirksam zu erklären.

Der Antragsgegner beantragt, die Revision zurückzuweisen.

Er verteidigt das angefochtene Urteil.

Am 10. August 2010 hat der Antragsteller auf Grund eines Beschlusses des Verwaltungsgerichts Schwerin eine vorläufige Zulassung zum Medizinstudium nach den Rechtsverhältnissen des Wintersemesters 2009/2010 an der Universität Rostock erhalten. Diese vorläufige Zulassung hat er nicht wahrgenommen, da er gleichzeitig an der Universität Wien zugelassen worden ist, wo er seit dem Wintersemester 2010/2011 Medizin studiert.

Durch die während des Revisionsverfahrens erlassene Änderungsverordnung vom 24. Juni 2010 (GBl. BW S. 493) hat die Vergabeverordnung ZVS die Bezeichnung Verordnung des Wissenschaftsministeriums über die zentrale Vergabe von Studienplätzen durch die Stiftung für Hochschulzulassung (Vergabeverordnung – VergabeVO – Stiftung) erhalten. Die Regelungen in § 24 der Verordnung sind unverändert geblieben.

II.

Die zulässige Revision ist unbegründet und deshalb zurückzuweisen (§ 144 Abs. 2 VwGO). Das angefochtene Urteil hat den in zulässiger Weise angebrachten (1.) Normenkontrollantrag in seinem in der Revisionsinstanz anhängigen Umfang in der Sache im Einklang mit Bundesrecht abgelehnt (2.).

1. Der Normenkontrollantrag ist zulässig. Insbesondere fehlt es dem Antragsteller nicht an der nach § 47 Abs. 2 Satz 1 VwGO erforderlichen Antragsbefugnis. Der Antragsteller sieht seine Aussichten, die von ihm nach wie vor erstrebte Zulassung zum ersten Fachsemester des Medizinstudiums an einer baden-württembergischen Hochschule erreichen zu können, dadurch gemindert, dass er nach den zur Überprüfung gestellten Vorschriften nicht mehr alle Universitäten des Landes, die diesen Studiengang anbieten, mit Aussicht auf Erfolg auf der Suche nach Restkapazitäten in Anspruch nehmen kann. Hiernach ist es möglich, dass der Antragsteller durch die Anwendung der Vorschriften in seinem Grundrecht aus Art. 12 Abs. 1 Satz 1 GG verletzt wird, das als einheitliche Gewährleistung der Berufsfreiheit das Recht auf freie Wahl der Ausbildungsstätte und – in Verbindung mit dem Gleichheitssatz des Art. 3 Abs. 1 GG und dem in Art. 20 Abs. 1, Art. 28

Abs. 1 Satz 1 GG statuierten Sozialstaatsprinzip – auf Teilhabe an den staatlichen Ausbildungsressourcen umfasst (BVerfG, Urteil vom 18. Juli 1972 – 1 BvL 32/70 u. a. – BVerfGE 33, 303 [329f.]; BVerwG, Urteil vom 29. April 2009 – BVerwG 6 C 16. 08 – BVerwGE 134, 1 = Buchholz 421. 2 Hochschulrecht Nr. 165 Rn. 18). Das Teilhaberecht des Antragstellers ist weder durch seine nur vorläufige Zulassung an der Universität Rostock (vgl. Urteil vom 7. Juni 1978 – BVerwG 7 C 63. 76 – BVerwGE 56, 31 [55] = Buchholz 421. 2 Hochschulrecht Nr. 60 S. 158) noch durch seine endgültige Zulassung an einer ausländischen Hochschule – der Universität Wien – erfüllt worden.

2. Die Ablehnung des Normenkontrollantrags durch den Verwaltungsgerichtshof verstößt unter Berücksichtigung der für den Senat gemäß § 137 Abs. 1 VwGO, § 173 VwGO i. V. m. § 560 ZPO bindenden Auslegung des Landesrechts durch das erstinstanzliche Gericht nicht gegen Bundesrecht. Die angegriffenen Vorschriften in § 24 Satz 2 und 3 VergabeVO Stiftung BW unterfallen der Regelungskompetenz des Landes (a)). Sie sind auf der Grundlage einer tragfähigen gesetzlichen Ermächtigungsgrundlage erlassen worden (b)). Ihr Regelungsgehalt erforderte keine Normierung durch ein Parlamentsgesetz (c)). Bedenken im Hinblick auf ihre inhaltliche Bestimmtheit bestehen nicht (d)). Der Landesverordnungsgeber hat sie in den rechtssystematisch korrekten Regelungsrahmen eingeordnet (e)). Die Vorschriften verletzen auch nicht die grundrechtlichen Gewährleistungen aus Art. 12 Abs. 1 Satz 1 GG (f)), Art. 3 Abs. 1 GG (g)) und Art. 19 Abs. 4 GG (h)).

a) Das Landesrecht durfte sich des Regelungsgegenstandes der streitgegenständlichen Vorschriften annehmen. Dieser betrifft nicht das Verfahren der Verwaltungsgerichte, das der Bund unter Inanspruchnahme seiner konkurrierenden Gesetzgebungsbefugnis aus Art. 74 Nr. 1 GG durch die Verwaltungsgerichtsordnung im Sinne des Art. 72 Abs. 1 GG abschließend geregelt hat (BVerfG, Beschluss vom 11. Oktober 1966 – 2 BvL 15/64 – BVerfGE 20, 238 [248]; im Hinblick auf Regeln zur Studienplatzvergabe: Beschluss vom 7. Mai 1974 – 2 BvL 17/73 – BVerfGE 37, 191 [198]). Dies liegt für die Vorschrift des § 24 Satz 2 VergabeVO Stiftung BW auf der Hand, gilt jedoch auch für die Verteilungsregelung des § 24 Satz 3 VergabeVO Stiftung BW. Denn diese wendet sich in ihrer verbindlichen Auslegung durch den Verwaltungsgerichtshof an die Hochschulen des Landes. Die angefochtenen Bestimmungen haben den Charakter von Verwaltungsverfahrensrecht des Landes (vgl. entsprechend für die gerichtlich angeordnete Verlosung außerkapazitärer Studienplätze: Beschluss vom 2. Mai 1985 – BVerwG 7 C 37. 83 – Buchholz 421. 21 Hochschulzulassungsrecht Nr. 24 S. 130; Urteil vom 15. Dezember 1989 – BVerwG 7 C 17. 89 – Buchholz 421. 21 Hochschulzulassungsrecht Nr. 43 S. 97). Sie dienen der Durchführung des materiellen

Hochschulzulassungsrechts, das neben den nach Maßgabe der Art. 125a Abs. 1 Satz 1, 125b GG fortgeltenden Bestimmungen der §§ 27 ff. HRG landesrechtlich geregelt ist. Die Hochschulen des Landes dürfen zwar im Regelungsbereich der Zulassungszahlenverordnungen (vgl. etwa die Verordnung des baden-württembergischen Wissenschaftsministeriums über die Festsetzung von Zulassungszahlen für die Studiengänge im Vergabeverfahren der ZVS im Wintersemester 2009/2010 und im Sommersemester 2010 vom 24. Juni 2009, GBl. BW S. 307) aus eigener Kompetenz keine dort nicht ausgewiesenen Studienplätze vergeben (BVerfG, Beschlüsse vom 9. April 1975 – 1 BvR 344/73 – BVerfGE 39, 258 [268] und – 1 BvR 344/74 u. a. – BVerfGE 39, 276 [296]; VGH Mannheim, Urteil vom 13. Oktober 1987 – NC 9 S 247/87 u. a. – DVBl. 1988, 406). Werden jedoch in verwaltungsgerichtlichen Kapazitätsstreitigkeiten in den Zulassungszahlenverordnungen nicht angegebene Studienplätze aufgedeckt, befinden sich diese definitionsgemäß außerhalb des Regelungsbereiches dieser Verordnungen und müssen von den Hochschulen nach Maßgabe der streitgegenständlichen Vorschriften verteilt werden. Auch die Verwaltungsgerichte dürfen deshalb – vorbehaltlich der gerichtlichen Gestaltungsmöglichkeiten im Verfahren nach § 123 VwGO (vgl. Urteil vom 25. März 2009 – BVerwG 6 C 3. 08 – Buchholz 442. 066 § 35 TKG Nr. 2 Rn. 28), soweit dies unter besonderen Umständen zur Gewährleistung eines effektiven Rechtsschutzes geboten ist – die baden-württembergischen Hochschulen nicht zu einer anderen Verteilungsart, wie etwa einer Verlosung, verpflichten. Dies folgt indes aus der allgemeinen Bindung der Rechtsprechung an Gesetz und Recht (Art. 20 Abs. 3 GG) und verleiht den angegriffenen Bestimmungen keinen gerichtsverfahrensrechtlichen Charakter.

b) Die Regelung in § 24 Satz 2 und 3 VergabeVO Stiftung BW ist nicht deshalb nichtig, weil es ihr an einer hinreichend bestimmten gesetzlichen Ermächtigungsgrundlage fehlte. Nach der Beurteilung des Verwaltungsgerichtshofs war der Landesverordnungsgeber zu ihrem Erlass durch das im Rang eines Landesgesetzes stehende, nicht revisible (vgl. Beschluss vom 31. Januar 1975 – BVerwG 7 B 63. 74 – Buchholz 421. 2 Hochschulrecht Nr. 39 S. 2 f., Urteil vom 7. Juni 1978 a. a. O. S. 45 bzw. S. 149) Regelwerk des Staatsvertrages über die Vergabe von Studienplätzen vom 22. Juni 2006 (Staatsvertrag 2006 – für Baden- Württemberg veröffentlicht als Anlage zu Art. 2 des Gesetzes zur Umsetzung der Föderalismusreform im Hochschulbereich vom 20. November 2007, GBl. BW S. 505) in Übereinstimmung mit den Anforderungen ermächtigt, die sich aus Art. 61 Abs. 1 der Landesverfassung im Hinblick auf Inhalt, Zweck und Ausmaß der Ermächtigungsgrundlage ergeben. Gegen diese durch eine Auslegung des

Landesrechts gewonnene Einschätzung ist nach den Maßstäben der mit Art. 61 Abs. 1 Satz 2 der Landesverfassung wortgleichen bundesverfassungsrechtlichen Norm des Art. 80 Abs. 1 Satz 2 GG, die als Ausprägung des demokratischen und rechtsstaatlichen Verfassungsprinzips auch für die Landesgesetzgebung verbindlich ist (BVerfG, Beschluss vom 20. Oktober 1981 – 1 BvR 640/80 – BVerfGE 58, 257 [277]; BVerwG, Beschluss vom 5. Januar 2000 – BVerwG 6 P 1. 99 – BVerwGE 110, 253 [255 f.] = Buchholz 251. 95 § 10 MBGSH Nr. 1 S. 2), nichts zu erinnern.

Als tragfähige gesetzliche Ermächtigung für die streitgegenständliche Regelung des Landesverordnungsgebers hat der Verwaltungsgerichtshof die Vorschrift des Art. 15 Abs. 1 Nr. 6 Staatsvertrag 2006 (wörtlich übereinstimmend nunmehr: Art. 12 Abs. 1 Nr. 4 des Staatsvertrages über die Errichtung einer gemeinsamen Einrichtung für Hochschulzulassung vom 5. Juni 2008, Staatsvertrag 2008 – für Baden-Württemberg veröffentlicht in dem Zustimmungsgesetz vom 10. November 2009, GBl. BW S. 663) angesehen. Danach bestimmen die Länder durch Rechtsverordnung die Einzelheiten des Verfahrens und der dabei anzuwendenden inhaltlichen Kriterien insbesondere auch für die Vergabe nicht in Anspruch genommener oder aus anderen Gründen frei gebliebener Plätze. Unter die letzte Alternative fallen nach der den Senat bindenden Interpretation des Verwaltungsgerichtshofs auch solche Studienplätze, die bei der Festsetzung der Zulassungszahlen keine Berücksichtigung gefunden haben. Eine Beschränkung auf den Erlass von Regelungen für Plätze innerhalb der festgesetzten Kapazität wäre nach Feststellung des Verwaltungsgerichtshofs weder mit dem Wortlaut der Ermächtigung noch mit der Systematik und dem Zweck des staatsvertraglichen Regelwerkes insgesamt vereinbar.

Die gesetzliche Ermächtigung des Art. 15 Abs. 1 Nr. 6 Staatsvertrag 2006 erlangt in der Auslegung durch den Verwaltungsgerichtshof in entscheidender Weise zusätzliche Bestimmtheit dadurch, dass dieser im Rahmen des irrevisiblen Rechts die Vergabe von Studienplätzen außerhalb der festgesetzten Kapazität als eine Sonderform des Nachrückverfahrens für im innerkapazitären Vergabeverfahren nicht in Anspruch genommene Studienplätze definiert. Denn für solche Nachrückplätze ordnet Art. 13 Abs. 4 Staatsvertrag 2006 (gleichlautend Art. 10 Abs. 4 Staatsvertrag 2008) eine Vergabe nach Art. 13 Abs. 1 Nr. 3 Staatsvertrag 2006 (gleichlautend Art. 10 Abs. 1 Nr. 3 Staatsvertrag 2008) an, der das von den Hochschulen für die innerkapazitäre Studienplatzvergabe durchzuführende Auswahlverfahren (§ 32 Abs. 3 Satz 1 Nr. 3 HRG) betrifft. Auf eine Übernahme der Maßstäbe dieses Verfahrens war mithin der Landesverordnungsgeber gesetzlich festgelegt, als er Regelungen über die Vergabe von Studienplätzen außerhalb der festgesetzten Kapazität erließ.

c) Vor dem Hintergrund dieser für den Senat verbindlichen Auslegung der landesgesetzlichen Ermächtigung des Verordnungsgebers verlangte der Inhalt des § 24 Satz 2 und 3 VergabeVO Stiftung BW bundesrechtlich keine Normierung durch ein Parlamentsgesetz.

Der parlamentarische Gesetzgeber ist im Hochschulrecht wie generell aufgrund des verfassungsrechtlichen Rechtsstaats- und Demokratieprinzips verpflichtet, die für die Verwirklichung der Grundrechte wesentlichen Entscheidungen selbst zu treffen (Urteil vom 7. Juni 1978 a. a. O. S. 40 bzw. S. 145). Nach der die Vergabe von Studienplätzen im Rahmen der festgesetzten Aufnahmekapazität betreffenden Rechtsprechung des Bundesverfassungsgerichts (Urteil vom 18. Juli 1972 a. a. O. S. 340 und S. 345 f.) gehört neben der Art und Weise der Kapazitätsermittlung und den Voraussetzungen für die Anordnung von Zulassungsbeschränkungen die Regelung der Bewerberauswahl zum Kern des Zulassungswesens. Wegen der einschneidenden Bedeutung dieser Regelung für das Grundrecht der Berufsfreiheit aus Art. 12 Abs. 1 GG obliegt es dem parlamentarischen Gesetzgeber, auch im Falle einer Delegation seiner Regelungsbefugnis zumindest die Art der anzuwendenden Auswahlkriterien und deren Rangverhältnis untereinander selbst festzulegen.

Dieser Obliegenheit ist der Landesgesetzgeber dadurch gerecht geworden, dass er den Landesverordnungsgeber – wie dargelegt – für den Fall einer Regelung der Vergabe von Studienplätzen außerhalb der festgesetzten Zulassungszahlen zur Übernahme der Maßstäbe des für die innerkapazitäre Vergabe gesetzlich geregelten Auswahlverfahrens der Hochschulen verpflichtet hat. Der Landesverordnungsgeber hat diese Vorgabe bei dem Erlass des § 24 Satz 2 und 3 VergabeVO Stiftung BW befolgt. Denn nach der verbindlichen, verfassungskonformen Auslegung durch den Verwaltungsgerichtshof nimmt zum einen die in § 24 Satz 2 VergabeVO Stiftung BW geforderte Bewerbung für den betreffenden Studiengang im zentralen Vergabeverfahren diejenige für das Auswahlverfahren der Hochschulen in Bezug. Zum anderen sind mit den in § 24 Satz 3 VergabeVO Stiftung BW genannten Ranglisten die nach § 10 Abs. 8 und 9 VergabeVO Stiftung BW stets zu erstellenden Listen eben dieses Verfahrens gemeint, so dass die in dem letzten Satzteil des § 24 Satz 3 VergabeVO Stiftung BW angelegte Alternative ohne Anwendungsfall bleibt. In dieser verordnungsrechtlichen Ausformung gesetzlich vorgegebener Maßstäbe kann eine dem parlamentarischen Gesetzgeber vorbehaltene Regelung wesentlicher Teile des Zulassungswesens nicht gefunden werden.

d) Dadurch, dass der Verwaltungsgerichtshof den auslegungsbedürftigen Wortlaut des § 24 Satz 2 und 3 VergabeVO Stiftung BW in der beschriebenen Weise verbindlich gedeutet hat, unterliegt dieser weder unter den von dem Antragsteller formulierten Gesichtspunkten noch in sonstiger Hinsicht Bedenken im Hinblick auf das in dem bundesverfassungsrechtlichen Rechtsstaatsprinzip wurzelnde (BVerfG, Beschluss vom 7. Mai 2001 – 2 BvK 1/00 – BVerfGE 103, 332 [384]) Gebot der hinreichenden gesetzlichen Bestimmtheit. Der Studienort im Sinne des § 24 Satz 2 VergabeVO Stiftung BW muss im innerkapazitären Vergabeverfahren in der Quote des Auswahlverfahrens der Hochschulen angegeben werden. Die Handhabung der Ranglisten nach § 24 Satz 3 VergabeVO Stiftung BW ist in § 10 Abs. 8 bis Abs. 11 VergabeVO Stiftung BW erschöpfend geregelt. Gemäß § 10 Abs. 7 VergabeVO Stiftung BW bestimmen die Hochschulen die Einzelheiten des Auswahlverfahrens und insbesondere die Auswahlmaßstäbe durch Satzung.

e) Den gleichfalls aus dem Rechtsstaatsprinzip abzuleitenden Grundsatz der Normenklarheit (BVerfG, Urteil vom 19. März 2003 – 2 BvL 9/98 u. a. – BVerfGE 108, 1 [20]) hat der Landesverordnungsgeber ebenfalls nicht verletzt. Entgegen der Ansicht des Antragstellers liegt ein solcher Verstoß nicht darin, dass die streitgegenständliche Regelung, die dem Ausgleich fehlerhafter Kapazitätsfestsetzungen dient, in die Vergabeverordnung Stiftung einbezogen worden ist. Denn nach diesem Regelwerk und nicht nach der Verordnung des Wissenschaftsministeriums über die Vergabe von Studienplätzen in zulassungsbeschränkten Studiengängen durch die Hochschulen (Hochschulvergabeverordnung – HVVO) vom 13. Januar 2003 (GBl. BW S. 63), zuletzt geändert durch Gesetz vom 20. November 2007 (GBl. BW S. 505) wären die Studienplätze bei korrekter Kapazitätsfestsetzung nach der Auslegung des Landesrechts durch den Verwaltungsgerichtshof vergeben worden.

f) Die Regelung in § 24 Satz 2 und 3 VergabeVO Stiftung BW ist mit Art. 12 Abs. 1 GG – speziell dem Recht auf freie Wahl der Ausbildungsstätte – sowohl in seiner Funktion als Freiheits- bzw. Abwehrrecht (aa)) als auch im Hinblick auf das aus diesem Grundrecht – in Verbindung mit dem Gleichheitssatz und dem Sozialstaatsprinzip – ableitbare Recht auf Teilhabe an den staatlichen Ausbildungsressourcen (bb)) vereinbar.

aa) Teil der freiheits- bzw. abwehrrechtlichen Funktion des in Art. 12 Abs. 1 Satz 1 GG verbürgten Grundrechts auf freie Wahl der Ausbildungsstätte, die das Verständnis dieses Rechts prägte, bevor die grundrechtlichen Probleme begrenzter Ausbildungskapazitäten in den Vordergrund traten, ist das Recht auf freie Wahl des Studienortes. Zu sichern ist danach vor allem die Freiheit, zwischen den verschiedenen Universitäten zu wählen und bei besonders hervorragenden Lehrern hören zu können, um sich entsprechend vielseitig auszubilden (BVerfG, Urteil vom 18. Juli 1972 a. a. O. S. 329; vgl. auch: BVerwG, Urteil vom 23. Oktober 1996 – BVerwG 6 C 1. 94 – BVerwGE 102, 142 [146] = Buchholz 421. 2 Hochschulrecht Nr. 149 S. 55). Dieses Recht lassen die angegriffenen Vorschriften unberührt bzw. schränken es jedenfalls in verhältnismäßiger Weise ein.

Zwar konnten bisher Studienbewerber, die im innerkapazitären Vergabeverfahren erfolglos geblieben waren, ihre Chancen, einen Studienplatz außerhalb der festgesetzten Kapazität zu erhalten, dadurch steigern, dass sie gegen möglichst viele Hochschulen einen Kapazitätsprozess führten. Landesrechtliche Regelungen für die Vergabe solcher Studienplätze mit Auswirkungen auf die Erfolgsaussichten der Prozessführung gab es bislang nur in Ansätzen. Im Hinblick auf die baden-württembergischen Hochschulen ergibt sich nunmehr bereits durch die in § 24 Satz 2 VergabeVO Stiftung BW statuierte Obliegenheit einer Bewerbung für den betreffenden Studienort in dem für die innerkapazitären Vergabe geregelten Auswahlverfahren der Hochschulen eine gewichtige Einschränkung. Denn in diesem Verfahren können gemäß § 32 Abs. 1 Satz 2 HRG, Art. 11 Abs. 1 Satz 2 Staatsvertrag 2006 (gleichlautend Art. 8 Abs. 1 Satz 2 Staatsvertrag 2008) und § 3 Abs. 3 Satz 3 Vergabe VO Stiftung BW nur bis zu sechs Studienorte in einer Reihenfolge gewählt werden. Eine weitere Verschärfung entsteht als Folge der Verknüpfung, die § 24 Satz 3 VergabeVO Stiftung BW mit dem Auswahlverfahren der Hochschulen herstellt. Denn die Hochschulen können bereits die Teilnahme an einem solchen Verfahren gemäß § 32 Abs. 3 Satz 3 und 4 HRG, Art. 13 Abs. 1 Satz 3 und 4 Staatsvertrag 2006 (gleichlautend Art. 10 Abs. 1 Satz 3 und 4 Staatsvertrag 2008) und § 10 Abs. 5 VergabeVO Stiftung BW im Rahmen einer Vorauswahl unter anderem nach dem Grad der Ortspräferenz beschränken, die in dem Zulassungsantrag nach § 3 VergabeVO Stiftung BW angegeben worden ist. Diejenigen Bewerber, die die entsprechenden Hochschulen mit niedrigerer Präferenz gewählt haben, werden dann in den nach § 10 Abs. 8 und 9 VergabeVO Stiftung BW zu erstellenden und auch für § 24 Satz 3 VergabeVO Stiftung BW maßgeblichen Ranglisten gar nicht genannt. So kann etwa eine baden-württembergische Hochschule, die für das Auswahlverfahren der Hochschulen die erste Ortspräferenz fordert, auf Zuweisung eines Studienplatzes außerhalb der festgesetzten Kapazität mit Aussicht auf Erfolg nur von solchen Bewerbern in Anspruch genommen werden, die sich bereits innerkapazitär entsprechend dieser Präferenz beworben haben.

Jedoch werden trotz dieser Einschränkungen Studienplatzbewerber, die wie der Antragsteller weiterhin möglichst viele Hochschulen mit Klagen auf Zuweisung eines Studienplatzes außerhalb der festgesetzten Zulassungszahlen in Anspruch nehmen wollen, von der Regelung des § 24 Satz 2 und 3 VergabeVO Stiftung BW nicht in ihrem Recht auf freie Wahl des Studienortes betroffen. Denn dieses Recht stellt auf den Wunsch eines Studienbewerbers ab, sein Studium nicht an irgendeiner, sondern an einer bestimmten, von ihm gewählten Universität zu absolvieren. Dieses Recht wird durch § 24 Satz 2 VergabeVO Stiftung BW nicht negativ berührt, die Vorschrift trägt ihm vielmehr gerade dadurch Rechnung, dass sie die für das innerkapazitäre Verfahren getroffene Wahl auch für die Vergabe von Studienplätzen außerhalb der festgesetzten Kapazität verbindlich macht. Umgekehrt wird das Interesse von Studienplatzbewerbern in der Situation des Antragstellers, an ihre für das innerkapazitäre Verfahren getroffene Studienortwahl nicht mehr gebunden zu sein und sich bei der Bewerbung um einen Studienplatz außerhalb der festgesetzten Zulassungszahlen nicht ohne Weiteres für einen bestimmten Studienort entscheiden zu müssen, sondern eine solche Entscheidung von dem Ergebnis der geführten Kapazitätsprozesse abhängig zu machen, von der durch Art. 12 Abs. 1 GG geschützten Wahlfreiheit nicht umfasst.

Selbst wenn man jedoch eine Beeinträchtigung des Rechts auf freie Wahl des Studienortes annehmen wollte, wäre dieses durch die Regelung in § 24 Satz 2 und 3 VergabeVO Stiftung BW in verhältnismäßiger Weise eingeschränkt.

Der Verwaltungsgerichtshof hat die Befugnis des Landesverordnungsgebers, als Voraussetzung für die Zuweisung eines Studienplatzes außerhalb der festgesetzten Zulassungszahlen eine innerkapazitäre Bewerbung für den betreffenden Studienort im Auswahlverfahren der Hochschulen zu fordern, in seiner den Senat bindenden Auslegung des Landesrechts nicht etwa aus allgemeinen Gründen der Verwaltungsökonomie hergeleitet. Er hat vielmehr entscheidend auf die Erwägung abgestellt, diese Obliegenheit sei erforderlich, damit die in § 24 Satz 3 VergabeVO Stiftung BW geregelte materiell-rechtliche Bindung der Vergabe von Studienplätzen außerhalb der festgesetzten Kapazität an die Maßstäbe des innerkapazitären Auswahlverfahrens der Hochschulen ins Werk gesetzt werden könne. Hiergegen ist aus bundesverfassungsrechtlichen Gründen nichts zu erinnern. Wie sogleich darzulegen sein wird, sichert diese Bindung nicht nur die grundsätzlich auch auf andere Weise mögliche Erfüllung des Gebots zur vollständigen Nutzung aller vorhandenen Kapazitäten, das aus dem Recht auf Teilhabe an den staatlichen Ausbildungsressourcen abzuleiten ist. Die Übernahme der Kriterien, nach denen gemäß § 32 Abs. 3 HRG, Art. 13 Abs. 1 Staatsvertrag 2006 (gleichlautend Art. 10 Abs. 1 Staatsvertrag 2008) und § 6 Abs. 3 bis 5 VergabeVO Stiftung BW innerkapazitär der größte Teil der Studienplätze vergeben wird, räumt zugleich die Bedenken aus, die nach dem Grundsatz der Chancengleichheit gegen die Anwendung unterschiedlicher Auswahlkriterien für die Zuweisung von Studienplätzen in zulassungsbeschränkten Studiengängen bestehen.

bb) Die zur Überprüfung gestellten Vorschriften verstoßen nicht gegen Art. 12 Abs. 1 Satz 1 GG in seiner in Verbindung mit dem allgemeinen Gleichheitssatz und dem Sozialstaatsprinzip vermittelten Wirkungsweise als Recht auf Teilhabe an den staatlichen Ausbildungsressourcen.

Nach der Rechtsprechung des Bundesverfassungsgerichts hat auch im Rahmen begrenzter Ausbildungskapazitäten grundsätzlich jeder hochschulreife Bewerber ein Recht auf ein Studium seiner Wahl unter möglichster Berücksichtigung der gewählten Ausbildungsstätte. Der absolute numerus clausus für Studienanfänger einer bestimmten Fachrichtung ist als Eingriff in die Freiheit der Berufswahl, der einer objektiven Zulassungsvoraussetzung gleichkommt, nur dann verfassungsgemäß, wenn er in den Grenzen des unbedingt Erforderlichen unter erschöpfender Nutzung der vorhandenen Ausbildungskapazitäten angeordnet wird und wenn Auswahl und Verteilung der Bewerber nach sachgerechten Kriterien mit einer Chance für jeden von ihnen stattfinden (grundlegend: BVerfG, Urteil vom 18. Juli 1972 a. a. O. S. 337 f.; zusammenfassend Kammerbeschluss vom 21. Juli 2005 – 1 BvR 584/05 – juris Rn. 15). Dabei sind unerwünschte Rückwirkungen auf das materielle Recht am wenigsten zu erwarten, wenn alle vorhandenen Studienplätze unter pflichtgemäßer Ausschöpfung der Kapazitäten in das vom Gesetzgeber vorgesehene zentrale Vergabeverfahren einbezogen und nach Maßgabe der dort festgelegten einheitlichen Kriterien vergeben werden. Das verfassungsrechtliche Gebot zur erschöpfenden Nutzung der vorhandenen Ausbildungskapazität ist aber auch dann zu beachten, wenn ein Ausbildungsträger nicht alle vorhandenen Studienplätze ausgewiesen hat und diese erst nachträglich in einem Rechtsstreit aufgedeckt werden. Es verlangt auch hier – und zwar grundsätzlich mit Vorrang vor der Einhaltung von Kriterien der Bewerberauswahl – dass alle freien Studienplätze an die prinzipiell gleichberechtigten Bewerber vergeben werden und nicht ungenutzt bleiben (BVerfG, Beschlüsse vom 9. April 1975 – 1 BvR 344/73 – a. a. O. S. 258 [270 ff.] und – 1 BvR 344/74 u. a. – a. a. O. S. 276 [293 ff.], Urteil vom 8. Februar 1977 – 1 BvF 1/76 u. a. – BVerfGE 43, 291 [314]). Das verfassungsrechtlich untragbare Ergebnis, dass nicht ausgewiesene Studienplätze auch tatsächlich nicht besetzt werden, droht insbesondere dann, wenn eine verwaltungsgerichtliche Kontrolle von Kapazitätsfestsetzungen mangels einer ausreichenden Zahl von Rechtsschutz suchenden Studienplatzbewerbern nicht in dem erforderlichen Umfang stattfinden kann (BVerfG, Beschluss vom 9. April 1975 – 1 BvR 344/74 u. a. – a. a. O. S. 276 [297 und 300] sowie Kammerbeschluss vom 21. Juli 2005 a. a. O. Rn. 20).

Diese Rechtsprechungsgrundsätze sind geprägt von einer Gegenläufigkeit der Ansätze einerseits der Verteilung nach dem Rang der Bewerber und andererseits der – im Zweifel vorrangigen – Kapazitätserschöpfung. Das Bundesverfassungsgericht hat allerdings stets zum Ausdruck gebracht (vgl. BVerfG, Beschluss vom 9. April 1975 – 1 BvR 344/74 u. a. – a. a. O. S. 276 [296 f. und 300]), dass dieser Gegensatz aufgehoben wäre, wenn eine normative Regelung die Einhaltung einheitlicher Auswahlmaßstäbe ermöglichen und gleichzeitig die Ausnutzung sämtlicher in einem Kapazitätsprozess aufgedeckter Studienplätze sichern würde. Weitergehend hat es in einer neueren Entscheidung (Kammerbeschluss vom 29. September 2008 – 1 BvR 1464/07 – juris Rn. 30) erwogen, wenn auch im Ergebnis offen gelassen, ob auch ohne eine solche ausdrückliche Regelung Art. 12 Abs. 1 und Art. 3 Abs. 1 GG die Heranziehung der Auswahlkriterien des zentralen Vergabeverfahrens für die Verteilung der im gerichtlichen Verfahren aufgedeckten Restkapazitäten nicht nur zuließen, sondern sogar erforderten, um eine gleichmäßige Verteilung aller freien Studienplätze unter Anwendung einheitlicher Auswahlkriterien sicherzustellen, die angesichts der Chancengleichheit der Bewerber verfassungsrechtlich geboten sei. Dies werde die in der Praxis weithin übliche Verlosung gerichtlich aufgedeckter Studienplätze erübrigen (im Sinne einer Rechtfertigungsbedürftigkeit des Losverfahrens bei der Studienplatzvergabe auch: EuGH, Urteil vom 13. April 2010 – Rs. C 73/08, Bressol u. a – NVwZ 2010, 1141 [1145]).

Das Bundesverwaltungsgericht hat sich in seiner Rechtsprechung (Urteil vom 8. Februar 1980 – BVerwG 7 C 93. 77 – BVerwGE 60, 25 [31 ff.] = Buchholz 421. 2 Hochschulrecht Nr. 81 S. 234 ff., Beschluss vom 11. Mai 1982 – BVerwG 7 C 89. 78 – Buchholz 421. 21 Hochschulzulassungsrecht Nr. 4 S. 21, Urteil vom 15. Dezember 1989 a. a. O. S. 97) bisher auf die Feststellung beschränkt, das bundesrechtliche Kapazitätserschöpfungsgebot verlange im Fall der nachträglichen Aufdeckung ungenutzter Kapazitäten im Gerichtsverfahren nur, dass unter den konkurrierenden Studienplatzklägern überhaupt eine Auswahl stattfinde, damit die frei gebliebenen Studienplätze besetzt werden könnten, es besage aber nichts über die dem Landesrecht zuzurechnenden Auswahlmodalitäten. Eine Auswahl durch das Los sei bundesrechtlich ebenso wenig zu beanstanden wie die Orientierung an den Auswahlkriterien des innerkapazitären Vergabeverfahrens.

Diese Rechtsprechung bezieht sich auf Konstellationen, in denen es an normativen Regeln für die Verteilung von Studienplätzen außerhalb der festgesetzten Zulassungszahlen fehlte. Ob an ihr in Anbetracht der neueren Rechtsprechung des Bundesverfassungsgerichts festzuhalten ist, bedarf hier keiner Entscheidung.

Keinesfalls ist indes nach den dargestellten Grundsätzen der bundesverfassungsgerichtlichen Rechtsprechung eine landesrechtliche Regelung für die Verteilung nachträglich aufgedeckter Studienplätze zu beanstanden, die die Chancengleichheit der Studienplatzbewerber sichert und gleichzeitig das Kapazitätserschöpfungsgebot erfüllt. Beides trifft für die angefochtene Bestimmungen des § 24 Satz 2 und 3 VergabeVO Stiftung BW zu.

Mit den Maßstäben des Auswahlverfahrens der Hochschulen hat der Landesverordnungsgeber den für die Verwirklichung der Chancengleichheit rechtssystematisch geeigneten Teil der Auswahlkriterien des innerkapazitären Vergabeverfahrens auf die Vergabe von nachträglich aufgedeckten Studienplätzen übertragen. Denn dabei handelt es sich – wie dargelegt – nach den für den Senat verbindlichen Feststellungen des Verwaltungsgerichtshofs um eine besondere Form des innerkapazitär in entsprechender Weise durchzuführenden Nachrückverfahrens. Da innerkapazitär der größte Teil der Studienplätze nach den Kriterien des Auswahlverfahrens der Hochschulen gemäß § 32 Abs. 3 Satz 1 Nr. 3 HRG und den entsprechenden landesrechtlichen Bestimmungen vergeben wird, tragen die angegriffenen Vorschriften den auf der verfassungsrechtlichen Forderung nach Chancengleichheit der Bewerber beruhenden Bedenken gegen die Anwendung unterschiedlicher Vergabekriterien auch in einem praktisch möglichst großen Umfang (vgl. zu den Schwierigkeiten eines vollständigen Gleichlaufs: Müller, NVwZ-Extra 2010, Heft 24, 2 [18 mit Fn. 65]) Rechnung.

Es sind andererseits keine Anhaltspunkte dafür erkennbar, dass bei einer Anwendung des § 24 Satz 2 und 3 VergabeVO Stiftung BW das Gebot zur erschöpfenden Ausnutzung der vorhanden Ausbildungskapazitäten verfehlt werden könnte. Der Vermeidung dieses dem Recht auf Teilhabe an den staatlichen Ausbildungsressourcen widersprechenden Ergebnisses dienen zwei Ausgestaltungsmerkmale der angegriffenen Regelung, die nach derzeitigem Erkenntnisstand sicherstellen, dass einerseits aufgedeckte Studienplätze tatsächlich vergeben werden können und andererseits genügender Anreiz zur Führung von Prozessen besteht, die eine verwaltungsgerichtliche Überprüfung festgesetzter Zulassungszahlen ermöglichen.

Zum einen hat der Verwaltungsgerichtshof die umstrittene landesrechtliche Regelung bindend dahingehend ausgelegt, dass nach ihren Maßgaben verwaltungsgerichtlich aufgedeckte Studienplätze von den Hochschulen des Landes grundsätzlich auch an Bewerber vergeben werden müssen, die an dem jeweiligen Prozess nicht beteiligt waren. Zwar heißt es an einer Stelle der Gründe des erstinstanzlichen Urteils (UA S. 21), für die Zuweisung der erst im gerichtlichen Verfahren aufgedeckten Studienplätze stünden nur diejenigen Bewerber zur Auswahl, die eine entsprechende Vergabe beantragt und gerichtlich verfolgt hätten. Diese Ausführungen beziehen sich jedoch nach dem Gesamtzusammenhang der Entscheidungsbegründung auf den bisher bestehenden, ungeregelten Zustand. Denn der Verwaltungsgerichtshof führt weiter aus (UA S. 25 f.), sogenannte außerkapazitäre Studienplätze seien nicht ausschließlich für diejenigen Bewerber reserviert, die derartige Plätze im Wege eines gegen die Hochschule gerichteten Gerichtsverfahrens geltend gemacht hätten. Auch andere Vergabewege seien zulässig. Dies gelte erst recht, wenn diese Verfahren dichter an den normativen Vorgaben des regulären Vergabeverfahrens lägen oder sogar – wie hier – von dem zuständigen Normgeber angeordnet worden seien.

Wenn die Ausführungen des Verwaltungsgerichtshofs nicht in dem von dem Senat für richtig gehaltenen Sinne zu verstehen sein sollten, wären sie in sich widersprüchlich. Damit wäre die streitgegenständliche Regelung insoweit im Ergebnis von der Vorinstanz nicht ausgelegt worden. Dies hätte zur Folge, dass der Senat zu einer eigenen Auslegung des Landesrechts im Hinblick auf dessen Geltungsbereich befugt wäre (vgl. Eichberger, in: Schoch/Schmidt-Aßmann/Pietzner, VwGO, Bd. 2, Stand Mai 2010, § 137 Rn. 83, 88; Wenzel, in: Münchener Kommentar zur ZPO, Bd. 2, 3. Aufl. 2007, § 560 Rn. 6). Eine eigene Auslegung durch den Senat müsste in Anbetracht des den Anwendungsbereich nicht einschränkenden Wortlauts, des verwaltungsverfahrensrechtlichen Charakters und des auf die Gewährleistung der Chancengleichheit gerichteten Zwecks der Regelung zu dem Ergebnis führen, dass ihre Anwendung im Grundsatz nicht auf die an einem Kapazitätsprozess beteiligten Bewerber beschränkt bleiben könnte.

Zum anderen müssen trotz dieses grundsätzlich weiten Anwendungsbereichs des § 24 Satz 2 und 3 VergabeVO Stiftung BW stets die Ansprüche der an einem Kapazitätsprozess beteiligten Studienplatzbewerber – wenn auch im Verhältnis zueinander nach den Verteilungsmaßstäben dieser Regelung – vor denjenigen von solchen Bewerbern befriedigt werden, die kein Kapazitätsverfahren geführt haben. Dieser Vorrang der Beteiligten eines Kapazitätsprozesses folgt aus der bundesrechtlichen Ausgestaltung des verwaltungsgerichtlichen Rechtsschutzes als Individualrechtsschutz (vgl. BVerfG, Beschlüsse vom 9. April 1975 – 1 BvR 344/73 – a. a. O. S. 258 [272] und – 1 BvR 344/74 u. a. – a. a. O. S. 276 [299]).

Nach dieser Regelungsstruktur bestünde eine Gefahr, dass nicht ausgewiesene Studienplätze unentdeckt und unbesetzt bleiben könnten, allenfalls dann, wenn die ausgewiesenen Vergabekriterien auf viele potentielle Kläger um einen Reststudienplatz abschreckend wirkten, und zugleich die Verwaltungsgerichte eine Überprüfung festgesetzter Kapazitäten nur in dem Umfang vornehmen würden, der für eine Befriedigung der Ansprüche dieser wenigen Kläger notwendig wäre. Eine solche Konstellation ist indes rein theoretischer Natur. Das gilt bereits im Hinblick auf die unterstellte Verengung des verwaltungsgerichtlichen Prüfungsmaßstabes in strikter Relation zur Zahl der Rechtsschutzsuchenden. Darüber hinaus ist in Anbetracht des steten Bewerberüberhangs in den zulassungsbeschränkten Studiengängen mit einer signifikanten Verminderung der Zahl der Studienbewerber, die sich einen Studienplatz durch die Führung eines Kapazitätsprozesses sichern wollen, nicht zu rechnen. Hinzu kommt, dass die transparenten Vergabekriterien des § 24 Satz 2 und 3 VergabeVO Stiftung BW auch Studienplatzbewerber, die nach der bisher bestehenden, weithin ungeregelten Rechtslage von einem Kapazitätsprozess abgesehen hätten, zur Führung eines solchen Rechtsstreits anregen können. In jedem Fall ist der Verordnungsgeber, wie der Verwaltungsgerichtshof zu Recht hervorgehoben hat, auf Grund der ihn treffenden Beobachtungspflicht gehalten, etwaigen Fehlentwicklungen auf dem Gebiet der Kontrolle und der Ausnutzung bestehender Ausbildungskapazitäten umgehend abzuhelfen.

g) Die durch § 24 Satz 2 und 3 VergabeVO Stiftung BW herbeigeführte Bindung der Kriterien für die Vergabe von Studienplätzen außerhalb der festgestellten Zulassungszahlen an diejenigen des innerkapazitären Auswahlverfahrens der Hochschulen stellt keine gegen den allgemeinen Gleichheitssatz des Art. 3 Abs. 1 GG verstoßende Gleichbehandlung ungleicher Verfahrensarten dar. Beide Verfahrenswege betreffen den grundrechtlich unterfangenen Zulassungsanspruch der Studienbewerber und sind deshalb ungeachtet ihrer grundsätzlichen Selbständigkeit rechtlich aufeinander bezogen und voneinander abhängig. Die angegriffene Regelung trägt dabei den Anforderungen der Chancengleichheit der Bewerber Rechnung.

h) Schließlich betrifft § 24 Satz 2 und 3 Vergabe VO Stiftung BW nicht die in Art. 19 Abs. 4 GG enthaltene Garantie des effektiven Rechtsschutzes. Diese Verfassungsnorm gewährt nicht selbst Rechte, sondern setzt zu schützende Rechte voraus (BVerfG, Beschluss vom 8. Juli 1982 – 2 BvR 1187/80 – BVerfGE 61, 82 [110], Kammerbeschluss vom 21. Juli 2005 a. a. O. Rn. 18). Die Rechte, die aus dem zur Überprüfung stehenden verfassungsgemäßen Landesverordnungsrecht ableitbar sind, können gerichtlich uneingeschränkt durchgesetzt werden.

3. Urteil des Verwaltungsgerichtshofs Mannheim vom 20. November 2013 – Aktenzeichen: NC 9 S 174/13

Kapazität der Universität Freiburg im Studiengang Humanmedizin im Studienjahr 2012/2013 (Auszug)

Bei dem Urteil des VGH Mannheim handelt es sich um eine der wesentlichen kapazitätsrechtlichen Entscheidungen der letzten Jahre. Gegen die Nichtzulassung der Revision haben die Verfasser namens ihrer Mandanten Beschwerde eingelegt.

Leitsätze:

1. Aus der Überschreitung des Gesamt-CNW für den Studiengang Humanmedizin von 8,2 ergeben sich nicht zwangsläufig subjektive Rechte von Studienbewerbern auf Zulassung zum vorklinischen Studienabschnitt. (amtlicher Leitsatz)
2. Vielmehr unterfällt die Art und Weise, wie kapazitätsrechtlich die Rückführung auf den CNW zu erfolgen hat, dem Gestaltungsspielraum der jeweiligen Hochschule, die dabei den Teilhabeanspruch der Studienbewerber aus Art. 12 Abs. 1 GG und die Lehrfreiheit der Hochschule bzw. der Hochschullehrer aus Art. 5Abs. 3 GG abzuwägen hat. (amtlicher Leitsatz)
3. Die Festlegung von Curricularwerten im Rahmen der vorgegebenen Bandbreiten nach § 13 Abs. 2 Satz 1 KapVO VII i. d. F. der Änderungsverordnung vom 04.01.2011 (GBl. S. 23) ist Sache der Hochschule. Sie bedarf keiner bestimmten Rechtsform. (amtlicher Leitsatz)

Urteilsformel:

Die Berufung der Klägerin gegen das Urteil des Verwaltungsgerichts Freiburg vom 6. Dezember 2012 – NC 6 K 2182/12 – wird zurückgewiesen.

Die Klägerin trägt die Kosten des Berufungsverfahrens.

Die Revision wird nicht zugelassen.

Aus dem Tatbestand:

Es geht um die Zulassung zum Studium der Humanmedizin an der Universität Freiburg im ersten Fachsemester zum Wintersemester 2012/2013 außerhalb der durch Rechtsverordnung festgesetzten Zulassungszahl. Diese war in der Zulassungszahlenverordnung 2012/2013 auf 335 Vollstudienplätze festgesetzt worden. Nachdem die Uni den Zulassungsantrag der Klägerin abgelehnt hatte, hat diese fristgerecht beim Verwaltungsgericht Freiburg

Klage erhoben, mit der sie die Verpflichtung der Beklagten begehrt, sie nach den Rechtsverhältnissen des Wintersemesters 2012/2013 zum Studium im Studiengang Humanmedizin für das erste Fachsemester zuzulassen.

Aufgrund eines mit Aufklärungsverfügung des Verwaltungsgerichts vom 21.11.2012 beanstandeten Berechnungsfehlers hat die Beklagte ihre Kapazitätsberechnung auf eine Kapazität von 337 Studienplätzen korrigiert und mitgeteilt, dass nunmehr 337 Studienplätze kapazitätswirksam besetzt seien, da sie einen weiteren Studienplatz an die (zu diesem Zeitpunkt) rangbeste Klägerin eines Parallelverfahrens zugeteilt habe.

Mit Urteil vom 06.12.2012 hat das Verwaltungsgericht die Klage abgewiesen und die Berufung zugelassen. Mit der Berufung hat die Klägerin zur Begründung im Wesentlichen ausgeführt: Bei den unvergüteten Lehraufträgen sei das Verwaltungsgericht zu Unrecht davon ausgegangen, dass kein konkreter Bezug zu einer besetzten Stelle notwendig sei und es lediglich auf die Gesamtbilanzierung ankomme. Bei der Berechnung des Dienstleistungsbedarfs für die Zahnmedizin sei zu Unrecht keine Schwundquote angesetzt worden. Beim Dienstleistungsexport für den Studiengang Molekulare Medizin Master sei zu berücksichtigen, dass es sich hierbei um ein Zweitstudium zulasten der Humanmedizin handle. Zudem sei die Berücksichtigung des Ausbildungsaufwands ebenso wie für den Bachelorstudiengang Molekulare Medizin unter dem Gesichtspunkt unzulässiger Niveaupflege zu beanstanden. Jedenfalls dürfe bei der Molekularen Medizin der gegenüber anderen Landesuniversitäten besonders hohe Curricularnormwert (CNW) nicht gerade in einer Zeit besonders angespannter Bewerberzahlen und langer Wartezeiten zulasten der Humanmedizin gehen. Die Beklagte habe sich insoweit auf die Vergleichbarkeit der besonderen wissenschaftlichen Ausrichtung mit dem Studiengang an der Universität Erlangen berufen, dessen CNW jedoch deutlich geringer sei. Bei den Wahlfächern und Praktika werde bestritten, dass der Ansatz von 10 % der Vorklinik im Nachhinein der Hochschulwirklichkeit entsprochen habe. Zu Unrecht habe das Verwaltungsgericht auch die Notwendigkeit einer proportionalen Kürzung des CAp (Curriculareigenanteils) der Vorklinik entsprechend dem Verhältnis des Curricularanteils (CA) für den vorklinischen Studienabschnitt insgesamt nach der von der Beklagten praktizierten Studienordnung zum Richtwert des Beispielstudienplans der ZVS für den CA des vorklinischen Studienabschnitts als nicht geboten angesehen. Der Wert im Beispielsstudienplan der ZVS dürfe jedenfalls nicht überschritten werden. Es bestünden zudem Zweifel, ob in Zusammenschau mit der Kapazitätsberechnung der Klinik der Gesamt-CNW für Medizin eingehalten werde. Gegebenenfalls sei auch deshalb eine proportionale Kürzung des Curricularanteils der Vorklinik notwendig. Schließlich sei auch die vom Verwaltungsgericht angesetzte Schwundquote unzutreffend, da hierbei „Gerichtsmediziner" zu Unrecht außer Acht gelassen worden seien. Gerade die Schwundberechnung des streitgegenständlichen Semesters zeige, dass zumindest diejenigen „Gerichtsmediziner", die später im Wege eines Vergleichs endgültig zugelassen würden, kein atypisches Verbleibeverhalten aufwiesen. Schließlich lege die Beklagte nicht dar, wie sie beurlaubte Studenten berücksichtige. Hier stehe im Raum, dass diese doppelt berücksichtigt würden.

Aus den Entscheidungsgründen:

Die zulässige Berufung der Klägerin ist unbegründet.

Die Klägerin hat keinen Anspruch darauf, beschränkt auf den vorklinischen Studienabschnitt nach den Rechtsverhältnissen des Wintersemesters 2012/2013 zum Studium der Humanmedizin im 1. Fachsemester zugelassen zu werden. Der Bescheid der Beklagten vom 15.10.2012 ist deshalb rechtmäßig und verletzt die Klägerin nicht in ihren Rechten. Mit der in der ZZVO 2012/2013 festgesetzten Zulassungszahl von 335 Studienplätzen für Studienanfänger ist die tatsächliche Aufnahmekapazität der Lehreinheit Vorklinische Medizin zwar nicht ausgeschöpft. Vielmehr ist anhand der nach Aufklärungsverfügung des Verwaltungsgerichts von der Beklagten korrigierten Kapazitätsberechnung von der Zulassungsgrenze von 337 Studienplätzen auszugehen. Diese sind indes allesamt kapazitätswirksam belegt. Über die vom Verwaltungsgericht vorgenommenen weiteren geringfügigen Korrekturen hinaus begegnet die von der Beklagten vorgenommene Kapazitätsberechnung weder im Hinblick auf das Lehrangebot (1.) noch die Lehrnachfrage (2.) rechtlichen Bedenken. Auch die Überprüfung des Berechnungsergebnisses gemäß § 14 Abs. 3 Nr. 3 KapVO VII ist nicht zu beanstanden (3.). Danach stehen keine freien Studienplätze zur Verfügung (4.).

Rechtsgrundlage für die Ermittlung und Festsetzung der Ausbildungskapazitäten der Hochschulen sind die §§ 29 und 30 des Hochschulrahmengesetzes i. d. F. der Bekanntmachung vom 19.01.1991 (BGBl. I S. 18, zuletzt geändert durch Gesetz vom 12.04.2007, BGBl. I S. 506 – HRG –). Danach hat die Hochschule in zulassungsbeschränkten Studiengängen die vorhandenen Ausbildungskapazitäten im Rahmen der verfügbaren Mittel grundsätzlich auszuschöpfen (vgl. § 29 Abs. 2 Satz 2 HRG). Die Zahl der von der einzelnen Hochschule höchstens aufzunehmenden Bewerber (Zulassungszahl) darf nicht niedriger festgesetzt werden, als dies unter Berücksichtigung der personellen, räumlichen, sächlichen und fachspezifischen Gegebenheiten zur Aufrechterhaltung einer geordneten Wahrnehmung der Aufgaben der

Hochschule in Forschung, Lehre und Studium sowie in der Krankenversorgung unbedingt erforderlich ist (vgl. § 29 Abs. 2 Satz 1 HRG).

Die konkreten Zulassungszahlen für jede Hochschule werden gemäß § 30 Abs. 1 Satz 1 HRG durch Landesrecht festgesetzt. In Baden-Württemberg richtet sich die Festsetzung der Zulassungszahlen nach § 3 des Gesetzes über die Zulassung zum Hochschulstudium in Baden-Württemberg in der Fassung vom 15.09.2005 (GBl. S. 629, in der für das Wintersemester 2012/2013 maßgeblichen Fassung vom 10.07.2012, GBl. S. 457 – HZG –). Danach werden die Zulassungszahlen für die in das Verfahren der Zentralstelle einbezogenen Studiengänge – also auch im Studiengang Medizin – vom Wissenschaftsministerium nach Anhörung der Hochschulen durch Rechtsverordnung festgesetzt. Einzelheiten, insbesondere zu den inhaltlichen Kriterien der Festsetzung, sind im Hochschulzulassungsgesetz selbst nicht geregelt. Insoweit enthält § 2 Abs. 1 HZG i. V. m. Art. 15 des Staatsvertrags über die Vergabe von Studienplätzen vom 22.06.2006 (GBl. 2007, S. 523) jedoch eine Verordnungsermächtigung zugunsten des Wissenschaftsministeriums.

Das Fehlen einer gesetzlichen Bestimmung zu den Einzelheiten der Kapazitätsfestsetzung ist dabei von Verfassungs wegen nicht zu beanstanden. Zwar ist die Art und Weise der Kapazitätsermittlung eines der Kernstücke des Zulassungswesens und muss angesichts der unmittelbaren Wirkung auf das verfassungsmäßig gewährleistete Zugangsrecht der Studenten nach sachgerechten und nachvollziehbaren Kriterien erfolgen (vgl. BVerfG, Beschluss vom 09.04.1975 – 1 BvR 344/73 –, BVerfGE 39, 258, 265). Um allen Hochschulbewerbern gleiche Zugangschancen zu gewährleisten, sind daher objektivierte und nachprüfbare Kriterien für die Kapazitätsermittlung in normativer Form zu entwickeln (vgl. BVerfG, Entscheidung vom 18.07.1972 – 1 BvL 32/70, 1 BvL 25/71 –, BVerfGE 33, 303, 340f.). Dies kann gemäß Art. 12 Abs. 1 Satz 2 GG nur durch Gesetz oder aufgrund eines Gesetzes geschehen. Trotz des Fehlens ausdrücklicher Vorgaben durch den Gesetzgeber wird die Verordnungsermächtigung in § 2 Abs. 1 HZG diesen Vorgaben jedoch gerecht. Denn das Hochschulzulassungsrecht wird durch Grundsätze beherrscht, die sich unmittelbar aus dem Grundgesetz ergeben: Maßgeblich geht es um die Abwägung der widerstreitenden Grundrechtspositionen aus Art. 12 Abs. 1 GG i. V. m. Art. 3 Abs. 1 GG hinsichtlich des Zugangsrechts der Hochschulbewerber einerseits und der grundrechtlich gewährleisteten Forschungs- und Lehrfreiheit der Hochschullehrer (Art. 5 Abs. 3 GG) sowie der Ausbildungsbedürfnisse der bereits zugelassenen Studenten andererseits (vgl. BVerfG, Beschluss vom 22.10.1991 – 1 BvR 393/85, 1 BvR 610/85 –, BVerfGE 85, 36, 56f.). Der Ausgleich dieser Konfliktlage ist einer gesetzlichen Regelung daher nur eingeschränkt zugänglich, so dass die Festlegungen auch auf den Verordnungsgeber delegiert werden können (vgl. BVerfG, Beschlüsse vom 14.03.1989 – 1 BvR 1033/82, 1 BvR 174/84 –, BVerfGE 80, 1, 21 f., und vom 03.06.1980 – 1 BvR 967/78 u. a. –, BVerfGE 54, 173, 193 f.). Im Übrigen genießt auch der Staatsvertrag selbst den Rang eines Landesgesetzes (vgl. Senatsurteil vom 21.02.2006 – 9 S 1840/05 –, Juris).

Von der Ermächtigung ist durch die Verordnung des Wissenschaftsministeriums über die Kapazitätsermittlung, die Curricularnormwerte und die Festsetzung von Zulassungszahlen vom 14.06.2002 (GBl. S. 271, im hier maßgeblichen Zeitraum zuletzt geändert durch Verordnung vom 04.01.2011, GBl. S. 23 – KapVO VII –) Gebrauch gemacht worden. Diese Kapazitätsverordnung regelt die Berechnung der Zulassungszahlen primär aufgrund der personellen Ausbildungskapazität der Hochschule (vgl. bereits die Überschrift des zweiten Abschnitts der KapVO VII). Hierzu wird das an der Hochschule vorhandene Lehrangebot (in Deputatsstunden) durch die Lehrnachfrage geteilt, die sich aus dem durchschnittlichen Betreuungsaufwand für die Ausbildung eines Studenten in dem jeweiligen Studiengang ergibt. Für die Berechnung werden jeweils typisierende Durchschnittsbetrachtungen zugrunde gelegt, was den Anforderungen des Kapazitätserschöpfungsgebots genügt (vgl. BVerfG, Beschluss vom 08.02.1984 – 1 BvR 580/83 u. a. –, BVerfGE 66, 155, 182).

1. Das Lehrangebot ist hinsichtlich der in der vorklinischen Lehreinheit insgesamt zur Verfügung stehenden Deputatsstunden (unbereinigtes Lehrangebot, dazu a) von der Beklagten zutreffend berechnet worden. Bei der Berechnung des Lehrangebots nach Abzug des anzurechnenden Dienstleistungsexports (bereinigtes Lehrangebot, dazu b) ist das Verwaltungsgericht zu Recht davon ausgegangen, dass der in der Kapazitätsberechnung der Beklagten angesetzte Dienstleistungsexport – abgesehen von kleineren rechnerischen Korrekturen – keinen rechtlichen Bedenken begegnet.

a) Das der Kapazitätsberechnung zugrunde gelegte unbereinigte Lehrangebot von 391 Semesterwochenstunden (SWS) ist anhand der dem Senat vorliegenden Kapazitätsakte nachvollziehbar und nicht zu beanstanden (…).

bb) Soweit erneut die vom Verwaltungsgericht vorgenommene Verrechnung von unvergüteten Lehraufträgen mit Vakanzen ohne konkreten Bezug zu einer vakanten Stelle beanstandet wird, kommt dem schon mit Blick auf die ständige Rechtsprechung des Senats (vgl. Urteile vom 11.06.2013 – NC 9 S 675/12 –, Juris, und vom 22.03.1991 – NC 9 S 81/90 –, Juris) keine Bedeutung zu (vgl. auch OVG Sachsen-Anhalt, Beschluss vom 23.07.2013 –

3 M 311/12 –, sowie OVG Berlin-Brandenburg, Beschluss vom 15.12.2009 – OVG 5 NC 31.09 –, beide Juris).

Nachdem die Klägerseite das im angefochtenen Urteil festgestellte deutliche Übersteigen der Vakanzen gegenüber nicht in die Kapazitätsberechnung einbezogener Titellehre, Lehrauftragsstunden und Lehrleistungen (vgl. Urteil vom 06.12.2012, Juris Rn. 52) nicht in Frage stellt, ist eine fehlerhafte Ermittlung des unbereinigten Lehrangebots auch in diesem Berufungsverfahren nicht ersichtlich.

cc) Weiteres Lehrangebot (...).

Soweit geltend gemacht wird, Drittmittel müssten zumindest nach § 14 Abs. 3 KapVO VII berücksichtigt werden, ist weder dargetan noch sonst ersichtlich, dass die tatbestandlichen Voraussetzungen dieses Überprüfungstatbestandes vorliegen. Denn danach kommt eine Erhöhung der Zulassungszahl nur in Betracht, wenn das Personal (§ 8 Abs. 1 KapVO VII) eine Entlastung von Lehraufgaben erfährt. Schon nach dem Wortlaut ist davon die von Klägerseite begehrte Berücksichtigung einer fiktiven Entlastungsmöglichkeit nicht erfasst. Im Übrigen dürfte unter den in § 14 Abs. 3 Nr. 1 KapVO VII aufgeführten Mitarbeitern ohnehin kein eigentliches Lehrpersonal, sondern lediglich Unterstützungspersonen, Bediener von Großgeräten, Korrekturassistenten u. Ä. zu verstehen sein (vgl. Bahro/Berlin, Hochschulzulassungsrecht, 4. Aufl., Rn. 17 zu § 14 KapVO).

(2) Auch eine fiktive Erhöhung des Lehrangebots im Hinblick auf von der Klägerseite geltend gemachte freie Kapazitäten in der klinischen Lehreinheit kommt nicht in Betracht. Entgegen der Ansicht der Klägerseite hätte das Verwaltungsgericht nicht durch Anforderung einer personenbezogenen Kapazitätsberechnung der Klinik prüfen müssen, ob freie Kapazitäten der klinischen Lehreinheit in der vorklinischen Ausbildung kapazitätserhöhend berücksichtigt werden müssten.

Im Gegensatz zum Sächsischen Oberverwaltungsgericht (vgl. den Beschluss vom 25.07.2013 – NC 2 B 399/12 –, Juris) ist der Senat der Auffassung, dass die Anforderung einer personellen Kapazitätsberechnung für die Klinik in Rechtsstreitigkeiten zur Zulassung zum Studium in einem der vorklinischen Fachsemester regelmäßig nicht erforderlich ist. Zunächst ist für den Senat nicht erkennbar, dass die Pflicht zur Ermittlung der personellen Ausstattung in § 3 Abs. 1 KapVO überhaupt dem Schutz der Bewerber um einen vorklinischen Studienplatz dient und nicht nur das Verhältnis der Universität zum Land betrifft. Darüber hinaus entspricht es der Rechtsprechung des Senats, dass sich die Zahl der möglichen Studienanfänger gemäß § 18 Abs. 3 KapVO VII allein nach dem Berechnungsergebnis des vorklinischen

Teils bestimmt und dass dessen Rechtmäßigkeit grundsätzlich nicht vom Ergebnis der Berechnungen für den klinischen Teil des Studiengangs Humanmedizin abhängig ist (vgl. Senatsbeschluss vom 17.02.2011 – NC 9 S 1429/10 –, Juris). Dies beruht auf dem Gedanken, dass das Modell der Kapazitätsberechnung nach § 7 KapVO VII differenziert zwischen Lehreinheiten, die nach Abs. 3 zu Berechnungszwecken untergliedert werden, und dabei verbindlich drei Lehreinheiten zugrunde legt. Hiervon ausgehend ist die Beklagte grundsätzlich nicht verpflichtet, sich für die Ausbildung in der Vorklinik der Lehrleistung von Lehrpersonal der Klinik zu bedienen. Das Kapazitätserschöpfungsgebot verpflichtet nicht zur Schaffung zusätzlicher Ausbildungsplätze durch Verlagerung von Stellen aus anderen Lehreinheiten, sondern nur zur vollen Ausnutzung der nach der verbindlichen Kapazitätsverordnung und deren Modell zu errechnenden Studienplätze (vgl. hierzu auch Senatsbeschlüsse vom 02.05.2007 – NC 9 S 105/06 –, sowie vom 24.08.2005, a. a. O., beide Juris; OVG Münster, Beschluss vom 26.08.2013 – 13 C 98/13 –, Juris; BayVGH Beschlüsse vom 24.07.2009 – 7 CE 09.10048 u. a. – und vom 14.10.2008 – 7 CE 08.10640 –, beide Juris; Nds. OVG, Beschluss vom 03.09.2010 – 2 NB 394/09 –, Juris; Hess.VGH, Beschluss vom 12.05.2009 – 10 B1911/08.GM.S8 –, Juris).

Dementsprechend ist die klinische Kapazitätsberechnung regelmäßig nur für die Berechnung des klinischen Teiles erforderlich. Hier aber bestimmt sich nach § 17 Abs. 2 KapVO VII die Zulassungszahl zwingend nach der patientenbezogenen Kapazität, wenn diese – wie vorliegend – als Engpass niedriger ist als das nach § 3 KapVO VII errechnete personalbezogene Ergebnis. Die fehlende Berechnung der personenbezogenen Ausstattung stellt also schon deshalb keinen Nachteil für Studienbewerber dar, weil es maßgeblich auf den „Flaschenhals" der patientenbezogenen Ausstattung ankommt.

Vor diesem Hintergrund ist auch der auf die geltend gemachte Aufdeckung noch vorhandener Kapazitäten der Klinik zugunsten der Vorklinik gestützte Antrag auf Wiedereröffnung der mündlichen Verhandlung mangels Entscheidungserheblichkeit des Vortrags abzulehnen.

Darüber hinaus legt die Klägerseite nicht dar, aufgrund welcher Anhaltspunkte für das Vorliegen ungenutzter personeller Kapazität in der klinischen Lehreinheit sich die geltend gemachte Prüfung aufgedrängt hätte. Hierfür fehlt es auch sonst an hinreichenden Indizien. Aus der Kapazitätsberechnung der Klinik ergibt sich, dass aufgrund des Engpasses der patientenbezogenen Kapazität rechnerisch lediglich 290 Studienplätze zur Verfügung stehen, die Zulassungszahl für den klinischen Teil aber gleichwohl zur Gewährung einer konstanten Ausbildung „unter Inkaufnahme überobligatorischer Anstrengungen" auf 315 Studierende festgelegt wird, um so einen Übergang der Studierenden auf den 337 Studienplätzen in der Vorklinik weitestgehend gewährleisten zu können (vgl. Kapazitätsakte Humanmedizin Klinik WS 2012/2013, S. 11). Aufgrund dieser freiwilligen Überlast der klinischen Zulassungszahl gegenüber der rechnerisch ermittelten patientenbezogenen Kapazität drängt sich die Möglichkeit von freien personellen Kapazitäten der Klinik nicht auf. Insofern unterscheidet sich die Sachlage auch deutlich von der Sachverhaltskonstellation, die dem von der Klägerseite in Bezug genommenen Beschluss des Sächsischen Oberverwaltungsgerichts vom 25.07.2013, a. a. O., zugrunde lag. Dort wurden Anhaltspunkte für eine sachwidrige Stellenverteilung zwischen Vorklinik und Klinik darin gesehen, dass die patientenbezogene Kapazität der Klinik mit 248 Studienplätzen deutlich höher liegt als die für die Vorklinik festgesetzte Zulassungszahl von 227. Demgegenüber hat im vorliegenden Fall die Beklagte nachvollziehbar darauf hingewiesen, dass eine Umschichtung von Personal lediglich zu Teilstudienplätzen für den vorklinischen Studienabschnitt führen könnte, da zur Wahrung der Kontinuität eine weitere Überlast der Klinik gegenüber der bereits gewählten Überschreitung um 25 Studienplätze über der patientenbezogenen Kapazität nicht möglich sei. Die Universität strebe jedoch an, Studierende nicht nach Absolvieren der Vorklinik an eine andere Universität verweisen zu müssen.

(3) (...)

b) Der nach Aufklärungsverfügung des Verwaltungsgerichts von der Beklagten noch angesetzte – gegenüber der ursprünglichen Kapazitätsberechnung bezüglich des Masterstudiengangs Molekulare Medizin geringfügig reduzierte – Dienstleistungsabzug in Höhe von insgesamt 58,4923 SWS (belegt mit Schriftsatz der Beklagten vom 14.08.2012 mit Korrektur im Schriftsatz vom 03.12.2012) begegnet keinen rechtlichen Bedenken. Zur Begründung wird zunächst auf die umfassenden, überzeugenden und mit der Berufung nicht substantiiert in Frage gestellten Feststellungen des Verwaltungsgerichts verwiesen, die sich der Senat zu eigen macht (Urteil vom 06.12.2012, Juris Rn. 64 – 92; vgl. § 130b Satz 2 VwGO). Zu ergänzen ist Folgendes:

Zu grundsätzlichen Einwendungen der Klägerseite weist der Senat auf seine Rechtsprechung zur Auslegung des § 11 KapVO VII hin: Danach lässt sich dieser Bestimmung – und insbesondere dessen Absatz 1 – nicht entnehmen, dass die Berücksichtigung von Dienstleistungen der vorklinischen Lehreinheit für einen nicht zugeordneten Studiengang voraussetzt, dass die den Ausbildungsaufwand des nicht zugeordneten Studiengangs bestimmenden Faktoren (Stundenzahl, Anrechnungsfaktor, Betreuungsrelation) umfassend in der Form der Satzung durch den Senat der Hochschule beschlossen werden müssten. Eine solche Normierungspflicht ergibt sich auch nicht aus verfassungsrechtlichen Bestimmungen (vgl. Senatsurteil vom 11.06.2013 – NC 9 S 675/12 –). Dass aus dem Begriff der „Lehrveranstaltungsstunden" abgeleitet werden kann, dass die Quantifizierung der Pflicht zur Dienstleistung gerade in der Form der Satzung erfolgen muss, erschließt sich dem Senat nicht. Bei der Pflicht zu Dienstleistungen geht es um das Verhältnis der Lehreinheiten zueinander, also um die Binnenorganisation der Hochschule. Dass hier eine Quantifizierung zwingend durch eine mit Außenwirkung ausgestattete Norm erfolgen muss, lässt sich nicht feststellen (vgl. Hess. VGH, Urteil vom 24.09.2009 – 10 B 1142/09.MM.W8 –, DÖV 2010, 44 Ls. 6; BayVGH, Beschlüsse vom 01.07.2009 – 7 CE 09.10044 –, Juris, vom 17.10.2008 – 7 CE 08.10627 u. a. –, Juris, vom 11.08.2008 – 7 CE 08.10616 u. a. –, Juris, und vom 25.07.2005 – 7 CE 05.10069 u. a. –, Juris).

aa) Die von Klägerseite beim Dienstleistungsexport für die beiden nicht zugeordneten Studiengänge der Pharmazie hinsichtlich des WS 2011/2012 gerügte Abweichung der in der Kapazitätsberechnung angesetzten Gruppengröße für das Praktikum der Physiologie für Pharmazeuten (g = 14) gegenüber der Studienordnung vom 19.03.2012 (g = 15) liegt im Wintersemester 2012/2013 nicht (mehr) vor (so schon Urteil des VG Freiburg vom 06.12.2012, Juris Rn. 73; vgl. auch den Schriftsatz des Vertreters der Klägerin vom 11.09.2013, AS 335 der Generalakte, Bd. 1: „anders als 12/13"). Es handelt sich im Übrigen bei beiden Werten ausgehend von der tatsächlich praktizierten Gruppengröße (g = 10) um eine kapazitätsgünstige Annahme (vgl. die von der Klägerseite nicht in Frage gestellte Stellungnahme des Praktikumsverantwortlichen, Anl. 3 des mit Schriftsatz des Beklagten-Vertreters vom 18.11.2013 vorgelegten Schreibens der Medizinischen Fakultät vom gleichen Tage). Weitere Einwendungen gegen den Ansatz von 6,0015 SWS als Dienstleistungsexport sind im Berufungsverfahren weder vorgetragen noch für den Senat ersichtlich.

bb) Der für den Studiengang der Zahnheilkunde in der Kapazitätsberechnung der Beklagten angesetzte Dienstleistungsexport in Höhe von 35,4396 SWS ist nicht zu beanstanden. Es entspricht ständiger Rechtsprechung des Senats, dass hinsichtlich der für einen der Lehreinheit nicht zugeordneten Studiengang erbrachten Dienstleistungen eine Schwundkorrektur nicht erfolgen muss, weil dem bereits der Wortlaut des § 11 Abs. 2 KapVO VII entgegensteht. Dort ist angeordnet, dass zur Berechnung des Bedarfs an

Dienstleistungen die Studienanfängerzahlen anzusetzen sind (vgl. Senatsurteil vom 11.06.2013, a. a. O., sowie Senatsbeschluss vom 12.05.2009 – NC 9 S 240/09 –, a. a. O.). Gründe, diese Rechtsprechung zu ändern, zeigt das Vorbringen der Klägerseite nicht auf.

cc) Der Ansatz eines Dienstleistungsexports für die klinisch-praktische Medizin in Höhe von 8,9112 SWS begegnet ebenfalls keinen Bedenken.

Zu Unrecht rügen einige Kläger, dass die Gruppengröße der für den Dienstleistungsexport in der Kapazitätsberechnung der Vorklinik angesetzten Veranstaltungen von der Kapazitätsberechnung für die Klinik abweiche. Eine solche Abweichung liegt im streitgegenständlichen Wintersemester 2012/ 2013 nicht vor, vielmehr entsprechen die als Dienstleistungsexport in den Fächern Sozialmedizin und Gesundheitsökonomie (QB3) in der Kapazitätsakte der Vorklinik (S. 39, Anlage 9.1) berücksichtigten Veranstaltungen (Vorlesung, Seminar, Kurs) in Stundenzahlen, Gruppengrößen und Studierendenzahlen spiegelbildlich den in der Kapazitätsakte der Klinik (S. 3 u. 4, Anlage 1) entsprechend dem quantifizierten Studienplan eingestellten Größen. Im Übrigen hat die Beklagte überzeugend und ohne dass dem substantiiert widersprochen worden wäre dargelegt, dass der Kurs Querschnittsbereich 3 (Gesundheitsökonomie) tatsächlich in einer Gruppengröße von 20 durchgeführt wird (Anlage 1 zum Schreiben der Medizinischen Fakultät vom 18.11.2013; vgl. auch die Angaben der Fakultätsassistentin S. in der mündlichen Verhandlung, Protokoll, S. 7).

dd) Die in die Kapazitätsberechnung nach Aufklärungsverfügung des Verwaltungsgerichts noch eingestellten Dienstleistungen für den Masterstudiengang Molekulare Medizin in Höhe von 8,14 SWS sind weder dem Grunde noch der Höhe nach zu beanstanden.

Weder die für den Studiengang vorgesehene Bandbreite noch die Festlegung des Curricularwerts begegnet rechtlichen Bedenken. Zur Begründung wird auf die Ausführungen zum Bachelor-Studiengang unter 2 b) verwiesen. Die dortigen Erwägungen gelten für den Master-Studiengang entsprechend (vgl. auch VG Freiburg, Urteil vom 06.12.2012, Juris Rn. 80ff.).

(...)

c) Das Verwaltungsgericht hat auch zu Recht nicht beanstandet, dass die Beklagte das nach Abzug der geringfügig kapazitätsgünstig verminderten Dienstleistungen errechnete Lehrangebot ohne weitere Änderung in ihre Kapazitätsberechnung eingestellt hat.

Im Ergebnis durfte die Beklagte somit vom unbereinigten Lehrangebot in Höhe von 391 Semesterwochenstunden einen Dienstleistungsbedarf von insgesamt mindestens 58,4923 Semesterwochenstunden abziehen und ein bereinigtes Lehrangebot von 332,5077 Semesterwochenstunden zugrunde legen.

2. Die Berechnung der Lehrnachfrage ist hinsichtlich des Ausbildungsaufwands für den vorklinischen Studienabschnitt nach Maßgabe der geringfügigen Korrekturen des Verwaltungsgerichts nicht zu beanstanden (dazu a). Zu Recht ist das Verwaltungsgericht auch davon ausgegangen, dass der Ausbildungsaufwand für den der vorklinischen Studieneinheit zugeordneten Studiengang Molekulare Medizin B. Sc. in vollem Umfang entsprechend der Kapazitätsberechnung der Beklagten berücksichtigt werden kann (dazu b). Allerdings ergeben sich durch die Erhöhung des bereinigten Lehrangebots wegen des bereits von der Beklagten nach Aufklärungsverfügung des Verwaltungsgerichts verringerten Dienstleistungsexports (s. o. 1. b) angesichts des von der Beklagten gewählten Berechnungsmodus Veränderungen bei der Anteilquote, die sich auch auf den gewichteten Curricularanteil auswirken (dazu c). Dies führt im Ergebnis jedoch nicht zu einer höheren Kapazität im vorklinischen Studienabschnitt der Humanmedizin (dazu d).

a) Die Beklagte hat auf die Aufklärungsverfügung des Verwaltungsgerichts vom 21.11.2012 abweichend von der ursprünglich vorgelegten Kapazitätsberechnung in rechtlich nicht zu beanstandender Weise den Curriculareigenanteil (CAp) für den vorklinischen Studienabschnitt mit (ungewichtet) 1,8812 (SWS/Student), bei einem Curricularanteil (CA) des vorklinischen Studienabschnitts insgesamt (d. h. einschließlich des Imports) von 2,4378 (SWS/Student) angesetzt. Die Richtigkeit dieses Ansatzes hat das Verwaltungsgericht in umfassender und überzeugender Weise begründet (Urteil vom 06.12.2012, Rn. 95 – 124 nach Juris). Die Feststellungen des Verwaltungsgerichts – auch zu den geringfügigen Korrekturen aufgrund der Einlassungen zu Versehen bei der Berechnung der Vorlesung Anatomie I und dem Praktikum der Berufsfelderkundung – sind im Berufungsverfahren nicht in substanzhaltiger Weise in Frage gestellt worden, weshalb der Senat zur Vermeidung von Wiederholungen auf die erstinstanzlichen Ausführungen Bezug nimmt (vgl. § 130b Satz 2 VwGO).

Ohne Erfolg wendet sich die Klägerseite gegen den Ansatz der Gruppengröße bei von Studierenden der Humanmedizin und der Zahnmedizin gemeinsam besuchten Vorlesungen, insbesondere hinsichtlich der Veränderung der Gruppengröße der Vorlesung Anatomie 1 im 1. Fachsemester von bisher 400 auf 380 (...)

Vor diesem Hintergrund gibt diese kapazitätsungünstige Veränderung keinen Anlass, die im Grundsatz gebilligte Berechnungsmethode für gemeinsam besuchte Vorlesungen – Addition der geschätzten, anhand der Hochschulwirklichkeit durchschnittlich anzutreffenden Gruppengrößen – nunmehr zu beanstanden. Insbesondere sind weder die festgesetzten Zulassungszahlen zu addieren noch sind die tatsächlichen Hörerzahlen zu ermitteln. Nach der Rechtsprechung des Senats bleibt den Hochschulen überlassen, bei der Berechnung der Lehrnachfrage entweder den Vorgaben des ZVS-Beispielstudienplans zu folgen oder die Betreuungsrelation anhand der in der Hochschulwirklichkeit durchschnittlich anzutreffenden Gruppengröße festzulegen. In letzterem Fall muss aber dieses Modell konsistent eingehalten werden und trägt die Hochschule die Verantwortung für die Richtigkeit der unterstellten Annahmen (vgl. Senatsbeschlüsse vom 05.04.2013 – NC 9 S 1706/12 – und vom 13.06.2008 – NC 9 S 241/08 –, beide Juris).

Die Beklagte hat sich bei der Berechnung der Gruppengrößen in ihrer Kapazitätsberechnung konsistent für die anhand der Hochschulwirklichkeit durchschnittlich anzutreffenden Gruppengrößen entschieden. Dass ihre diesbezügliche Schätzung, welche bereits in den vergangenen Semestern – unbeanstandet – zugrunde gelegt wurde, nicht die Hochschulwirklichkeit abbildet, ist von der Klägerseite nicht substantiiert geltend gemacht worden und auch nicht erkennbar. Im Übrigen vermag der Senat eine Schätzung der durchschnittlichen Hörerzahlen nicht zu beanstanden (vgl. auch VG Freiburg, Urteil vom 06.12.2012, Juris Rn. 103f.). Hinsichtlich der hier maßgeblichen, in der Vergangenheit liegenden Berechnungszeiträume liegen tatsächliche Hörerzahlen nicht vor und können diese im Nachhinein auch nicht mehr ermittelt werden. Außerdem unterliegen diese Zahlen starken Schwankungen und gehen faktisch gegen Ende eines Semesters zurück. Auch mit Blick darauf, dass die Systematik der KapVO VII auf pauschalierte Berechnungsmodi angelegt ist, begegnet die Schätzung der durchschnittlichen Hörerzahlen jedenfalls solange keinen Bedenken, als die Richtigkeit der dabei unterstellten Annahmen nicht substantiiert und ernsthaft in Frage gestellt wird. So liegt der Fall hier.

Auch soweit von Klägerseite erneut die Betreuungsrelation g = 10 im Wahlfach Mentorenprogramm und deren Berücksichtigung bei der Berechnung der Lehrnachfrage beanstandet wird, ist dem nicht zu folgen. Die Beklagte hat hierzu eine Stellungnahme des Studiendekans vom 16.08.2013 vorgelegt (Anlage 2 zu dem mit Schriftsatz vom 16.08.2013 vorgelegten Schreiben der Medizinischen Fakultät). Dort wird zunächst die Zielsetzung der auf eine Kritik der Studierenden zurückgehenden besonderen persönlichen Betreuung in einem Mentor-Mentee-Verhältnis und die daraus folgende Betreuungsintensität dieser Veranstaltungsform plausibel aufgezeigt. Zusätzlich wird anhand einer Aufstellung der einzelnen Veranstaltungen und einer stichwortartigen Beschreibung ihres Inhalts die Notwendigkeit einer kleinen

Gruppengröße themenspezifisch begründet. Dass vor diesem Hintergrund die angesetzte Gruppengröße nicht gerechtfertigt ist, wird weder substantiiert aufgezeigt noch ist dies sonst ersichtlich. Deshalb sieht der Senat auch keine Veranlassung, seine bereits im Beschluss vom 13.08.2008 (NC 9 S 241/08, a. a. O.) geäußerte Rechtsauffassung, wonach das seit 2005 in Kleingruppen durchgeführte Mentorenprogramm weder formell noch materiell zu beanstanden sei, zu überdenken.

Soweit im Berufungsverfahren von Klägerseite erneut geltend gemacht wird, dass eine proportionale Kürzung des CAp der Vorklinik entsprechend dem Verhältnis des CA für den vorklinischen Studienabschnitt insgesamt nach der von der Beklagten praktizierten Studienordnung zum Richtwert des ZVS-Studienplans für den Curricularanteil des vorklinischen Studienabschnitts (Richtwert CA 2,4167; CA Vorklinik in Freiburg: 2,4378) geboten sei, ist dem nicht zu folgen. Zur Begründung wird auf das Senatsurteil vom 11.06.2013 (a. a. O.) verwiesen. An den dortigen Ausführungen hält der Senat auch unter Berücksichtigung des Berufungsvorbringens weiter fest. Die in der von der Klägerseite herangezogenen Entscheidung des Bayerischen Verwaltungsgerichtshofs (Beschluss vom 29.06.2011 – 7 CE 11.10338 u. a. –, Juris) angenommene Verpflichtung zur anteiligen Kürzung der Curriculareigenanteile der an der Vorklinik beteiligten Lehreinheiten beruht maßgeblich auf einer Überschreitung des in Bayern durch Anlage 7 zu § 50 der Verordnung über die Hochschulzulassung an den staatlichen Hochschulen in Bayern normativ festgelegten Curricularnormwerts für den Studiengang Humanmedizin (vorklinischer Teil) auf 2,42 (SWS/Student). An einer vergleichbaren normativen Festlegung des Curricularnormwerts für die Vorklinik fehlt es indes in Baden-Württemberg. Hier wird in Ziffer 49 der Anlage 2 zu § 13 Abs. 1 KapVO VII lediglich ein Gesamt-CNW von 8,2 (SWS/Student) normativ bestimmt. Demgegenüber ergibt sich aus Fußnote 3, dass die Aufteilung des Curricularnormwertes auf die Lehreinheiten durch das Wissenschaftsministerium erfolgt. Nähere verfahrensrechtliche Vorschriften enthält die KapVO VII insoweit nicht (vgl. Senatsbeschluss vom 17.02.2011 – NC 9 S 1429/10 –). Die ministerielle Aufteilungsentscheidung ist mit Schreiben vom 09.07.2012 erfolgt (Kapazitätsakte S. 79). Der dabei für den vorklinischen Studienabschnitt insgesamt vorgesehene Wert von 2,4366 (SWS/Student) wird mit 2,4378 (SWS/Student; zur Korrektur des CAp der vorklinischen Lehreinheit auf 1,8812 bereits oben unter 2. a) zwar geringfügig überschritten. Da die Aufteilungsentscheidung des Wissenschaftsministeriums jedoch keine normative Wirkung hat (zur Rechtsnatur als „verwaltungsinterner Zwischenschritt bei der Kapazitätsfestsetzung" vgl. Senatsurteil vom 22.11.2005, a. a. O.), wäre diese Abweichung nur dann möglicherweise von Bedeutung, wenn sie eine Überschreitung des normativ festgesetzten Gesamt-CNW von 8,2 (SWS/Student) für den Studiengang zur Folge hätte. Auf der Grundlage der von der Beklagten vorgelegten Kapazitätsberechnung beträgt der Curricularanteil des klinischen Studienabschnitts jedoch 5,7361 (SWS/Student). In Addition mit dem (korrigierten) Curricularanteil des vorklinischen Studienabschnitts von 2,4378 (SWS/Student) ergibt sich ein deutlich unter dem normativ festgesetzten Gesamt-CNW bleibender Wert von 8,1739 (SWS/Student).

(...) Insbesondere geht die Annahme der Klägerseite fehl, auf die aus einer – möglicherweise – zu niedrigen Berechnung des Curricularanteils des klinischen Studienabschnitts resultierende Überschreitung des Gesamt-CNW von 8,2 könne nur durch eine proportionale Kürzung des Curricularanteils der Vorklinik („Stauchung") reagiert werden.

Zwar darf die Beklagte den normativ vorgegebenen Gesamt-CNW für die Humanmedizin mit 8,2 (SWS/Student) nicht überschreiten. Die konkreten Konsequenzen einer derartigen Überschreitung sind indes rechtlich nicht vorgegeben. Insbesondere ergeben sich daraus nicht zwangsläufig subjektive Rechte von Studienbewerbern auf Zulassung zum vorklinischen Studienabschnitt. Vielmehr unterfällt die Art und Weise, wie kapazitätsrechtlich die Rückführung auf den CNW zu erfolgen hat, dem Gestaltungsspielraum der jeweiligen Hochschule, die dabei den Teilhabeanspruch der Studienbewerber aus Art. 12 Abs. 1 GG und die Lehrfreiheit der Hochschule bzw. der Hochschullehrer aus Art. 5 Abs. 3 GG abzuwägen hat (vgl. Bahro/Berlin, a. a. O., § 13 KapVO Rn. 19; OVG Münster, Beschlüsse vom 03.09.2013 – 13 C 52/13 u. a. –, Juris). Die Hochschule überschreitet ihren Gestaltungsspielraum, wenn sie die Rückführung missbräuchlich oder willkürlich handhabt, etwa um die Zulassungszahl möglichst klein zu halten (...)

b) Entgegen den Rügen einiger Kläger ist es auch kapazitätsrechtlich nicht zu beanstanden, dass die Beklagte den Bachelorstudiengang Molekulare Medizin als ebenfalls der vorklinischen Lehreinheit zugeordneten Studiengang bei der Kapazitätsberechnung mit einem Curriculareigenanteil (CAp) für den vorklinischen Studienabschnitt von 1,1342 berücksichtigt hat.

aa) Wie der Senat bereits im Urteil vom 11.06.2013 (a. a. O.) ausgeführt hat, begegnet die Umstellung des seit dem Wintersemester 2001/2002 bestehenden Diplomstudiengangs Molekulare Medizin, für den seit dem Wintersemester 2002/2003 von der Beklagten ein Dienstleistungsexport aus der vorklinischen Lehreinheit geltend gemacht wurde, auf die konsekutiven Studiengänge Molekulare Medizin B. Sc. und Molekulare Medizin M. Sc. keinen rechtlichen Bedenken. Von Klägerseite wurden insoweit keine neuen Gesichtspunkte geltend gemacht, weshalb der Senat von einer weitergehenden Begründung absieht.

bb) Auch die konkrete Ausgestaltung des Bachelorstudiengangs Molekulare Medizin in der maßgeblichen Prüfungsordnung für den Studiengang Bachelor of Science (vom 31.08.2010 – Amtliche Bekanntmachungen Jg. 41, Nr. 72, S. 401 – in der Fassung der 4. Änderungssatzung vom 13.07.2011 – Amtliche Bekanntmachungen Jg. 42, Nr. 66, S. 475 – und der 9. Änderungssatzung vom 30.04.2012 – Amtliche Bekanntmachungen Jg. 43, Nr. 43, S. 140 – 143 –), die die erforderliche Quantifizierung der Lehrveranstaltungen hinsichtlich ihres zeitlichen Umfangs und der Betreuungsrelationen enthält, begegnet keinen kapazitätsrechtlichen Bedenken. Zur Begründung nimmt der Senat zunächst Bezug auf die – nicht konkret in Frage gestellten – Darlegungen des Verwaltungsgerichts in der angefochtenen Entscheidung (Urteil vom 06.12.2012, Rn. 126 – 134 nach Juris).

Soweit von Klägerseite zunächst gerügt wurde, dass die Beklagte keinen quantifizierten Studienplan vorgelegt habe, aus dem sich die Berechnung des Curriculargesamtwerts und Veränderungen gegenüber den Vorjahren nachvollziehen ließen, ist dies durch Schriftsatz vom 23.07.2013 und dessen Anlagen ausgeräumt. Daraus ergibt sich, dass die Verringerung des Curricularanteils der Vorklinik, welche sich für Studienbewerber der Humanmedizin kapazitätsgünstig auswirkt, im Wesentlichen darauf beruht, dass der Anteil der Vorklinik an den Wahlfächern im Studiengang Molekulare Medizin B. Sc. von bisher 20 % auf 10 % reduziert wurde (dazu noch unten unter c bb) (...).

cc) Entgegen der Ansicht mancher Kläger fehlt es auch nicht an einer wirksamen Festlegung eines Curricularwerts für den Bachelorstudiengang Molekulare Medizin.

(1) Nach § 13 Abs. 2 Satz 1 KapVO VII in der hier noch maßgeblichen Fassung werden bei der Berechnung der jährlichen Aufnahmekapazität von Bachelor- und Masterstudiengängen anstelle von Curricularnormwerten Curricularwerte verwendet, die im Rahmen der vorgegebenen Bandbreiten festzulegen sind (zur verfassungsrechtlichen Zulässigkeit der Einführung von Bandbreitenregelungen Löwer, Rechtsfragen der Einführung eines Curricularwertes, Wissenschaftsrecht Beiheft 20, VIII, 2010, S. 45 ff. mit der Zusammenfassung auf S. 57 ff.; Brehm/Zimmerling, a. a. O., Rn. 635 ff. m. w. N.). Dass diese Festlegung Sache der Hochschulen ist, steht für den Senat außer Frage. Dem steht auch nicht entgegen, dass mit der neuesten Fassung der Vorschrift (gültig seit 31.07.2013 aufgrund der Änderungsverordnung zur KapVO VII vom 09.07.2013, GBl. S. 251) zusätzlich die Worte

„durch die Hochschule" eingefügt wurden. Diese Gesetzesänderung dient vielmehr lediglich der Klarstellung, sie rechtfertigt keinesfalls den Schluss darauf, dass es zuvor an einer normativen Ermächtigung der Universität gefehlt hat. Nach dem Wortlaut der Bestimmung wird die Festlegung der Curricularwerte ausdrücklich in einen unmittelbaren Zusammenhang mit der „Berechnung der jährlichen Aufnahmekapazität von Bachelor- und Masterstudiengängen" gestellt, für die Gesetz und Verordnung gerade die Zuständigkeit der Hochschulen vorsehen (vgl. § 5 Abs. 6 HZG, § 5 KapVO VII). Auch der mit der Festlegung der Curricularwerte verfolgte Zweck spricht für dieses Ergebnis. In der Gesetzesbegründung zu den § 13 Abs. 2 KapVO VII zugrunde liegenden Änderungen in § 5 Abs. 4 Satz 6 und § 11 Abs. 4 HZG wird das gesetzgeberische Ziel hervorgehoben, die für die kapazitäre Umstellung auf das gestufte Studiensystem notwendigen Gestaltungs- und Handlungsspielräume herzustellen (vgl. LT-Drucks. 14/6248, S. 20). Mit der Einführung der gestuften Studienstruktur war als ein wesentliches Ziel des Landesgesetzgebers die Einräumung einer größeren Autonomie der Hochschulen bei der Profilbildung durch Schaffung universitätsspezifischer Studiengänge verbunden (vgl. Senatsurteil vom 11.06.2013, a. a. O., sowie LT-Drucks. 13/3640, S. 203, zum Zweiten Gesetz zur Änderung hochschulrechtlicher Vorschriften). Kommt den Hochschulen aber eine größere Autonomie bei der inhaltlichen Gestaltung der Studiengänge und damit auch bei der Bestimmung der jeweiligen Betreuungsintensität zu, liegt es auf der Hand, dass ihnen auch die Kompetenz zur Ausfüllung des – innerhalb der Bandbreite verbleibenden – individuellen Festlegungsspielraums zusteht (vgl. auch die Beschlüsse des BayVGH vom 21.09.2011 – 7 CE 11.10660 – und vom 07.06.2010 – 7 CE 10.10146 u. a. –).

Auch dem weiteren Einwand mancher Kläger, dass jedenfalls für das streitgegenständliche Wintersemester 2012/2013 der Curricularwert von der Hochschule durch Satzung hätte festgelegt werden müssen, folgt der Senat nicht. Eine derartige Normierungspflicht ergibt sich weder aus den maßgeblichen einfachrechtlichen Bestimmungen noch aus verfassungsrechtlichen Erwägungen (...).

(2) Soweit – etwa unter dem Gesichtspunkt eines Verstoßes gegen § 5 Abs. 4 HZG bzw. der Unzulässigkeit einer besonderen Niveaupflege –, schließlich Einwendungen gegen die materielle Wirksamkeit der festgesetzten Bandbreite und des festgelegten Curricularwerts des Studiengangs Molekulare Medizin Bachelor erhoben werden, nimmt der Senat in erster Linie Bezug auf sein Urteil vom 11.06.2013, a. a. O. Dort ist u. a. ausgeführt worden:

„Die Klägerseite macht insoweit der Sache nach geltend, mit Blick auf die deutlich differierenden Curricularnormwerte für die Bachelorstudiengänge Molekulare Medizin in Ulm (3,0167) und Tübingen (5,9746) sei die in § 5 Abs. 4 HZG verankerte Vorgabe der Beachtung ausbildungsrechtlicher Vorschriften sowie des Ausbildungsaufwands in gleichartigen und vergleichbaren Studiengängen nicht beachtet worden, weshalb der festgesetzte Curricularnormwert auch eine unzulässige Niveaupflege zu ihren Lasten erkennen lasse. Diese Einwände greifen nicht durch (...).

Dem steht auch nicht der – aus dem Kapazitätserschöpfungsgebot abgeleitete – Grundsatz der Unzulässigkeit einer besonderen Niveaupflege entgegen (vgl. hierzu BVerfG, Beschluss vom 06.11.1975 – 1 BvR 358/75 –, BVerfGE 40, 352, 352; BVerwG, Urteil vom 08.02.1980 – 7 C 93.77 –, BVerwGE 60, 25, 45; Senatsurteil vom 22.03.1991 – NC 9 S 81/90 –, Juris m. w. N.; Zimmerling/Brehm, a. a. O., Rn. 6). Insoweit verkennt die Klägerseite bereits im Ausgangspunkt, dass dieser Grundsatz der Sache nach verhindern soll, dass einzelne Hochschulen zur Erreichung ein und desselben Ausbildungsziels wesentlich verschiedene quantitative Anforderungen an die Lehrnachfrage stellen. Unzulässige Niveaupflege ist deshalb anzunehmen, wenn vom Ausbildungsziel her nicht zwingend gebotene ideale bzw. optimale Studienbedingungen angestrebt werden (vgl. BVerfG, Beschluss vom 06.11.1975, a. a. O.; BVerwG, Urteil vom 08.02.1980, a. a. O.; Senatsbeschluss vom 18.11.1975 – IX 1151/75 –, WissR 1976, 172, 174; Bahro/Berlin, a. a. O., Art. 7 Staatsvertrag, Rn. 22). Dementsprechend hat sich die zum Verbot besonderer Niveaupflege bisher ergangene Senatsrechtsprechung (vgl. etwa Senatsurteil vom 22.03.1991 – NC 9 S 81/90 –, a. a. O.) auch grundsätzlich auf Abweichungen zulasten der Kapazität desselben zulassungsbeschränkten Studiengangs bezogen. Soweit ersichtlich gilt dies auch für die Rechtsprechung im Übrigen (vgl. etwa BVerwG, Urteil vom 23.07.1987 – 7 C 10/86 –, Juris, sowie Zimmerling/Brehm, a. a. O., Rn. 6 und 22).

Ausgehend hiervon ist der Grundsatz nicht schon verletzt, wenn ein Studiengang von anderen Hochschulen mit identischer Bezeichnung, aber einem erheblich geringeren Ausbildungsaufwand betrieben wird und er zugleich bei Ausbildungsziel, Lehrinhalten und Prüfungsanforderungen wesentliche Unterschiede aufweist. So liegt es indes im vorliegenden Fall (...)

An diesen Feststellungen hält der Senat auch im Hinblick auf die geänderte Rechtslage fest. Der Umstand, dass nunmehr anstelle eines Curricularnormwerts nach § 13a Nr. 1 KapVO VII und der Anlage 2 Nr. 4 a KapVO VII in der hier maßgeblichen Fassung hierzu eine Bandbreite von 3,0 bis 7,1 festgesetzt und in deren Rahmen ein Curricularwert festgelegt worden ist, rechtfertigt keine abweichende rechtliche Beurteilung der von der Klägerseite erhobenen materiellen Einwendungen. Dies gilt umso mehr, als das profilbildende Wahlfachpraktikum mit dem von der Klägerseite beanstandeten hohen Curricularwert im streitgegenständlichen Berechnungszeitraum nur noch zu 10 % zulasten der Vorklinik berücksichtigt wurde und demzufolge der Curriculareigenanteil (CAp) des Bachelorstudiengangs für den vorklinischen Studienabschnitt erheblich (auf 1,1342) gesunken ist. Auch in dem von der Kultusministerkonferenz zustimmend zur Kenntnis genommenen Bericht des Ausschusses für Hochschule, Forschung und Weiterbildung zur Weiterentwicklung des Kapazitätsrechts vom 28.10.2005 (Seite 4) wird im Hinblick auf die Festlegung der Bandbreiten davon ausgegangen, dass der obere Wert der Bandbreite die Ausbildungskapazität markiert, die von einer Lehreinheit auch unter Berücksichtigung besonderer bildungs- oder forschungspolitischer Ziele mindestens erreicht werden muss. Der Senat geht davon aus, dass die Beklagte hier deutlich aufgezeigt hat, dass sie mit dem Studiengang solche Ziele verfolgt. Ergänzend wird darauf hingewiesen, dass mit der besonderen und innovativen wissenschaftlichen Konzeption des Studiengangs, die gezielt auf die Heranbildung junger und besonders qualifizierter Nachwuchswissenschaftler gerichtet ist, nach der Überzeugung des Senats auch „besondere örtliche Ausbildungsverhältnisse" im Sinne der Rechtsprechung des Bundesverwaltungsgerichts belegt sind (vgl. BVerwG, Urteil vom 18.05.1982 – 7 C 15.80 –, BVerwGE 65, 303 = Buchholz 421.21 Nr. 5; Beschluss vom 26.09.1986 – 7 C 64/84 –, NVwZ 1987, 687; Urteil vom 23.07.1987 – 7 C 10.86 u. a. –, NVwZ 1989, 360 = Buchholz 421.21 Nr. 34 (S. 37f.); Urteil vom 20.04.1990 – 7 C 51.87 –, DVBl 1990, 940 = KMK-HSchR n. F. 41 C Nr. 1 = Buchholz 421.21 Nr. 46, S. 110f.) (...).

bb) Auch die konkrete Berechnung des auf die Vorklinik entfallenden Curriculareigenanteils des Bachelor-Studiengangs von 1,1342 begegnet keinen rechtlichen Bedenken (...).

cc) Allerdings hat sich die Anteilquote der beiden der Vorklinik zugeordneten Studiengänge Humanmedizin (Vorklinik) und Molekulare Medizin B. Sc. durch das höhere bereinigte Lehrangebot und den geringfügig erhöhten Curricularwert der Vorklinik verändert, was sich auch auf den gewichteten Curricularanteil auswirkt. Dies beruht darauf, dass sich die Beklagte in zulässiger und von der Klägerseite nicht angegriffener Weise bei der Berechnung der Anteilquote für die Berechnungsmethode einer Rückrechnung aus der Formel der Anlage 1 II. (4 und 5) KapVO VII, basierend auf festgelegten 30 Studienplätzen für die Molekulare Medizin B. Sc., entschieden hat (vgl. das von der Beklagten offen gelegte Berechnungsmodell nach Anlage 11 zur Kapazitätsakte, S. 62). Da dem Verwaltungsgericht bei der Berechnung des gewichteten Curricularanteils und der Zulassungszahl für den Studiengang Humanmedizin Rechenfehler unterlaufen sind, hat der Senat die Beklagte um Vorlage einer Vergleichsberechnung gebeten, die mit E-Mail vom 11.11.2013 vorgelegt und den Klägern/Klägerinnen mit Verfügung vom 12.11.2013 per Telefax übersandt worden ist. Nach dieser plausiblen und von Klägerseite nicht in Frage gestellten Berechnung beträgt die gerundete Anteilquote für den Bachelorstudiengang Molekulare Medizin 8,2 % [vorher 8,3 %] und dementsprechend für den vorklinischen Studienabschnitt des Studiengangs Humanmedizin 91,8 % [vorher 91,7 %].

Der gewichtete Curricularanteil wird gebildet, indem man zunächst den Curriculareigenanteil (CAp) des vorklinischen Studienabschnitts mit der Anteilquote für diesen Studienabschnitt des Studiengangs Humanmedizin einerseits und entsprechend den Curriculareigenanteil (CAp) des Bachelorstudiengangs Molekulare Medizin mit dessen Anteilquote andererseits multipliziert und daraus die Summe bildet (...)

Dies führt rechnerisch zunächst zu 335,4186 Studienplätzen für die Humanmedizin.

dd) Dieses Ergebnis ist noch um den Schwund in der Molekularen Medizin zu erhöhen, da die Beklagte – wie dargelegt – kapazitätsgünstig bestimmt hat, dass Schwund des Studiengangs der Molekularen Medizin der Kapazität des vorklinischen Studienabschnitts der Humanmedizin zugute kommen soll (eine rechtliche Verpflichtung zu einer derartigen Vorgehensweise besteht nicht, vgl. OVG Berlin-Brandenburg, Beschluss vom 14.12.2012 – OVG 5 NC 60.12 –, Juris). Auf der Basis der von der Beklagten vorgelegten nachvollziehbaren und von der Klägerseite nicht beanstandeten Vergleichsberechnung beträgt die Schwundquote 0,8995. Daraus errechnen sich zusätzliche schwundbedingte 3,3519 Studienplätze für den Studiengang Molekulare Medizin bzw. umgerechnet auf die Humanmedizin weitere 2,0209 Studienplätze, insgesamt also 337,4395 Studienplätze.

3. Ausgehend hiervon bleibt das Begehren der Klägerin auch nach Überprüfung des Berechnungsergebnisses gemäß § 14 Abs. 3 Nr. 3 KapVO VII ohne Erfolg.

Der Senat geht in ständiger Rechtsprechung davon aus, dass eine Auffüllverpflichtung, wie sie in § 4 Abs. 1 ZZVO 2012/2013 normiert ist, dem Kapazitätserschöpfungsgebot Rechnung trägt und die Verpflichtung zur Erhöhung der Studienanfängerquote durch einen Schwundzuschlag (§ 16 KapVO VII) verdrängt, solange die Erwartung des Normgebers gerechtfertigt ist, dass damit das Ziel der Kapazitätsauslastung durch Auffüllung der höheren Fachsemester bis auf die Zulassungszahl erfüllt wird (st. Rspr. des Senats, vgl. hierzu schon das Senatsurteil vom 08.07.1980 – IX 4188/78 –, KMK-HSchR 1980, 585, 592 und Beschluss vom 12.01.1989 – NC 9 S 158/ 88 –, Juris). Demgemäß hat der Senat mit Urteil vom 11.06.2013, a. a. O., für das Wintersemester 2009/2010 entschieden, dass keine hinreichend konkreten Anhaltspunkte dafür vorliegen, dass diese Prognose der auch künftig gewährleisteten Kapazitätsauslastung der Lehreinheit in höheren Fachsemestern fehlerhaft ist. Die dortigen Gründe gelten nach den dem Senat vorliegenden Unterlagen der Sache nach auch für das streitgegenständliche Wintersemester 2012/2013. Substantiierte und rechtlich erhebliche Einwendungen sind insoweit nicht erhoben worden.

Zudem hat die Beklagte in ihrer Kapazitätsberechnung vorsorglich eine Schwundberechnung vorgenommen und dabei (in der korrigierten Fassung nach Aufklärungsverfügung des Verwaltungsgerichts) in nachvollziehbarer Weise einen Schwundfaktor von 1,0083 ermittelt, so dass sich rechnerisch auch kein Schwundausgleich ergibt (vgl. bereits die zutreffenden Feststellungen des Verwaltungsgerichts, Urteil vom 06.12.2012, Juris Rn. 151 ff.). Den Einwendungen der Klägerseite zur Berechnung des Schwundfaktors ist nicht zu folgen. Den Beteiligten ist insbesondere die Rechtsprechung des Senats zur Behandlung sog. „Gerichtsmediziner“ bekannt (vgl. das Senatsurteil vom 11.06.2013, a. a. O.). Die diesbezüglichen Rügen geben dem Senat keinen Anlass, diese Rechtsprechung in Frage zu stellen. Vor diesem Hintergrund war auch den schriftsätzlich angekündigten Beweisanträgen einzelner Kläger nicht nachzugehen, weil es auf die unter Beweis gestellten Tatsachen nicht ankommt. Dies gilt auch für die – im Übrigen nicht hinreichend substantiierte – Behauptung

„Jedenfalls im Zuständigkeitsbereich des Senats gibt kein gerichtlich vorläufig zugelassener Studierender seinen Studienplatz auf; jedenfalls tut er dies nicht häufiger als ein durch die Stiftung für Hochschulzulassung (endgültig) zugelassener Studierender. Das gilt auch für Studierende auf Teilstudienplätzen“.

Denn im Einklang mit den Berechnungsmodi der KapVO VII liegt der Auffassung des Senats eine typisierende Betrachtungsweise zugrunde. Die Nichteinbeziehung lediglich vorläufig zugelassener „Gerichtsmediziner“ knüpft maßgeblich an deren rechtlich ungesicherten Status an, nicht aber an das konkrete Bleibeverhalten des „Gerichtsmediziners“ im Einzelfall.

4. Entgegen den ursprünglichen Rügen von Klägerseite sind die errechneten 337 Studienplätze auch alle kapazitätswirksam belegt. Bereits das Ver-

waltungsgericht hatte aufgrund des Einwands, dass beurlaubte Studenten zu Unrecht im 1. Fachsemester geführt würden, entsprechende Belegungslisten bei der Beklagten angefordert. Aus diesen ergibt sich, dass beurlaubte Studenten zunächst im Ausdruck des Computerprogramms für das 1. Fachsemester mit enthalten sind, handschriftlich am Ende jedoch wieder abgezogen werden (vgl. auch den Schriftsatz des Beklagtenvertreters vom 23.08.2013, S. 381 der Generalakte Bd. 2). Substantiierte Einwendungen sind insoweit im Berufungsverfahren zuletzt nicht mehr erhoben worden, weshalb – auch mit Blick auf die diesbezüglich von der Beklagten abgegebenen Erklärungen – eine weitere Aufklärung des Sachverhalts nicht veranlasst war.

III.

Die Berufung der Klägerin gegen das Urteil des Verwaltungsgerichts ist daher zurückzuweisen. (...)

4. Auszug aus dem Vorlagebeschluss des Verwaltungsgerichts Gelsenkirchen vom 19. März 2013 – Aktenzeichen: 6 K 4171/12

Vorlage zur Verfassungswidrigkeit der derzeitigen Vergaberegelungen in den Medizinstudiengängen wegen überlanger Wartezeiten

Leitsätze:

1. Jeder hochschulreife Bewerber um einen Studienplatz an einer staatlichen Hochschule hat das verfassungskräftige Recht auf eine Auswahlentscheidung nach sachgerechten Kriterien, die ihm eine faire Chance auf Verwirklichung seines Studienwunsches belässt.

2. Wenn diese Chance wegen der Konzentration der Studienplatzvergabe auf das Auswahlkriterium Abiturnote für eine große Gruppe von Bewerbern (allein) durch Ein-räumung einer Wartezeitquote gewährleistet ist, darf die für eine Zulassung zum Studium erforderliche Wartezeit die Dauer eines normalen Studiums nicht überschreiten.

3. Aus der (teilweisen) Verfassungswidrigkeit des Auswahlverfahrens folgt kein unmittelbarer Zulassungsanspruch des Bewerbers, sondern eine Verpflichtung des Gesetzgebers zur Korrektur.

Aus den Gründen (diese umfassen mehr als 110 Seiten):

I. Sachverhalt des Ausgangsverfahrens

Der Kläger begehrt die Zulassung zum Studium der Humanmedizin. Er wurde im Februar 1988 geboren und erwarb im Juni 2007 in Nordrhein-Westfalen sein Abitur mit der Note 2,8. Sodann absolvierte er die dreijährige Ausbildung zum Physiotherapeuten und nahm anschließend eine entsprechende Berufstätigkeit auf, der er bis heute nachgeht.

Am 15. Mai 2012 bewarb der Kläger sich (zum wiederholten Male) bei der Beklagten um die Zulassung zum Studium der Humanmedizin im ersten Fachsemester zum Wintersemester 2012/13. Er beantragte die Beteiligung an der Auswahl in allen Auswahlhauptquoten, wobei er für das Auswahlverfahren der Hochschulen die Studienorte Hamburg, Freiburg, Halle, Bonn, München und Köln wählte. Sonderanträge stellte er nicht. Er legte allerdings eine Bescheinigung über die Teilnahme am Test für medizinische Studiengänge (TMS) vor, bei dem er im Mai 2012 einen (überdurchschnittlichen) Testwert von 105, entsprechend einem Notenäquivalent von 1,8, erreicht hatte.

Mit Bescheid vom 14. August 2012 lehnte die Beklagte den Zulassungsantrag des Klägers mit der Begründung ab, er habe mit einer Durchschnittsnote von 2,8 und mit zehn Wartehalbjahren die maßgeblichen Auswahlgrenzen verfehlt. Die Auswahlgrenze in der Abiturbestenquote habe für Bewerber mit Hochschulzugangsberechtigung aus Nordrhein-Westfalen bei 1,0 gelegen. Die Auswahlgrenze in der Wartezeitquote habe bei zwölf Wartehalbjahren gelegen. Auch im „Auswahlverfahren der Hochschulen" erhielt der Kläger einen Ablehnungsbescheid.

Der Kläger hat am 12. September 2012 die vorliegende Klage erhoben und diese wie folgt begründet: Er habe seit dem Abitur stets die Absicht verfolgt Medizin zu studieren. Da eine sofortige Zulassung zum Studium angesichts seiner Abiturnote nicht zu erlangen gewesen sei, habe er eine Ausbildung zum Physiotherapeuten aufgenommen mit der Überlegung, dass er nach Erreichen des entsprechenden Abschlusses alsbald das Medizinstudium werde aufnehmen können. Die Wartezeit für einen Medizinstudienplatz habe sich seinerzeit nämlich auf vier Jahre belaufen. Ein Anwachsen auf sechs bis sieben Jahre sei nicht vorhersehbar gewesen. Das Vergabeverfahren in seiner derzeitigen Gestalt sei verfassungswidrig. Die entsprechenden Regelungen des Bundes und der Länder seien mit dem Grundgesetz nicht vereinbar, soweit sie für die medizinischen Studiengänge ein Verfahren vorsähen, bei dem 20 % der Studienplätze allein nach dem Grad der Qualifikation, 60 % der Studienplätze maßgeblich nach dem Grad der Qualifikation und 20 % der Studienplätze nach Wartezeit vergeben würden und bei dem die für eine Zulassung in der Wartezeitquote erforderliche Anzahl an Wartesemestern regelmäßig die Dauer eines normalen Studiums übersteige.

Zudem meine er, dass gerade auch im Rahmen der Wartezeitquote über die Wartezeit hinaus weitere Kriterien herangezogen werden müssten. Es könne nicht angehen, dass Bewerber, die seit dem Abitur ihr gesamtes Leben auf das gewünschte Studium ausgerichtet hätten, gegenüber solchen Bewerbern zurückstehen müssten, die sich kurzfristig für ein Medizinstudium entschieden. Er selbst habe seit dem Abitur alle Anstrengungen unternommen, um das beantragte Studium zu erreichen. Insbesondere habe er eine einschlägige Berufsausbildung absolviert, was auch bei der Wartezeitzulassung Berücksichtigung finden müsse. Nach alledem lägen die Voraussetzungen für eine Härtefallzulassung vor. Dies müsse auch nicht zu Lasten anderer Bewerber gehen. Denn die Zulassung einzelner zusätzlicher Bewerber sei jeder Hochschule ohne Weiteres zumutbar.

Die Beklagte – die Stiftung für Hochschulzulassung – macht geltend, man dürfe die entsprechenden Rechtsprechungsgrundsätze nicht umdeuten in einen jedem Bewerber zustehenden Anspruch auf möglichst unverzügliche Aufnahme des Studiums. Ein solcher Anspruch sei im Übrigen wegen der begrenzten Kapazität gar nicht einzulösen. Schon das Bundesverfassungsgericht habe betont, dass die Zulassung zum Studium nicht garantiert werden müsse. Über die Wartezeitquote werde immerhin bewirkt, dass jeder Abiturient mit hoher Wahrscheinlichkeit einen Studienplatz erhalte, wenn auch unter Umständen nach langer Wartezeit. Die Zeit könne er nutzen, um seine Studienwahl – etwa durch die Absolvierung einer einschlägigen Berufsausbildung – zu hinterfragen. Eine Wartezeit von mehr als zwei bis drei Jahren habe zudem den positiven Effekt, dass die in die entsprechende Ausbildung investierten Mittel nicht ohne Nutzen für die Allgemeinheit aufgewendet würden, da der Bewerber zunächst einige Zeit im Beruf arbeite. Die Möglichkeit, bei unvertretbar hohen Auswahlgrenzen ein modifiziertes Vergabeverfahren anzuwenden, habe der Gesetzgeber mit Blick auf die zusätzliche Zulassungschance im Auswahlverfahren der Hochschulen im Jahre 2004 bewusst abgeschafft.

Zum Wintersemester 2012/13 habe für diejenigen Bewerber, die alle im Auswahlverfahren der Hochschulen berücksichtigten Zusatzkriterien mit optimalem Ergebnis erfüllten, immerhin an 16 von 35 Hochschulen auch mit einer Durchschnittsnote von 2,0 oder schwächer die Möglichkeit einer Zulassung bestanden. Dass auch für Bewerber mit noch schwächeren Abiturnoten eine sofortige oder zumindest zeitnahe Zulassung erforderlich sei, erscheine nicht zwingend.

Es lägen im Übrigen keine unzumutbar langen Wartezeiten vor. Denn die Wartezeit werde je nach Bewerber unterschiedlich empfunden. Eine Unzumutbarkeit könne sich insoweit allenfalls aufgrund individueller Umstände ergeben, nicht aber generell und allein aufgrund der Überschreitung einer bestimmten Zahl von Wartesemestern. Dass gerade die Dauer eines normalen Studiums die Grenze der Zumutbarkeit ausmachen soll, sei nicht begründbar. Der Anspruch auf Zulassung zum Studium stehe zudem unter dem Vorbehalt des Möglichen. Da ein Medizinstudienplatz mit 170.000,– bis 180.000,– € extrem kostenaufwändig sei, sei eine entsprechend lange Wartezeit nicht unangemessen.

Im Übrigen habe sich seit den siebziger Jahren die hochschulrechtliche Perspektive verschoben. Die veränderte Hochschullandschaft mit stärker variierenden Studiengängen und -schwerpunkten erfordere eine mehr auf die jeweilige Hochschule zugeschnittene und von dieser beeinflusste Auswahl der Studierenden, zu deren Rechtfertigung die Hochschule sich auch auf Art. 5 Abs. 3 GG berufen könne. Auch das Studienangebot habe sich inzwischen verändert. So würden zahlreiche Studiengänge angeboten, die dem Medizinstudium verwandt seien; der Bewerber habe insoweit also Ausweichmöglichkeiten. Zudem habe der Gesetzgeber bewusst das Leistungsprinzip in den Vordergrund gestellt und damit einen verfassungsrechtlich relevanten Wandel herbeigeführt. Schließlich habe sich die Situation seit den maßgeblichen Entscheidungen des Bundesverfassungsgerichts insoweit geändert als heute die Prognosekraft der Abiturnote für den Studienerfolg außer Frage stehe. Auch der Gleichheitssatz werde durch die Betonung des Leistungsprinzips und das starke Gewicht der Abiturnote im Auswahlverfahren nicht verletzt. In Betracht komme insoweit allenfalls eine Gleichbehandlung von wesentlich Ungleichem; in diesem Falle gingen die Vorgaben des Gleichheitsgebotes indes nicht über die Forderung nach einer willkürfreien Vergabe hinaus. Dass die Abiturnoten zwischen den Ländern nicht uneingeschränkt vergleichbar seien, führe nicht zur Verfassungswidrigkeit des Systems. Der Gesetzgeber strebe eine entsprechende Harmonisierung beim Abitur selbst an; ein Ausgleich über das System der Studienplatzvergabe sei hingegen nicht gewollt und im Übrigen faktisch auch gar nicht möglich. Schließlich seien die Unterschiede zwischen den Ländern in den letzten Jahrzehnten bereits zurückgegangen.

Nach dem derzeitigen Stand der Auswahlgrenzen wird der Kläger in den von der Beklagten verwalteten Auswahlquoten wohl frühestens zum Wintersemester 2014/15 – mit vierzehn Halbjahren Wartezeit – einen Medizinstudienplatz erhalten können.

Das Verwaltungsgericht hat sodann die Gründe wie folgt gegliedert.

Übersicht:

I. Sachverhalt des Ausgangsverfahrens
II. System der Studienplatzvergabe
  1. Historische Entwicklung des Vergabeverfahrens
  2. Rechtsquellen des Vergabeverfahrens
  3. Ablauf des Vergabeverfahrens
    a) Die Vorabquoten
    b) Die Abiturbestenquote
    c) Die Wartezeitquote
    d) Das Auswahlverfahren der Hochschulen
III. Vorlageerwägungen
  1. Verfassungswidrigkeit der in Rede stehenden Vorschriften
    a) Verfassungsrechtlicher Prüfungsmaßstab
      aa) Die Rechtsprechung des Bundesverfassungsgerichts
      bb) Das Recht des Bewerbers auf sachgerechte Auswahl
    b) Vereinbarkeit des Vergaberechts mit dem Maßstab
      aa) Verzicht auf Landesquoten beim Auswahlverfahren der Hochschulen (AdH)
      bb) Gleichbehandlung von langjährig Wartenden und Gelegenheitsbewerbern in der Wartezeitquote
      cc) Überbetonung der Abiturnote im Gesamtsystem
  5. Keine Möglichkeit der verfassungskonformen Auslegung
  6. Entscheidungserheblichkeit
    a) Ergebnis bei Verfassungsmäßigkeit der Vorschriften
    b) Ergebnis bei Verfassungswidrigkeit der Vorschriften
  7. Prozessuales
  8. Klarstellungen im Anschluss an den Beschluss des Bundesverfassungsgerichts vom 6. September 2012 (1 BvL 13/12)

Angesichts des dargelegten Umfangs der Gründe beschränken wir uns auf diesen Ausschnitt und verweisen Sie im Übrigen auf die unter dem Aktenzeichen im Internet auffindbare Entscheidung.

Sachverzeichnis

A

B

C

G

H

I

J

K

O

P

Q

R

S

T

U

V

W

Z

Die Autoren

Dr. Robert Brehm, Rechtsanwalt in Frankfurt am Main, Steinmetzstraße 9, 65931 Frankfurt am Main, mail: *dr.robert.brehm@ra-brehm.de*, *www.ra-brehm.de*. Rechtswissenschaftliches Studium in Frankfurt am Main, bis 1974 wissenschaftlicher Mitarbeiter an der Universität Frankfurt, Promotion über ein öffentlich-rechtliches Thema. Seit 1975 Rechtsanwalt in Frankfurt am Main (Sindlingen). Autor zahlreicher Fachveröffentlichungen im öffentlichen Recht, insbesondere im Hochschulzulassungsrecht, im allgemeinen Hochschulrecht und im Prüfungsrecht. Mitautor der grundlegenden Bücher zum Hochschulkapazitätsrecht. Dr. Brehm ist Referent bei zahlreichen Fortbildungsveranstaltungen der Deutschen Richterakademie sowie Seminaren für Universitätsjustiziare und -mitarbeiter sowie für Rechtsanwälte. In Verfahren gegen Hochschulen ist Dr. Brehm ausschließlich für Studierende tätig.

Alexandra Brehm-Kaiser, Rechtsanwältin und Fachanwältin für Familienrecht in Frankfurt am Main, Steinmetzstraße 9, 65931 Frankfurt am Main, mail: *alexandra.brehm-kaiser@ra-brehm.de*, *www.ra-brehm.de*, Rechtswissenschaftliches Studium in Frankfurt am Main. Seit 2002 Rechtsanwältin in Frankfurt am Main (Sindlingen). Seit 2010 verantwortliche Mitarbeit in Studienzulassungssachen. Tätig vor allem in der Beratung von Mandanten, zunehmend auch in der Begründung der Studienplatzverfahren.

Dr. Wolfgang Zimmerling, Rechtsanwalt in Saarbrücken, Berliner Promenade 15, 66111 Saarbrücken, *www.zimmerling.de*. Rechtswissenschaftliches Studium an der Universität des Saarlandes, wissenschaftlicher Mitarbeiter und Lehrbeauftragter an der Universität des Saarlandes, Promotion über ein hochschulrechtliches Thema. Seit 1977 als Rechtsanwalt in Saarbrücken zugelassen, Fachanwalt für Verwaltungsrecht und Fachanwalt für Arbeitsrecht, Autor zahlreicher Fachveröffentlichungen im Öffentlichen Recht, insbesondere im Hochschulzulassungsrecht, im allgemeinen Hochschulrecht, im Prüfungsrecht und im Beamtenrecht sowie arbeitsrechtlicher Veröffentlichungen insbesondere zum Öffentlichen Dienstrecht (Konkurrentenklagen, Eingruppierungsklagen). Referent bei zahlreichen Fortbildungsveranstaltungen der Deutschen Richterakademie sowie Seminaren für Hochschuljustitiare und -mitarbeiter sowie für Rechtsanwälte, weiterhin in Fortbildungsveranstaltungen zum Beamtenrecht und Arbeitsrecht. Rechtsberater von Studierendenschaften.

Ben Zimmerling, Rechtsanwalt in Saarbrücken, Berliner Promenade 15, 66111 Saarbrücken, *www.zimmerling.de*, zugelassen seit 2013. Vor allem tätig auf dem Gebiet des Öffentlichen Rechtes (Hochschulrecht, Hochschulzulassungsrecht, Prüfungsrecht und Beamtenrecht). Auf dem Wege zum Fachanwalt für Arbeitsrecht und Fachanwalt für Verwaltungsrecht.

Publikationen

Einzeln und gemeinsam haben die Rechtsanwälte Dr. Robert Brehm und Dr. Wolfgang Zimmerling eine Reihe von Veröffentlichungen verfasst, die sich mit dem Hochschulrecht, insbesondere dem Hochschulzulassungs- und Prüfungsrecht, aber auch mit anderen öffentlich-rechtlichen Problemen beschäftigen, u. a.:

Bücher:

- Numerus clausus Handbuch, Köln 1984
- In Sachen Numerus clausus – Wege zum Wunschstudium, Stuttgart 1986
- Wege zum Wunschstudium – Kursbuch für alle Studienbewerber, München 1987
- Prüfung? – Kein Problem! Stuttgart 1988, ISBN 3-925860-03-7
- Vom Abi zur Uni, Stuttgart 1989
- Auswahlgespräche für Studenten, 4. Auflage, Factor Verlag Stuttgart, 1993 ISBN 3-925860-36-3
- Klagen und Studieren – Erste Hilfe für abgewiesene Studienbewerber, 2. Auflage, Dreisam-Verlag 1997, ISBN 3-89607-028-2
- Prüfungsrecht – Verfahren, vermeidbare Fehler, Rechtsschutz, 2. Auflage, Köln 2001, ISBN 3-452-24752-X
- Hochschulzulassungsrecht, in: Beck'sches Rechtsanwaltshandbuch Verwaltungsrecht, 2. Auflage 2003, S. 868 ff.

- Hochschulkapazitätsrecht – Verfassungsrechtliche Grundlagen – Kapazitätsverordnung – Kapazitätsprozess, Köln 2003, ISBN 3-452-25269-8
- Der Prüfungsprozess, Köln 2004, ISBN 3-452-25770-3
- Prüfungsrecht – Verfahren, vermeidbare Fehler, Rechtsschutz, 3. Auflage, 2007
- Erfolgreich zum Studienplatz, beck-dtv 2007
- Hochschulkapazitätsrecht Band 1, Der Kapazitätsprozess 2. Auflage 2011
- Hochschulkapazitätsrecht Band 2 Verfassungsrechtliche Grundlagen – Materielles Kapazitätsrecht 2. Auflage 2013

Aufsätze:

- Die verwaltungsgerichtliche Kontrolle zahlenförmiger Normen und die Rechtsfolgen der Kassation, NVwZ 1992, 340 ff.
- Rechtsstaatliche Prüfungen? In: Recht der Jugend und des Bildungswesens 1992, 87 ff.
- Die Entwicklung des Hochschulzulassungsrechts in den Jahren 1989 bis 1993, NVwZ 1994, 750 ff.
- Die Entwicklung des Hochschulzulassungsrechts in den Jahren 1994 und 1995, NVwZ 1996, 1173 ff.
- Die Entwicklung des Prüfungsverfahrensrechts seit 1991, NVwZ 1997, 451
- Die Entwicklung des Prüfungsverfahrensrechts seit 1996, NVwZ 2000, 875
- Rechtsfragen der Lehrverpflichtung der Hochschullehrer, RiA 1998, 135 ff.
- Rechtsschutzfragen der „Fachanwaltszulassung", Anwaltsblatt 1998, 119
- Die Rücktrittsregelungen in der Steuerberaterprüfung – vorbildlich oder verfassungswidrig ?, Der Steuerberater 1998, 439 ff.
- Rechtsfragen der Lehrverpflichtung der Hochschullehrer, Recht im Amt 1998, 135 ff.
- Abbau von Hochschulkapazitäten unter Berücksichtigung von Art. 12 Abs. 1 GG, Wissenschaftsrecht 2000, 22 ff.
- Aktuelle Fragen des Hochschulzulassungsrechts, RdJB 2000, 376 ff.

- Vorläufiger Rechtsschutz im Prüfungsrecht, in: DVBl 2001, 27 ff.
- Rechtsprobleme der Rechtsprofessoren, Recht im Amt 2001, 82 ff.
- Prüfungsunfähigkeit und (amts-)ärztlichen Attest, MedR 2001, 634 ff.
- Nachbesserung der Bewertungsbegründung durch den Prüfer, NVwZ 2001, 880 ff.
- Prüfungsrecht aus anwaltlicher Sicht, WissR 2002, 151 ff.
- Aktuelles zum juristischen Prüfungsrecht, NVwZ 2002, 1134 ff.
- Der Mensch ist eben auch als Prüfer einzigartig, NJW 2003, 2808 ff.
- Der vorläufige Rechtsschutz im Prüfungsrecht, NVwZ 2004, 651 ff.
- Die „neuen" Gerichtskosten im Verwaltungsprozess aus anwaltlicher Sicht, NVwZ 2004, S. 1207, ebenso abgedruckt in: Rundschreiben des Bundes Deutscher Verwaltungsrichter und Verwaltungsrichterinnen, Heft 4, S. 153
- „Kostenkriege" in Berlin (und anderswo), in NVwZ 2006, 639 ff.
- Rechtsprobleme der universitären Schwerbereichsprüfung, NVwZ 2014, 345
- Die Entwicklung des Hochschulzulassungsrechts seit 2008, NVwZ 2014, 558 mit *www.nvwz.de/NVwZ-Extra* Aufsätze-Online
- Zugangs- und Auswahlgrenzen zur Aufnahme eines Masterstudiums, Dr. Robert und Hartmut Maier, Ordnung der Wissenschaft, 2014, Online: *http://www.ordnungderwissenschaft.de/Print_2014/20_brehm_maier_rechtsfragen_odw_ordnung_der_wissenschaft_2014.pdf*

Beiträge zu Handbüchern:

Das Mandat im Hochschulzulassungsrecht, in: Johlen/Oerder, Münchener Anwaltshandbuch Verwaltungsrecht, 3. Aufl. 2012, Seite 782 ff.

Fröba
Ratgeber Wohngeld
Was Mieter und Eigentümer wissen sollten.
Rechtsberater
1. Aufl. 2009. 254 S.
€ 12,90. dtv 50671

Lützenkirchen
Mietnebenkosten von A–Z
Begriffe · Musterformulierungen · Berechnungsbeispiele · Checklisten.
Rechtsberater
6. Aufl. 2014. 497 S.
€ 19,90. dtv 50758
Auch als ebook erhältlich.

Erläutert werden sämtliche Begriffe aus dem Betriebskostenwesen, die Vermieter, Mieter, aber auch Makler und Verwalter kennen sollten.

Lenßen
Ihr Recht: Miete und Nebenkosten
Beck im dtv
1. Aufl. 2009. 108 S.
€ 6,90. dtv 50455

Kaufen

GrdstR · Grundstücksrecht
Textausgabe
7. Aufl. 2014. 632 S.
€ 14,90. dtv 5586

u.a. mit BGB (Auszug), BeurkundungsG, ErbbauRG, WEG, BauGB (Auszug), GBO, ZPO (Auszug), Gesetz über die Zwangsversteigerung und Zwangsverwaltung, GrErwStG, GrStG.

Fischl/Kirchhoff/Wolicki
Eigentumswohnung
Professionell kaufen, versichern, verwalten, vererben, veräußern etc.
Beck im dtv
2. Aufl. 2015. 616 S.
€ 26,90. dtv 50705
In Vorbereitung für Juli 2015
Auch als ebook erhältlich.

Alles Wichtige rund um die Eigentumswohnung verständlich aufbereitet und übersichtlich dargestellt. Mit ausführlichen steuerrechtlichen Ausführungen.

Seuß/Jennißen

Die Eigentumswohnung

Finanzierung · Erwerb · Nutzung · Verwaltung.

Rechtsberater

12. Aufl. 2008. 669 S.

€ 17,90. dtv 5096

Der umfassende Ratgeber zum WEG.

Elzer

Meine Rechte als Wohnungseigentümer

Gebrauch, Sondernutzung, Verwaltung, Versammlung, Bauen, Information, usw.

Rechtsberater Toptitel

2. Aufl. 2013. 281 S.

€ 12,90. dtv 50735

Auch als ebook erhältlich.

So setzen Sie sich durch in der WE-Gemeinschaft!

Scheiff/Hoffmann

Lexikon für Wohnungseigentümer

Rechte · Pflichten · Finanzen.

Rechtsberater Neu

3. Aufl. 2015. Rd. 260 S.

Ca. € 14,90. dtv 50755

In Vorbereitung für Ende 2015

Das kompakte Nachschlagewerk bietet fundierten Rat zu den wesentlichen Fragen des Wohnungseigentumsrechts.

NachbR · Nachbarrecht

Textausgabe

2. Aufl. 2011. 286 S.

€ 9,90. dtv 5771

U.a. mit BGB (Auszug), ZPO (Auszug), Nachbarrechts- und SchlichtungsG der einzelnen Bundesländer.

Grziwotz/Saller

Ratgeber Nachbarrecht

Meine Rechten und Pflichten als Nachbar.

Rechtsberater

1. Aufl. 2012. 256 S.

€ 14,90. dtv 50697

Auch als ebook erhältlich.

Orientierungshilfe und Ratgeber für Rechtsfragen und Streitpunkte unter Nachbarn. Mit ausführlicher Darstellung der rechtlichen Möglichkeiten von außergerichtlicher Beilegung bis hin zum Prozess.

Alheit

Nachbarrecht von A–Z

490 Stichwörter zur aktuellen Rechtslage.

Rechtsberater

12. Aufl. 2010. 413 S.

€ 12,90. dtv 5067

Das umfassende Lexikon zeigt, welche Rechte und Pflichten Nachbarn haben und wie typische Probleme zu lösen sind.